华尔街经典译丛·01

股票大作手回忆录

写给杰西·拉里斯通·利弗莫尔

〔美〕埃德温·李费佛　著

何　君　译

地震出版社

Seismological Press

图书在版编目（CIP）数据

股票大作手回忆录/（美）李费佛著；何君译 . —北京：
地震出版社，2014.10（2022.3 重印）
书名原文：Reminiscences of A Stock Operator
ISBN 978-7-5028-4463-9

Ⅰ.①股…　Ⅱ.①李…②何…　Ⅲ.①股票投资－经验－
美国　Ⅳ.①F837.125

中国版本图书馆 CIP 数据核字（2014）第 201039 号

地震版　XM5194

股票大作手回忆录

［美］埃德温·李费佛　著

何　君　译
责任编辑：刘素剑
责任校对：孔景宽

出版发行：**地 震 出 版 社**
　　　　　北京市海淀区民族大学南路 9 号　　　　　　　邮编：100081
　　　　　发行部：68423031　68467991　　　　　　　传真：68467991
　　　　　总编办：68462709　68423029
　　　　　证券图书事业部：68426052
　　　　　http：//seismologicalpress.com
　　　　　E-mail：zqbj68426052@163.com
经销：全国各地新华书店
印刷：北京广达印刷有限公司

版（印）次：2014 年 10 月第一版　　2022 年 3 月第四次印刷
开本：787×1092　1/16
字数：258 千字
印张：16.25
书号：ISBN 978-7-5028-4463-9/F（5153）
定价：36.00 元

译 者 序

　　1923 年出版的华尔街经典名著《股票大作手回忆录》历久弥新，在西方被誉为**"华尔街有史以来最重要的财经图书之一"**，近百年来一直是所有投机者和投资者的必读书。我相信，100 年之后本书仍然是全世界的交易者最推崇的图书之一。

　　杰西·利弗莫尔是华尔街最伟大的投机天才，而埃德温·李费佛是当时最优秀的财经记者和作家。两人珠联璧合，共同给我们留下了一本关于投机的经典名著。书中没有什么刻意的描述，有的都是赤裸裸的真实事实。无论是梦想、金钱、阴谋和道义，还是技巧、经验、教训和心得，**华尔街有什么，利弗莫尔懂得什么，李费佛就在书中写了什么。因此这本名著堪称是投机领域的百科全书和投机者自我教育的最佳课本。**我真心地希望中国的投机者和投资者都能细细品读一下本书，尤其是在抱怨所谓市场有失公平之前。

　　尽管本书是一本优秀的传记小说，但是我还是想在这里把它定义为一本关于交易的图书。天才的利弗莫尔从一个草根散户当上了华尔街的股市之王，成为了华尔街历史上最伟大的大作手之一。因此，他交易生涯的不同阶段也就代表了投机的不同级别。借用一下游戏攻略的术语，利弗莫尔在天赋与勤奋的共同作用下，在投机这个游戏中打了一个通关，然后好心地给后来者留下了**一本完整的投机游戏攻略指南。**

　　在投机这个游戏中，大致可以分为 4 个级别：

　　A：赌价格的短线波动。

B：做中长线趋势。

C：做整体市场的大趋势。

D：操控。

我个人建议，读者在阅读本书的时候可以把上面的投机级别分类作为一个主要线索，或许能够有更大的收获。

本着诚实的态度，我不得不承认在这套丛书中，本书的翻译是难度最大也是相对留有遗憾的一本书。原因主要在于我在翻译的时候把本书定义为了交易图书而不是人物传记，因此更侧重于把原著中的事理阐述清楚和准确。由于利弗莫尔对于我们习以为常的事情往往有自己的独特见解，我不得不尽最大可能把他思维的逻辑过程正确地表达出来，并减少阅读时出现歧义，以方便读者理解利弗莫尔的交易思想和方法。这样就导致了在译文中使用了一些相对复杂的句子，并使得本译本相对其他一些版本译文的实际字数多出了数万字。这一点敬请读者予以理解和谅解。

如果读者在把本书当做纯交易技术的案例进行分析的过程中能够轻松地弄清楚当时的情形，包括市场背景、交易的品种、价格变化，以及当事人的交易分析判断过程和交易策略，当然还有实际的交易过程和结果，这将是对我译作的最大褒奖。

最后，让我们一起向用生命诠释投机的最伟大作手——杰西·利弗莫尔致敬！

何　君

2012 年 6 月于北京

目　　录

第一章　少年赌客

华尔街没有新鲜事，因为投机交易像群山一样古老。

踏出初级中学的校门，我就去做事了。我得到了一份在股票经纪公司做记价员的工作。我对数字很敏感，在学校时一年就修完了三年的数学课程，对于心算我更是十分在行。做记价员时我的工作就是在客户大厅里将数据写到大黑板上。通常会有一位客户坐在自动收报机旁喊价，喊出的价格即使频率再高，我也能记住。我一直都很擅长于记住数据，对我来说这根本不是问题。

这家公司里还有许多其他雇员。当然，我和这些同事都是朋友，但如果市场活跃的话，我从上午十点到下午三点都会忙于自己的工作，根本没什么时间聊天。不过，因为是上班时间，我也就不在乎这个。

然而，即使市场再活跃也不能阻止我思考自己的工作。对我来说，那些报价代表的不是股票的价格，也不是实际需要花多少美元才能买一股，它们只是一堆数字而已。当然，这些数字肯定意味着什么，因为它们总是变来变去。我唯一感兴趣的就是数字的变化。它们为什么会不断变化呢？我不清楚，也不关心。我不会花心思去思考这个问题，我只是盯着它们不断地变来变去。我在每周一到周五的五个小时和周六的两个小时里唯一忍不住要想的就是——这些数字始终变来变去。

这就是我最初对价格行为产生兴趣的情形。由于对数据的记忆力非常好，我能详细地记住价格在上涨或下跌前一天的变动情况。此时，我喜欢的心算派上了用场。

我注意到，不管是在上涨还是下跌的过程中股价都倾向于表现出某种"习惯"。类似的情形不断地重复，这些情形成为指引我的案例。我当时不过才14岁，但在脑海中默默观察了几百次之后，我发现自己不知不觉地在测试这些观察的准确性，同时也在把股票当日的行为和其他日子的行为进行比较。没过多久，我便开始预测价格的下一步动作。正如我之前所说，唯一指引我的就是它们过去的表现。我脑子里形成了一张"价格清单"，希望自己可以确定出价格是按照一定方式变化的。我制成了一个"价格时间表"。我想你明白我的意思。

举例来说，你可以指出在哪个点数上买入会比卖出稍微更有利一些。股市正在进行一场战斗，而报价纸带就是你的望远镜。依靠报价纸带赢的概率有七成。

我在早年的经历中学到的另一课就是：华尔街上没有新鲜事，因为投机交易像群山一样古老。在股市当中，今天发生的任何稀奇古怪的事过去都发生过，而且未来还会发生。我从未忘记这一点。我想我在真正设法记住的是股市上的事情是何时发生以及如何发生的。我以这样的方式记住了股市中发生的事情，事实上就是我将自己的经验转化为投资收益的方式。

我对自己的这套游戏着了魔，急切地想要预测所有表现活跃的股票的上涨和下跌，因此我买了一个小本子。我将自己对股价的观察记录在小本子上。我记录的并不是模拟交易状况。许多人都会通过进行模拟交易来锻炼自己的投资技巧——最终可能会挣上几百万美元或赔上几百万美元，但不会真的因此富有得使人骄傲自大或是贫穷得必须进穷人收容所。我所记录的不过是我猜中与猜错的情况。除了判断最可能出现的价格趋势，我最感兴趣的就是核实自己的观察是否准确。换句话说，就是验证自己当初的预测是否正确。

假定我研究的某只活跃股当日的每一次波动之后，得出以下结论：该股此时的表现和它在下跌8～10点之前常有的表现一样。那么，我会记下该股具体是哪只股票，它在周一的价格是多少。同时，由于记得该股过去的表现，我会写下该股在周二和周三应有的表现。周二、周三之后，我再用实际从报价纸带上抄写下来的股价与我自己的预测进行核对。

这就是我刚开始对报价纸带所传递的信息产生兴趣的情形。从一开始我就在脑子里将股价波动与上涨下跌趋势联系在一起。股价波动当然有它的理由，但报价纸带不会关心究竟是什么原因和理由，也不会做出任何解释。我14岁时就不会从报价纸带上找原因，现在40岁了，仍然不会这么做。某只股票今天为什么会有这样那样的表现，可能两三天之后、几周之后、甚至是几个月之后都不会被人知道。但这究竟有什么关系呢？你与报价纸带的关系只关乎现在，不关乎以后。原因可以先放一放，以后再追查，但现在你必须立即行动，否则就会被市场抛弃。我曾一次又一次地看见这样的事发生。你应该还记得，几天前霍洛管道公司（Hollow Tube）下跌了两三个点，而市场上其他的股票却出现了剧烈反弹——这就是事实。下星期一，你便看到该公司的股东们通过了分红方案——这就是原因。股东们知道自己打算做什么，即使他们自己不卖出股票，至少也不会买入。没有任何内线人士买进，该股没有理由不下跌。

嗯，言归正传。我用小本连续做了大概六个月的行情记录。每天完成工作以后我都不会立刻回家，而是留下来记下我想要的数据，同时研究股价变动。我总是寻找股价行为重复以及类似的地方——我其实是在学着解读盘势，虽然我当时并没有意识到这一点。

一天，公司里一个小伙计——他比我年长——到我吃午饭的地方来找我，悄悄地问我身上有没有钱。

"你为什么想知道这个？"我问他。

"嗯，"他说，"我得到一条极其可靠的内幕消息，关于伯灵顿铁路公司（Burlington）的。如果能找到人和我一道的话，我打算玩一玩。"

"你说的玩一玩是什么意思？"我问他。我认为只有那些客户才能玩一玩——都是些腰缠万贯的大老爷。为什么呢？因为要玩这个游戏需要几百甚至几千美元。这就奢侈得像拥有一辆私人马车，同时还配有一个戴着丝绸帽子的车夫。

"就玩一玩！"他说，"你带了多少钱？"

"你需要多少？"

"我要是能拿出5美元的话，我就能交易5股。"

"你打算怎么做？"

"我打算用这些钱做保证金，去桶店^①买入伯灵顿。他们让买多少就买多少。"他说，"它肯定会上涨，这就跟捡钱一样。我们的钱很快就会翻倍。"

"等等！"我对他说，同时拿出自己记录行情的小本子。

我对自己的钱翻倍不感兴趣。但是照他的话来看伯灵顿即将上涨。假如真的如此，我的笔记本的记录应该会有显示。我查了查，果然，根据我记录的数据来看，伯灵顿此时的表现跟它在上涨之前惯有的表现一样。我这辈子还从来没有买卖过任何东西，也从来没有和其他小伙计一起参与过赌博。我当时一心想的就是，这是一次可以检验我所下的工夫、我的小爱好是否准确的好机会。我当时就想，如果我的行情记录无法在实践中发挥作用，那么这套理论对于任何人也就没有吸引力。因此，我把身上的钱全都给了他。他带着我们共同的资金，去了附近的一家桶店，买了一些伯灵顿。两天后我们卖出变现，我获利 3.12 美元。

自打有了这第一次交易之后，我便开始独自在桶店里进行投机交易。我会在午餐期间去下单——对我来说，买入还是卖出根本没有什么区别。我是在玩一套体系，而不是在交易一只钟爱的股票或支持什么观点。我只知道这里面涉及到数学问题。事实上，我的方法是在桶店操作最理想的方法。在桶店里交易者需要做的一切就是赌自动报价机打印在行情纸带上的股价波动。

不久之后，我从桶店挣到的钱就远远超过了我从经纪公司那份工作中得到的报酬。因此，我辞掉了工作。我的亲友们纷纷反对，但当他们看到我挣的钱时便无话可说了。我不过是个小孩子，而且公司伙计的薪水并不是很高。我独自操作得确实很出色。

我 15 岁时挣到了有生以来的第一个 1000 美元。当我把这堆现金摊开放在我母亲面前时——全都是我几个月之内在桶店挣来的，这还不包括我

---

① 译注：Bucket shop，"桶店"最初来源于 18 世纪的英国。街头的流浪儿敲开酒馆废弃的小酒桶，从中享用残留的酒。因其求小利和"敲"的动作被引入金融领域，意指针对低收入阶层的高杠杆与不执行的伪证券交易方式或商号。桶店还有一种说法是因为当时这类商号在进行业务时，都会用一只大桶来盛放当日已经兑现或是失效的单据，一天一清。这样可以方便当日的查询，因为当天的所有单子都在桶里面。随着时代的发展，桶店的形式已经消失，取代是 boiler room。"锅炉房"是以电话或是网络的方式进行伪证券交易业务。名称的来源在于这类公司经常会选择成本低廉的地方办公，主要就是废弃的锅炉房。

之前拿回家的——母亲表现出很惊恐的样子，她要我把钱存到储蓄银行里以免受到诱惑。她说，她从来没听过哪个15岁的孩子白手起家，挣过这么多钱。她不太相信这些钱都是真的，并总是为此感到焦虑不安。但是在我心里除了可以继续证明自己预测的数据是正确的，再也容不下其他事。这是所有乐趣的源泉——用自己的头脑把事情做正确。如果我用10股来检验自己的判断，结果证明我是正确的，那么如果我用100股来交易的话，结果便会是10倍的正确。对我来说，这就是拥有更多保证金的全部意义所在——拥有更多的保证金意味着我可以增加交易量，增加交易量便可以证明我更加正确。这需要更有勇气吗？不，用不着！如果我一共拥有10美元，把这10美元全部用来冒险，跟我一共拥有200万美元，拿出其中100万美元来冒险，另100万美元则存起来，这两者相比，前者可比后者勇敢多了。

不管怎么说，我15岁时就已经依靠股票市场活得有滋有味了。刚开始时，我都在一些较小的桶店交易。在这种地方，某人若是一次性交易20股，便会被怀疑是约翰·W·盖茨（John W. Gates）乔装打扮的，或是J·P·摩根（J. P. Morgan）正在微服私访。那个时候，桶店对一般客户都是来者不拒。他们根本没有必要拒绝任何一个客户。他们自然有方法把钱从客户的口袋里掏出来，哪怕是在客户猜对的时候。当时桶店的业务利润大得惊人。即便是合法经营——我是指桶店直来直去、不要手段——股价的正常波动也足以使它们扫光客户微薄的保证金了。要扫光客户小小的¾个点的保证金，根本就用不着多大幅度的回调。而且任何一个耍诈的客户都不可能重回这场游戏，他们将无法再做任何交易。

我没有任何追随者。我不会把自己的交易告诉别人。不管怎么说，这都是一种个人生意。这是我自己的脑袋，不是吗？价格如果朝着我推断的方向变化，这时候用不着哪位朋友或是伙伴来帮忙；要是朝着其他方向变化，这时候也没有哪位好心人能帮我阻止它。我看不出有什么必要把我自己的交易告诉其他任何人。当然，我有自己的朋友，但我的交易始终属于一种个人生意。这就是我始终独自采取行动的原因。

事实上，因为我总是打败它们。没过多久，桶店便开始对我很反感了。我走进桶店，掏出自己的保证金，但他们只是看着那些钱，根本不伸手去拿。他们会直接告诉我，他们不做我的生意。就是那个时候，他们开始叫我"少年赌客"。我不得不频繁地更换经纪商，从这一家桶店换到另一家桶店。情形夸张到我不得不隐姓埋名。每到一家店我都得从小额交易开始，一次只交易 15 股或 20 股。有时候，当他们开始怀疑时，我刚开始时还得故意亏损，然后再连本带利地捞回来。当然，用不了多久他们便会发现做我的生意代价实在是太高昂了，于是他们让我带着我的交易另谋高就，别妨碍他们老板挣钱。

有一次，我在一家大型桶店交易了好几个月之后，他们拒绝再做我的生意，于是我下定决心，临走之前要从他们身上再多赚一点儿钱。那家桶店在这个城市的各个地方都设有分店，有的设在宾馆大厅里，有的设在附近的小镇上。我到其中一家设在宾馆大厅的分店去，先问了经理几个问题，然后才开始交易。然而就在我在一只活跃的股票上以我自己独特的手法开始交易的那一刻，他便开始收到总部发来的消息，问是谁在这只股票上操作。那位经理告诉我上头都问了他些什么，于是我告诉他，我叫爱德华·罗宾逊，来自马萨诸塞州的坎布里奇。他给头头儿回电话，告诉他这个好消息。但是电话那端的人想知道我长什么样。当那位经理告诉我这话时，我对他说："告诉他我又矮又胖，黑头发，大胡子！"但是他却如实描述，之后他听着听着脸变得通红，然后挂断电话，让我快滚。

"他们都跟你说什么了？"我很客气地问他。

"他们说：'你这个该死的蠢货'，我们不是告诉过你不要做拉里·利文斯通的生意吗？你偏要让他赚走我们 700 美元！"他没说上头还跟他说了些什么。

我又一个接一个试了其他的分店，但他们全都知道我，我的钱在他们任何一家店里都起不到作用，甚至连我进店去看一下报价板里面的职员都要挖苦我一番。我试着轮流到各个分店去，让每家分店偶尔才见到我一次，看看这样他们能不能让我交易，结果还是没用。

最后，我只剩下一家没去了，那就是所有桶店当中最大，并且是最富有的一家——大都会股票经纪公司（Cosmopolitan Stock Brokerage Company）。

大都会属于 A－1 级，生意做得非常大，在新英格兰地区（New England）的每一个工业城镇都设有分公司。他们倒是愿意接我的单子。几个月来，我一直在这家公司做股票买卖，其中有赚有赔。可到了最后，他们还是和其他桶店没什么两样。他们倒是没有像那些小公司一样直截了当地拒绝做我的生意。这并不是因为他们更讲求公平竞争精神，而是因为他们儿很清楚，如果有消息说，他们仅仅因为某个家伙碰巧在他们公司赢了一点儿钱就不愿意接他的生意，那肯定会使他们信誉扫地。但是，他们的招数也比桶店的手段好不到哪儿去——他们迫使我缴纳 3 个点的保证金，同时还迫使我按照升水模式交易，刚开始是升水半个点，接下来是 1 个点，最后达到了 1.5 个点。这对我极其不利。怎么会对我不利？很简单！举例说明，假设你此时在美国钢铁（Steel）成交价为 90 时买进。正常情况下，你的成交单上会显示："买入 10 股美国钢铁，成交价 90⅛。"如果你缴纳 1 个点的保证金，这意味着如果股价跌破 89¼，你便自动被洗掉。在桶店里，他们不会一再要求客户追加保证金，也不会让客户痛苦地做抉择叫经纪商替他不计价格卖出。

但是，当大都会增加了升水条款，就相当于运用了卑鄙手段。这意味着，假设我买入时美国钢铁公司股价为 90，此时我的成交单上不是显示："买入美国钢铁，成交价 90⅛"，而是显示："买入美国钢铁，成交价 91⅛"。我买入之后这只股票可能会上涨 1¼ 个点，但即使是这样，我此时平仓的话仍然会赔钱①。同时，他们通过一开始就坚持要我缴纳 3 个点的保证金，将我的交易能力降低了 ⅔。尽管如此，这毕竟是唯一一家愿意接我生意的桶店，我不得不接受他们的苛刻条件，否则就得放弃交易。

当然，我在这家公司有赚有赔，但总体上还是赢利的。尽管大都会的人加诸在我身上的极其不利的条件已经足以压垮任何人了，但是他们还不满意。他们设法欺骗我，但没能得逞。我能逃脱是因为我的一次预感。

正如我所说，大都会是我唯一可去的地方了。它是新英格兰地区最富有的桶店，通常情况下他们都不会限定交易额。我想我当时是他们那里交易量最大的个人交易者——也就是说我是交易稳定、每天都进行交易的客户。他们的营业厅装修得很好，安装了我曾见过的最大的报价板，提供最完整的行情报价。报价板纵贯整个交易大厅，你能想到的每个品种都有报

---

① 译注：按照原文的升水交易模式，当价格到达 91¼ 点的时候应当是平手。升水 1 个点；来回手续费¼点。赔钱的原因译者猜测是，在赢利后取现的时候，大都会可能会有文中没有提到的其他费用。

价。我指的是在纽约股票交易所和波士顿股票交易所交易的各种股票，棉花、小麦、粮食、金属——总之在纽约、芝加哥、波士顿和利物浦市场上买卖的所有品种。

你知道客户在桶店里是如何交易的。你把钱递给一位柜员，告诉他你想买卖哪只股票。他看看报价纸带或是报价板，然后将上面的价格写到成交单上——当然是最新报价。同时他也会在成交单上写下交易时间，以便看起来基本像是一张正规经纪公司开出的成交报告单——也就是说，上面注有：他们已经为你买入或卖出了多少股某只股票，成交价多少，成交时间为某日某时某分，以及他们从你这里收取了多少资金。你想轧平交易时就去找同一位或另一位柜员——这得看这家店是如何规定的——告诉他你要平仓。于是，他找到最新报价，或者如果该股那会儿一直不活跃，他便等着下一个出现在报价纸带上的报价。他把这个价格和平仓时间写到你的成交单上，签字批准之后把成交单交还给你，之后你便可以去出纳员那里拿到成交单上要求支付给你的现金。当然，如果市场走向对你不利，股价超出了你的保证金所限定的价格，你的交易便会自动平仓，你的成交单也就变成了废纸一张。

小型桶店允许人们进行少到 5 股的交易，成交单是一张小纸条——买入和卖出分不同的颜色——有时，比如在狂热的多头市场当中桶店会遭到沉重的打击，因为所有的客户都是多头，碰巧都猜对了。在这种情况下，桶店就会在你买入的同时扣除买入和卖出手续费，如果你在 20 美元的价格交易某只股票，成交单上写的价格将会是 20¼。这样一来，你便只能赌¾个点的涨跌幅。

大都会是新英格兰地区的大哥大，它有成千上万个老顾客。我认为，我是他们唯一害怕的客户。他们无论是让我承担高得要命的升水，还是 3 个点的保证金，都不太能减少我的交易量。我继续按他们允许的最高限度进行买卖，有时我的头寸能达到 5000 股。

嗯，我即将告诉你的这件事发生的那一天，我放空了 3500 股糖业公司（Sugar）。我手里握有 7 张粉红色的成交单，每张 500 股。大都会用的成交单是一大张纸，上面留有空白，好让他们能写下额外追加的保证金。当然，桶店其实从来不会要求你追加保证金。你的保证金越少，对他们越有利，因为就是你被洗掉他们才能获得利润。在较小的桶店里，如果你想为自己的交易追加保证金，他们会给你填写一张新的成交单，这样他们就可以再收一次买入手续费，并且每新增加 1 点保证金只会给你增加 3⁄4 点的余地，因为他们会把新增加的保证金当做一次新的交易，再收一次手续费。

言归正传，我记得这一天我缴纳的保证金超过了 1 万美元。

我积攒到第一个 1 万美元现金时才 20 岁。想必你应该已经听说过我母亲。你可能会认为，除了老约翰之外，没人会随身带着 1 万美元的现金。我母亲也曾叮嘱过我要知足，应该去从事某个正常的行业。我费了很大的劲才让她相信，我不是在赌博，而是在靠数字推理来挣钱。即便如此，她眼里看到的仍然只是：1 万美元数额实在是太大了；而我眼里看到的则是：要用这笔钱赚到更多的保证金。

我一共放空糖业公司 3500 股，成交价为 105¼。交易大厅里还有一个家伙，亨利·威廉姆斯（Henry Williams），放空了 2500 股。我通常都会坐在自动报价机旁边，为记价员喊出报价。这只股票的价格表现得和我预测的一样。它先是急速下跌了两三个点，之后便停下来稍做休息，喘口气，酝酿下一次的下跌。整体市场十分疲软，一切看起来大有希望。结果，突然之间，糖业公司变得有些迟疑，我不太喜欢它这样。我开始感觉不太自在，我感觉自己应该离场。随后股价跌到了 103——这是当天创出的最低价——我非但没有感觉更加有信心，反而觉得更加不确定。我知道有什么地方出了问题，但我没法确定具体是什么地方不对劲。如果有事即将发生，而我却不知道事情从何而来，那就没法为此做好防备。既然如此，我还是离场的好。

你知道的，我不会盲目行事。我不喜欢盲目行事，也从来没有盲目行事。即使还只是个小孩的时候，我也必须知道自己做某些事的理由是什么。但是这一次，我却无法给自己一个明确的理由，但我却感到极其不安，这种感觉根本无法抑制。我大声招呼我认识的一个同行，戴夫·韦曼（Dave Wyman），对他说："戴夫，你坐我这儿，我想让你帮我个忙。在你喊出糖业公司的下一个报价之前先等一等，行吗？"

他说行。于是我站起身，把我在自动报价机旁边的位置让给他，以便他可以为记价员喊价。我从口袋里拿出那 7 张糖业公司的成交单朝柜台走去，走到柜员旁边。这里的柜员负责在你平仓时填写成交单。然而，我真的不知道为什么应该离场，因此我只是靠着柜台站在那儿，把成交单拿在手里以免这里的柜员看到。很快我便听到电报机滴滴答答的声音，同时看见汤姆·韦曼——那位柜员——迅速转过头，仔细听着。此时，我感觉有什么鬼把戏就要出笼了，我决定不再等待。就在坐在自动报价机旁边的戴夫·韦曼开始喊"糖——"时，我立即闪电般迅速地把自己的成交单拍到那位柜员面前的柜台上，吼道："轧平糖业！"——抢在戴夫喊出价格之前。这样一来，这家经纪行当然不得不以上一个报价为我轧平糖业公司。结果，戴夫喊出的价格仍然是103。

照我的"价格清单"来看，到目前为止，糖业公司应该已经跌破103。电报机的声音很不正常。我有一种感觉，这里面可能有圈套。不管怎么说，此时电报机疯狂地响着，同时我注意到，汤姆·伯恩翰，那位柜员，根本没有填写我的成交单，它们还在我拍下时的地方，而他则是仔细听着电报机的滴答声，好像在等什么似的。因此我对他吼道："喂，汤姆，你究竟在等什么？赶紧把单子填上——103！动作快点！"

交易大厅里的每个人都听到了我的吼声，开始朝我们这边看过来，问我们出了什么事。桶店的挤兑可能会像银行挤兑一样蔓延。你看，虽然大都会还从来没有赖过账，但谁知道呢。只要有一个客户开始怀疑，其他客户便会跟着起疑心。因此，汤姆尽管阴沉着脸，但还是过来在我的单子上填上"于103平仓"，然后把7张单子全部扔给我。毫无疑问，他脸色铁青。

从汤姆所在的地方到出纳员的笼子距离估摸着不超过8英尺。但是，我还没走到出纳员那里去拿钱，报价机旁边的戴夫·韦曼便激动地喊道："天哪！糖业公司，108！"然而，这招来得太迟了。所以，我只是哈哈大笑，对着汤姆喊道："刚才不是这样的，对吧，老兄？"

毫无疑问，这是有人在暗中使诈。亨利·威廉姆斯和我两人一共放空糖业公司6000股。这家桶店收了我和亨利的保证金，可能还收了营业厅里许多其他糖业公司的空头的保证金，加起来大概得有8000～10000美元。假设他们在糖业公司上收了2万美元的保证金。那么这笔资金已经足以驱使这家店在纽约股票交易所里玩点欺骗市场的把戏，把我们全部洗掉。在那个年代，无论什么时候，当桶店发现自己在某只股票上承载了太多的多头时，他们惯用的伎俩都是找一个经纪人进行洗盘，促使这只股票的价格下跌，跌到足以洗掉所有做多这只股票的客户。这样做的成本不过就是从几百股里抽出几个点，但他们因此赚到的却是成千上万美元。

为了捉住我、亨利和其他糖业公司的空头，大都会使用的就是这种伎俩。他们在纽约的经纪人把价格抬高到了108。当然，价格很快就跌回原位，但亨利和其他许多空头都被洗掉了。在当时，无论什么时候，只要出现股价在无法解释的剧烈下跌之后又立即回升的情况，报纸通常都会把这称做是"桶店突袭"。

最有趣的是，在大都会的人设法欺骗我之后不到10天，一名来自纽约的大作手便从他们身上榨走了7万多美元。这个人春风得意时在市场上相当有影响力。他是纽约股票交易所的会员，因为在1896年的布莱恩恐慌（Bryan panic）中放空而名声大振。他长期与股票交易所的交易规则对着干，因为这些规则阻止他以牺牲其他会员的利益来实施某些计划。一天，他突然想到，如果他从本地桶店的不义之财中分一杯羹，那么不管是交易所还是警局应该都不会有什么怨言。于是，在我谈到的这件事当中，他首先派出35个人到大都会去扮演客户。这些人去了大都会的总部和较大的分公司。某一天，在约定好的时间内，那些间谍们全部同时买入同一只股票，店里的经理让买多少就买多少。他们收到指示获得一定的利润便偷偷卖出平仓。这位大作手所做的就是，先是在他的亲信当中散布关于这只股票的利好消息，然后亲自去到股票交易所的交易大厅内抬高股价，同时场内交易员起到了推波助澜的作用，因为他们都以为他是堂堂正正的交易者。由于他精心挑选了合适的股票来操作，因此很容易就将股价抬高了3～4个点，而那些他派到桶店的间谍们按照预先的计划卖出变现。

一位老兄告诉我，除了支付给间谍们的开销和报酬，这套游戏的发明者净赚了7万美元。他这套把戏在全国各地耍了好几次，修理了纽约、波士顿、费城、芝加哥、辛辛那提和圣路易斯一些较大的桶店。西联电报公司（Western Union）是他最爱的股票之一，因为要驱使这种并活跃的股票上涨或下跌几个点简直太容易了。在这只股票上，他那些间谍们首先在某个价位买入，获利2个点之后便卖出，之后反手做空，再获利3个点。顺便说一句，我前几天在报纸上看到这人已经死了，死的时候穷困潦倒、默默无闻。要是他在1896年去世的话，或许还能在纽约每一家报纸的头版占上至少一栏，而现在却只在第五版上占了两行。

第二章　初到华尔街

　　股票投机游戏中所蕴含的内容远不止赌几个点的股价波
动这么简单。

　　我发现，大都会股票经纪公司已经做好准备，如果运用 3 个点的保证
金及 1.5 个点的升水这样致命的不利条件都不能击败我，就换用卑鄙的手
段。他们曾多次暗示，无论如何也不想再接我的生意了。因此，我很快便
决定去纽约，在那里我可以在纽约股票交易所的会员经纪公司营业厅里进
行交易。我不想继续在波士顿的任何公司里交易了，这里的报价必须通过
电报才能获得。我希望靠近行情来源。于是，我 21 岁时来到了纽约，带着
我全部的家当——2500 美元。

　　我曾告诉过你，我 20 岁时就拥有了 1 万美元，而且我交易糖业公司时
光是保证金就超过了 1 万美元。但我并非始终赢利。我的交易计划足够可
靠，能够让我赢的时候多于输的时候。如果我始终坚持自己的计划，交易
正确的概率或许有七成。事实上，只要我在开始交易之前确信自己的判断
是正确的，就总是能获利。真正击败我的是没有足够的定力去坚持我自己
擅长的玩法——即只在确定了市场有过去的先例表明当时的情形对我的操
作有利时才入市操作。万物皆有时，但我当时并不懂得这一点。恰恰也就
是这一点，打败了众多的华尔街人士，虽然他们远胜于主要的傻瓜阶层。
有些人属于一般的傻瓜，他们在任何地方、任何时候都会做错事。有些人
则属于华尔街傻瓜，他们认为自己必须时时刻刻都进行交易。没有人能天
天找到充足的理由在股市上进进出出；也没有人始终有足够的知识，天天
都采取明智的操作方式。

　　我证明了这一点。每当在经验的指引下解读盘势时都能挣钱，但当像个十足的傻瓜一样操作时便会赔钱。我也不例外，不是吗？一走进交易大厅，巨大的报价板就摆在我面前，报价机滴滴答答的声音响个不停，大家都在买来卖去，看着自己的成交单变成现金或是废纸。在这种情况下，我当然会让追求刺激的渴望战胜自己的判断。在桶店里，你那点儿保证金微不足道，根本玩不了多长时间。你太容易、太快速被洗掉了。不顾市场的基本情势，只想着不停地进行交易，是华尔街上出现大量亏损的罪魁祸首，即使是专业交易者也难以避免，他们觉得自己每天都必须带点儿钱回家，好像自己做的是正常发工资的工作。请记住，我当时不过是个毛头小子。我当时并不知道自己后来才学到的东西。15 年之后，这些知识让我能够足足等待 6 个①星期之久。在等待期间，眼睁睁地看着自己强烈看涨的股票上涨了 30 个点，之后才认为是安全的买进时机。当时我已经破产了，正设法东山再起，因此承担不起任何鲁莽操作可能带来的损失。我必须交易正确，因此只能耐心等待。这是在 1915 年。说来话长，后面合适的地方再谈吧。现在言归正传，多年以来我经常打败桶店，但最终还是让他们夺走了我绝大部分的赢利。

　　不仅如此，这一切发生的时候，我只能眼睁睁地看着！在我的交易生涯当中，这样的经历还不止一次。股票大作手不得不与内心当中许多可能让他付出高昂代价的敌人做斗争。不管怎么说，我来到纽约，身上带着2500 美元。这里没有值得信赖的桶店。股票交易所和警方合作，管得很严，几乎是开一家关一家。此外，我也想找到这样一个地方，在那里我的本金多少是我进行交易的唯一限制因素。我的本金不太多，但我不希望它永远这么少。初来乍到最重要的就是找到一个好地方，再也不必担心不能进行公平交易。因此，我去了纽约股票交易所的一家会员经纪公司，该公司在我家乡设有一家分公司，我认识分公司里的几个职员。现在说起来，这家公司早就已经关门了。我因为不喜欢那里的一位合伙人，在那家公司里没待太长时间便去了 A・R・富尔顿公司（A. R. Fullerton & Co.）。肯定有人跟这里的人说过我早期的经历，因为没过多久他们全都开始叫我

　　──────────

　　① 译注：本处是指十四章东山再起时的第一笔交易。本处原文是2周，而十四章是 6 周。根据十四章的内容，译者在这里采用 6 周。

"少年赌客"。我看起来始终比我的实际年龄更年轻一些。这在一定程度上对我不利，但同时也迫使我不断地努力奋斗，因为看着我年轻想占我便宜的人实在太多了。桶店那些家伙，看我还是个毛头小子，总认为我是去赌运气的傻瓜，这也是我能经常打败他们的唯一原因。

哎，不到六个月，我就破产了。我的交易十分活跃，有常胜将军的名号。我估计我缴纳的佣金加起来也是一笔不小的数目。我账户上的资金增加了不少，但是最终全都亏掉了。我谨慎操作，但仍旧亏损。让我来告诉你原因：这都是因为我在桶店取得了非凡的成功。

我的交易方式只能在桶店里击败这种游戏，在那里我赌的是股价波动。我的盘势解读只适用于我在桶店的交易方式。我买入时股价就在报价板上，就在我眼前。我甚至在买入之前，就已经确切知道我将为我想买入的股票付多少钱。更重要的是我始终可以瞬间卖出。我可以成功地抢到微小的利润，因为我的动作可以像闪电般迅速。运气好的话，我可以继续跟进；运气不好的话，我可以一秒之内止损。举例说明，有时我确定某只股票即将波动至少1个点。那么我不会贪多，我可以缴纳一个点的保证金，片刻之内就使我的资金翻倍；或者也可以只挣半个点，见好就收。即便一天只交易一两百股，一个月下来，结果也不会太差，对吧？

当然，这种办法实施起来有困难，因为即使桶店有足够的资金可以忍受持续不断的大额损失，他们也不会愿意这么做的。他们不会让自己地盘上的某个客户有总是赢钱的这种不良嗜好。

不管怎么说，在桶店里可以称得上完美的交易体系在富尔顿公司却不起作用。在这家公司里我是真正在买入和卖出股票。盘势上显示糖业公司股价可能是为105，而且我也看出即将出现3个点的下跌。但事实上，就在自动报价机将105打印到报价纸带上的那一刻，交易所交易大厅内显示的价格可能已经是104或103了。等到我卖出1000股的指令传到富尔顿公司的场内代表手中执行时，价格甚至可能已经更低了。而且，在我拿到场内代表传回的成交报告单之前，我都无法知道我那1000股究竟是在什么价位放空的。同样一笔交易，在桶店我肯定已经挣了3000美元，但在股票交易所的会员经纪公司里，我可能一分钱都挣不到。当然，我举的是一种比较极端的例子，不过事实确实是如我的交易体系而言，在 A·R·富尔顿公司的营业厅里，盘势告诉我的总是过去的历史，而我当时并没有意识到这一点。

更糟糕的是，如果我的交易指令相当大，那么我自己的卖出将会进一步压低价格。在桶店里，我根本不必考虑我自己的交易对市场造成的影响。我在纽约会亏损是因为这个游戏和我在桶店玩的完全不一样。我会亏损并不是因为我现在的操作合法，而是因为我的操作方式很无知。人们夸我是解读盘势的好手。然而，即使像专家一样解读盘势也救不了我。如果我自己就是交易大厅里的一名场内交易员，我想交易结果可能会好得多。如果置身于特定的交易群体当中，我或许已经对自己的交易体系进行了调整，使其适用于在我眼前的现实状况。当然了，考虑到我自身的交易对股价形成的冲击，假如我还是像现在这样大规模操作，这个体系调整后同样会让我失败。

简言之，我当时并没有真正了解股票投机游戏。我了解一部分，相当重要的一部分，对我来说这部分始终很有价值。如果凭我了解的一切尚且还会赔钱，那么那些圈外的生手怎么还有机会赢利，或者更准确地说，如何能兑现赢利呢？

用了没多久，我便意识到，我的操作方法有问题，但我无法找出具体有什么问题。有时候，我的体系本来运作得很漂亮，接着突然之间，一次又一次的重击接连不断地出现。请记住，我当时才22岁，我并不是要固执己见，不愿意反省自己究竟错在何处，只是任何人在那样的年龄都只是懵懵懂懂的。

营业厅里的人对我很友好。我不能随心所欲地进行豪赌，因为他们有保证金要求。但是，老Ａ·Ｒ·富尔顿和公司其他的人对我实在是太好了，以至于六个月的活跃交易之后，我不但赔掉了自己带来的所有本金加上我在那里挣到的所有利润，另外甚至还欠公司几百美元。

这就是我的情形，一个毛头小子，以前从来没有出过远门，现在却彻底破产了。不过我知道，我自己本身并没有什么错，而是错在我的操作方式上，我不知道自己有没有表达清楚。我从来没有对市场发过脾气，我从来不与盘势争论，对市场发火根本无济于事。

我实在太渴望恢复交易了，因此一分钟也没耽误便去找老富尔顿，对他说："嗨，老富尔顿，借我500美元吧？"

"干什么用？"他问道。

"我得弄点儿钱。"

"干什么用?"他追问道。

"当然是用来充当保证金。"我回答说。

"500美元?"他说着,皱起眉头。"你知道的,他们要求你维持10％的保证金,这意味着交易100股就需要1000美元。我给你一个信用额度,岂不好多了——"

"不,"我说,"我不想要这里的信用额度。我已经欠公司不少钱了。我想让你借我500美元,这样我便可以去外面挣点儿钱再回来。"

"你打算怎么做?"老富尔顿问我。

"我打算去桶店交易。"我回答说。

"就在这里交易吧。"他说。

"不,"我对他说,"在这家公司里,我还不太有把握能击败这种游戏。但我有把握可以从桶店挣到钱。我了解那里的玩法。我对自己在这个地方为什么会出问题有点儿眉目了。"

他把钱借给了我,于是我离开了这家公司。在这里,他们称为"桶店克星"的毛头小子赔得精光。我不能回家乡去,因为那里的桶店不会接我的生意。纽约就更不用说了,当时这里根本就没有一家开门营业的桶店。别人告诉我,19世纪90年代的时候,布罗德大街(Broad Street)和新街(New Street)满大街都是这种店。然而,等我的交易真正用得着的时候却一家也没有了。想了想之后,我决定去圣路易斯。我听说那里有两家这类的公司,生意做得很大,遍布中西部。他们的利润肯定很庞大,他们在几十个城镇设有分公司。事实上,别人告诉我,在营业额方面,东部没有任何一个公司可以与之匹敌。他们做生意坦坦荡荡,最体面的人都在那里交易,没有丝毫疑虑。有位老兄甚至告诉我,其中一家公司的老板是某个商会的副主席,当然肯定不是圣路易斯的某个商会。不管怎么说,这就是我要找的地方,我可以带着我的500美元去那里,带回一笔本金,用来在A·R·富尔顿公司——纽约股票交易所的会员——的营业厅充当保证金。

到达圣路易斯之后,我先去旅馆洗漱了一番,然后便出去寻找桶店。一家是J·G·多兰公司(J. G. Dolan Company),另一家是H·S·泰勒公司(H. S. Teller & Co.),我知道我可以击败他们。我打算采取一种极其安全的玩法——谨慎又保守。我唯一担心的是会有人认出我,透露我的身份，因为全国各地的桶店都听说过"少年赌客"。他们就像赌场一样，会收集关于专业赌博人士的所有小道消息。

多兰公司比泰勒公司离得近一些，因此我先去多兰公司。我希望他们可以让我先做几天的交易，再叫我连人带交易一起另谋高就。我走进去，里面地方非常大，起码有好几百人在里面盯着报价板。我暗自高兴，因为在这样一群人当中，我比较容易不被注意到。我站在那里，观看报价板，仔细看过一遍之后，挑出合适的股票进行第一笔交易。

我环顾四周，看到了窗边的接单员。在这里，你可以投下自己的资金，拿到成交单。他正看着我，于是我走到他身边，问："这里是可以交易棉花和小麦吗？"

"是的，小家伙。"他回答说。

"我也可以买股票？"

"可以，如果你有钱的话。"他说。

"哦，我有，没问题，没问题。"我说。表现得像个吹牛摆阔的愣小子。

"你有？是吗？"他微笑着说。

"我用 100 美元可以买多少股票？"我问他，装做有点儿气恼的样子。

"100 股，如果你真有 100 美元的话。"

"我有 100 美元。对，我还有 200 美元呢！"我对他说。

"噢，好家伙！"他说道。

"那你给我买 200 股。"我痛快地说。

"200 股什么？"他问我，现在是正儿八经的了。生意归生意。

我再次看看报价板，装做像是要猜得准一点儿，然后对他说："200 股奥马哈（Omaha）。"

"好的！"他说。他收下钱，数了数，然后填写成交单。

"你叫什么名字？"他问我。我回答道："贺拉斯·肯特。"

他把成交单递给我，我走到一边，坐在客户中间，等着我的本金增加。我行动迅速，那一天交易了好几次。第二天同样如此。两天之内，我便挣了 2800 美元，但愿他们能让我做完这个星期。以我现在的速度结果应该不会太差，之后我再去对付另外一家店。如果在那里运气和在这里一样好的话，我就可以带着一大笔钱回纽约，就能有一番大作为了。

到了第三天早上，当我装做不太好意思的样子，走到窗边准备买入 500 股 Ｂ·Ｒ·Ｔ·时，那位接单员对我说："嗨，肯特先生，我们老板想见你。"

我知道游戏结束了。但我还是问他："他为什么想见我？"

"我不太清楚。"

"他在哪儿？"

"在他私人办公室。从那边进去。"他指着一扇门，我走进去。多兰正坐在椅子上。他转过身来，对我说："请坐，利文斯通。"

他指着一把椅子。我最后的希望破灭了。我不知道他是怎么发现我是谁的，或许是从酒店的入住登记表上。

"你找我有何贵干？"我问他。

"听着，年轻人。我不想再跟你扯上任何关系。明白？任何关系！明白？"

"不，我不明白。"我说。

他从他的转椅上站起身。这家伙块头很大。他对我说："利文斯通，你过这边来，好吗？"他走到门边，打开门，然后指着交易大厅里的客户问我："你看见他们了吧？"

"看见什么？"

"这帮家伙。你看看他们，年轻人。这里一共有 300 号人！300 号傻瓜！他们养活我和我的家人。明白吗？300 号傻瓜！然后你来了，你两天之内捞走的比我从这 300 个傻瓜身上两个星期挣到的还多。生意可不是这样做的。年轻人，我可不愿意这么做生意！我不想再跟你有任何牵扯。你可以把你已经弄到手的钱带走。但是，你甭想再弄了。这里不会再让你挣一个子儿！"

"为什么，我——"

"到此为止。前天我看着你进来的，我第一眼就不喜欢你的样子。说实话，真不喜欢。我一眼就看出你是个装疯卖傻的老手。我把那个蠢货叫进来"——他指着那个闯祸的职员——"问他，你都做了些什么；等他告诉我之后，我跟他说：'我不喜欢那家伙的样子。他是个装疯卖傻的老手！'结果那头蠢猪跟我说：'老手？就凭我的眼光，老板！他叫贺拉斯·肯特，不过是个故意充大人的毛头小子而已。他没问题啦！'就这样，我便随他去了。那个该死的，白白浪费了我 2800 美元。我没有因此对你怀恨在心，小伙子。但是，我的保险箱已经对你锁上了。"

"听我说——"我刚开始说话。

"你听我说，利文斯通。"他打断我，"你所有的事迹我都听过。我靠着包揽傻瓜们的赌金挣钱，你不属于这里。我会公平点儿，让你把从我们这里刮到的都带走。但是，既然我已经知道你是何方神圣，你要是还能带走更多那我就是傻瓜了。所以，离开这儿，小伙子!"

我带着我 2800 美元的利润离开了多兰的地盘。泰勒的场子在同一个街区。我已经查过了，泰勒极其富有，同时还经营多家台球馆。我决定到他的桶店去。我在想，我是开始时玩得有节制一点儿，然后再慢慢加码到 1000 股比较明智呢，还是一开始就玩得大一点儿比较明智，因为得考虑到我在那里的交易可能超不过一天。他们要是赔了，很快就会学聪明的，而我又确实很想买入 1000 股 B·R·T·。我有把握可以从这只股票上赚个 4～5 个点。但是，如果他们起了疑心或是有太多客户做多这只股票的话，他们可能根本就不会让我交易这只股票。我想或许刚开始的时候最好还是化整为零，从小额交易开始。

泰勒的地方没有多兰那里的大，但装修更考究，而且这里的客户群体明显档次更高。这简直完全符合我的口味，我决定直接买入 1000 股 B·R·T·。我走到对应的窗口，对那里的柜员说："我想买一些 B·R·T·，最多可以买多少?"

"上不封顶，"柜员回答道"你要是有钱的话，高兴买多少就买多少。"

"买进 1500 股。"我说。当那位柜员开始填单子的时候，我从口袋里掏出我的钱。

就在这时，我看见一个红头发的男人猛地把那位柜员从柜台上推开。他探过身子对我说："嗨，利文斯通，你还是回多兰那里去吧。我们不想接你的生意。"

"那也得等我拿到成交单再说，"我说，"我刚刚买了一点儿 B·R·T·。"

"你在这里不可能拿到成交单。"他说。此时，其他的职员已经站在他身后，盯着我。"别再来这里交易了。我们不接你的生意。明白?"

此时跟他们生气或是试图与他们争论都没什么意义，因此我回到旅馆结了账，搭乘第一班火车返回纽约。世事无情啊。我想挣回一大笔钞票，结果却是泰勒甚至连一笔交易都不愿意让我做。

我回到纽约，还给老富尔顿 500 美元，然后用在圣路易斯挣的钱再次开始交易。我的手气时好时坏，但总体表现得比盈亏打平好一点儿。毕竟，我不需要重新学习太多东西，唯一需要领会的就是，股票投机游戏当中所蕴含的东西比我来富尔顿公司交易之前所认为的要多得多。我就像一个拼字爱好者一样——他们喜欢在周日增刊上玩纵横拼字游戏，不猜出来绝不罢休。我当然也想为我的拼图游戏找到答案。我本以为我不会再去桶店交易了，但是我错了。

大概在我返回纽约两三个月之后，富尔顿公司的营业厅里来了一位老家伙。他认识老富尔顿，有人说他们曾经共同拥有一群赛马。很明显，他曾经风光过。我被介绍给老麦克戴维特（McDevitt）。他当时正向人们谈起一群西部赛马场骗子，他们刚刚在圣路易斯成功实施了一场骗局。他说，带头的家伙是一个台球馆的老板，名叫泰勒。

"哪个泰勒？"我问他。

"泰勒啊，H·S·泰勒。"

"我认识那家伙。"我说。

"他可不是什么好鸟。"麦克戴维特说道。

"岂止不是什么好鸟啊。"我说，"我还有一小笔账没跟他算呢。"

"你打算怎么做？"

"修理这种毫不讲求公平精神的败类就要从他们的钱包入手。在圣路易斯我动不了他，但我迟早有一天会的。"我把自己的不满告诉了麦克戴维特。

"嗯，"老麦克说，"他想方设法在纽约设点但最终没能成功，便在霍博肯（Hoboken）开了一家场子。我听人说，在那里玩不限数额，而且据说那家店资金庞大，直布罗陀岩山（Rock of Gibraltar）和他们的资金比起来，就像矮脚鸡身上的跳蚤一样黯淡无光。"

"这是个什么地方？"我以为他说的是台球馆。

"桶店。"麦克戴维特回答道。

"你确定它已经开张？"

"是的，已经有好几个人告诉过我这事了。"

"那你只是听说而已。"我说。"你能否确确实实地帮我查一下它是否已经开张营业，同时他们具体能让客户交易多大数额？"

"当然可以，小兄弟。"麦克戴维特回答说。"我明天早上就亲自跑一趟，回来之后再告诉你。"

他确实跑了一趟。看来泰勒好像准备大干一番，想要竭尽全力大捞一笔。这事发生在一个星期五。市场这周以来一直在上涨——请记住，这是在 20 年前——可以肯定的是，星期六公布的银行报告即将显示，超额的准备金会大幅下降。这通常都是一个很好的理由，那些场内交易大户会跳入市场，想方设法将佣金经纪行①那些立场不坚定的账户震出市场。在最后半小时的交易时间内，通常都会发生回调，尤其是那些公众交易最活跃的股票。泰勒公司的客户们重仓做多的，当然也是这些股票，这家店或许很乐意见到有人放空这些股票。没有比这更好的事了，可以从正反两个方向捉住那些傻瓜们；也没有比这更容易的事了——只需要 1 个点的保证金。

就在那个星期六早上，我赶到霍博肯，来到泰勒的场子。他们已经装修好一间宽敞的客户大厅，配有一个上等的报价板、一大群职员以及一个身穿灰色制服的特别警卫。里面大概有 25 个客户。

我找到经理，跟他聊了起来。他问我有什么可以为我效劳的，我告诉他没什么事，说自己在赛马场上挣的可比在这里挣的多得多，因为在那里不仅胜算比较大，而且即使你要把全部家当押上都没问题，同时还可能在几分钟之内就赢上成千上万美元。不像在股票上，不但小打小闹挣钱少，而且可能还得等上好几天。于是，他开始向我介绍，股票市场的玩法如何更安全，他们的一些客户如何挣了大钱——你要是听他说的话，一定敢打保票，这是一家正规经纪行，确确实实会在交易所替你买卖股票——而且如果某人始终重仓交易的话，他所挣的钱一定可以多到让任何人都满意。他肯定以为我正准备去某个台球馆，因此想赶在赛马把我的钞票啃光之前，先把我的钞票切走一大块。他说我应该赶快行动，周六股票市场12点就闭市了。按照他所说的，这样做，我下午就没什么事了，可以用一整个下午去做其他消遣。或许我轻而易举就能揣着更大一笔资金去赛马场——如果我选对股票的话。

我做出一副不相信他的样子，于是他继续在我耳边叽叽喳喳。我看着

①　译注：本书中是指赚取佣金的正规经纪公司。

时间。等到了 11：15，我对他说"好吧"，然后便向他发出各种股票的卖出指令。我拿出 2000 美元的现金，他高高兴兴地接下。他告诉我说他感觉我将挣一大笔钱，希望我常来光顾。

结果正如我所料。一些交易大户猛砸那些他们认为可能触及最大数量止损单的股票。果不其然，价格开始跳水。我在最后五分钟——通常这个时候空头会回补并导致反弹——之前买入平仓。

这次一共挣了 5100 美元。我去兑换现金。

"我很高兴自己进场了。"我对那位经理说，把我的成交单交给他。

"嗨，"他对我说，"我没法付给你那么多。我没想到股价会跌得这么厉害。我周一早上为你把钱准备好，我保证。"

"没问题。不过你得先把你们公司手上现有的资金全部付给我。"我说。

"你得让我先把钱付给那些散户啊。"他说，"我会把你缴纳的保证金还给你，之后剩下多少全部给你。你稍等，我先把其他成交单兑付完。"于是我等他付清其他赢利的客户。噢，我知道我的钱是安全的。泰勒这家营业厅生意这么好，他一定不会赖账。如果他真要这么做，我除了拿走他当场所有的资金，也没有什么更好的选择。我一共拿到了 2800 美元，这已经是这家营业厅里所有剩下的钱了。我告诉那位经理，我星期一早上再来。他发誓说一定把钱准备好等我来拿。

星期一差一点儿 12 点的时候，我到达霍博肯。我进去时看见一个家伙正跟那位经理说些什么。就在泰勒让我回多兰那里去的那一天，我曾在圣路易斯的营业厅里见过这个家伙。我立即明白，那位经理已经给总部打过电报，因此他们派人来调查此事。骗子是不会相信任何人的。

"我来结算我的余款。"我对那位经理说。

"就是这人？"从圣路易斯来的那个家伙问道。

"是的，"经理回答，同时从口袋里拿出一沓黄色钞票。

"且慢！"圣路易斯来的那个家伙对经理说，之后转向我，"嗨，利文斯通，我们不是告诉过你不接你的生意吗？"

"把钱给我再说。"我对经理说。他交给我 2 张 1000 的，4 张 500 的，3 张 100 的。

"你刚说什么？"我对圣路易斯来的那个家伙说。

"我们告诉过你，不希望你在我们的场子里交易。"

"没错，"我说，"这就是我来这里的原因。"

"那就别再来了，滚得远远的！"他咆哮着对我说。那位身穿灰色制服的私人警卫走过来，装做漫不经心的样子。圣路易斯来的那个家伙朝那位经理挥舞着拳头，吼道："你应该看清楚一点儿，你这个可恶的蠢猪，竟然让这个家伙把你给耍了。他就是利文斯通。我早就跟你打过招呼了。"

"你，听着，"我对那位圣路易斯的家伙说，"这不是在圣路易斯。你不可能在这里耍花招，就像你老板对贝尔法斯特男孩那样。"

"你离这家店远点儿！你不能在这里交易！"他大叫道。

"如果我不能在这里交易，那么其他任何人都不可能再来这里交易。"我对他说。"你不可能在这里耍完这一套还能全身而退。"

这下子，那个圣路易斯来的家伙立即变了腔调。

"听我说，老弟，"他说，一脸焦急的样子，"帮帮忙。讲讲道理好不好！你知道的，天天发生这样的事情，我们承受不起啊。老家伙要知道是谁的话，肯定气得跺脚。行行好嘛，利文斯通！"

"我会手下留情的。"我承诺道。

"你讲讲道理，好不好？发发慈悲，走得远远的！给我们一个机会，让我们有一个好的开始吧。我们才刚到这里。行吗？"

"我不想下次来的时候还看见你这副盛气凌人的架势。"我说完之后便离开了，留下他连珠炮似的训斥那位经理。我已经让他们为自己在圣路易斯对待我的态度付出了代价——从他们身上弄了些钱。我再跟他们生气或是试图让他们关门也就没有什么道理了。我回到富尔顿公司的营业厅，把事情的经过告诉了麦克戴维特。然后我告诉他，如果他同意的话，我想让他到泰勒的场子里去，刚开始只交易 20 股或 30 股，先让他们慢慢习惯他的交易。然后，等我发现可以大捞一笔的好机会，便立即打电话通知他，他便可以立即下手。

我给了麦克戴维特 1000 美元，他照我所说的去了霍博肯。他逐渐成了那里的常客。后来有一天，我认为自己看出市场即将出现一次大崩跌，于是偷偷给麦克递了话。麦克以他们允许的最大额度卖出。那一天，在扣除麦克的佣金以及支付开销之后，我净赚了 2800 美元，而且我怀疑麦克另外替自己下了一点儿注。在那之后不到一个月，泰勒便关掉了他在霍博肯的分店。当时警方查得很严。不管怎么说，虽然我只在那里交易过两次，但这家店根本赚不到钱。原因在于我们当时进入了一轮多头市场，各种股票出现的回调甚至连 1 个点的保证金都无法洗掉，而且，所有的客户都是多头，不断地赢利，为了积累利润不断地投机。全国各地的桶店大量倒闭。

自此之后，他们的游戏规则发生了改变。相对于一家声誉良好的经纪公司，在老式桶店里进行投机交易具有明显的优势。首先，保证金耗光时，交易自动平仓，这是一种最好的止损指令。你所遭受的损失不会超过你缴纳的保证金，而且不存在指令执行不力的风险等等。纽约的桶店对待老客户从来不像我听说的西部桶店那样慷慨大方。在这里，他们通常都会将某些热门股票的潜在利润限制在 2 个点之内。糖业公司和田纳西煤铁公司（Tennessee Coal and Iron）就在这种股票之列。即使这些股票在 10 分钟之内波动 10 个点，你一张成交单也只能挣到 2 个点。他们认为不这样做的话，客户的胜算实在是太大了——亏的时候很可能只有 1 美元，挣的时候可能是 10 美元。当时曾有很多次，所有的桶店，包括最大的桶店在内，都拒绝接某些股票的单子。1900 年，大选之日的前·天，麦金利（Mc-Kinley）胜出已成定局，此地没有一家桶店允许客户买入股票。麦金利的选举胜算率为 3∶1。如果周一买入过，你极可能挣 3～6 个点，甚至更多。你也可以赌布莱恩获胜，同时买入股票，这样也有把握获利。但是，那天桶店拒绝接单。

若不是他们拒绝接我的生意，我可能永远都不会停止在桶店交易。这样一来，我也就永远都不会认识到：股票投机游戏所蕴含的内容远不止赌几个点的股价波动这么简单。

第三章　第一次惨败

凡事都有两面，然而股票市场只有一面。

人要花很长时间才能从自己所犯下的所有错误中汲取到全部的经验教训。人们常说，凡事都有两面，然而股票市场只有一面：既不是多头的一面，也不是空头的一面，而是正确的一面。我将这条基本原则牢牢刻在心里所花费的时间，比掌握股票投机游戏中绝大部分技术性知识所花费的时间都要长。

我听说过有些人在股票市场进行模拟交易，用想象中的美元来证明自己有多正确，借此自娱自乐。有时这些虚拟的赌徒获利几百万。按照这样的方式，很容易变成一名豪赌客。这就像一则老故事说，有人第二天要与人决斗。

他的助手问他："你的枪法好吗？"

"噢，"这位决斗者回答说，"我能在 20 步开外射断玻璃酒杯的柄脚。"一副挺谦虚的样子。

"这很好啊，"助手不为所动，"但是如果那个玻璃酒杯正举着一把上膛的手枪瞄准你的心脏，你还能射断酒杯的柄脚吗？"

对我来说，我必须用自己的钱来支持我的观点。我的亏损已经教导我：在没有把握不会被迫撤退之前，根本就不应该开始前进。但如果我不前进，就会始终原地踏步。我的意思并不是指一个人在犯错时，不应该限制自己的损失。他应该这么做。但是，这不应该成为他犹豫不决的理由。我一辈子都在犯错，但在赔钱的过程中，我不但获得了经验，同时还积累了很多有价值的禁忌。我曾破产过好几次，但我的亏损从来都不是彻底的亏损。否则，我现在也不会在这儿了。我始终知道自己还有机会，同时，我不会在同一个地方跌倒两次。我相信自己。

一个人若是打算在这一行谋生，就必须相信自己以及自己的判断。这就是我不相信内幕消息的原因。如果我依靠某人提供的内幕消息买入股票，那我卖出这批股票时也得依靠此人提供的内幕消息。这样一来，我便对他形成了依赖。要是卖出时机来临时此人正好去度假了怎么办？不，老兄，没人能靠别人告诉他怎么操做来挣大钱。我从自己的亲身经历当中了解到，靠别人提供给我一条或是一连串的内幕消息挣到的钱，绝不会多于我依靠自己的判断所挣到的钱。我花了五年的时间才学到在这个游戏当中如何精明行事，使自己在判断正确时可以挣到大钱。

我没有你想象当中那么多有趣的经历。我的意思是，现在回头来看，我学习如何投机的过程看起来并不是那么激动人心。我破产过好几次，而这绝不是件令人愉快的事，但我赔钱的情形和华尔街上每个人赔钱的情形是一样的。投机是一件艰苦而劳神的行当，投机者必须始终全身心地投入到自己的工作当中，否则很快就会没有工作可做。

我的工作任务其实很简单，其实我早期在富尔顿公司失败之后就应该领悟出来的，那就是：从另外一个角度来看待投机交易。但是，我当时并不知道，这个游戏当中所蕴含的东西比我在桶店当中可能学到的东西多得多。在桶店里，我以为自己击败了这个游戏，而实际上我不过是击败了桶店。当然，我在桶店所培养出来的看盘能力以及对自己记忆力的训练始终极有价值。这两项我运用起来得心应手。作为一名交易者，我早期的成功主要得归功于这两项，而不是头脑或知识，因为当时我的头脑没有经过训练，同时也异常的无知。这个游戏本身教会了我应该如何玩这个游戏，而且这个游戏在教导我的时候，从未心慈手软。

我还记得刚来纽约的第一天。我曾说过，桶店是如何拒绝接我的生意，迫使我去找一家正规佣金经纪行的。我在得到第一份工作的那家公司里认识一个小同事，他当时在哈丁兄弟公司（Harding Brothers）工作，该公司是纽约股票交易所的会员。我那天早上到达这个城市，当天下午一点钟之前，已经在这家公司开立账户，准备交易。

我没有向你说明过，在这家公司里，我自然而然地完全按照我在桶店的方式来交易。在桶店里，我所做的不过是赌股价波动，捕捉微小但确定的价格变动。没有人主动为我指出在这两种地方交易有什么本质区别，也没有人主动纠正我。不过即使有人跟我说我的方法行不通，我仍然会去尝试一下，以便向自己证实这样做有问题。因为只有一件事可以使我相信自己错了，那就是赔钱。同时也只有在赚钱的时候才能证明我是正确的。这就是投机交易。

那些日子市场十分活跃，一段生机勃勃的时光。这样的情况总是会令人振奋。我立即得心应手。熟悉的报价板就在我面前，传递着我 15 岁之前就已经学懂的语言。这里也有一个小伙子，做着和我在第一家工作的公司所做过的一样的工作。里面的客户——同样的一批老面孔——有的盯着报价板，有的站在报价机旁，喊出价格，谈论市场。表面看来，设备还是我熟悉的那套设备，并没有什么不一样。氛围还是我熟悉的氛围，自我从股市赚到第一笔钱——在伯灵顿挣到的 3.12 美元——以来，我就始终沉浸在这种氛围当中。同样的报价机，同样的交易者，因此自然也应该是同一种玩法。请记住，我当时不过才 22 岁。我估计我当时认为自己对这个游戏一清二楚。我有什么理由不这么想呢？

我看着报价板，看到了某只我认为很不错的股票。该股此时的表现很对路。我以 84 美元的价格买入了 100 股。不到半小时，我便以 85 美元卖出。之后我又看到另外一只我喜欢的股票，就再来一次，在极短的时间内便净赚了¾个点。我从一开始就表现得不错，不是吗？

然而请注意：就这样，作为一家正规的股票交易所会员经纪公司客户的第一天，而且这天我只交易了两个小时，我便抢进抢出，交易了 1100 股。我这天操作的最终结果是，正好亏损 1100 美元。也就是说，我的第一次尝试，就让我将近一半的老本飞走了。同时请记住，其中还有一些交易是赢利的，然而，这一天我却总共亏损了 1100 美元。

这并没有让我感到焦虑不安，因为我看不出自己有什么地方出了问题。同时，我的动作也足够正确，如果是在自己熟悉的大都会交易，最终结果一定是赢利的。报价机不正常，我那蒸发的 1100 美元明明白白地告诉我。不过，只要报价机恢复正常，就没什么可担心的。22 岁时的无知是最正常不过的缺点了。

几天之后，我心里想："不能再这样交易下去了，报价机没有帮我！"不过，我也就这样不了了之，没有继续深究其根本原因。我继续交易，运气时好时坏，直到最后赔得精光。于是我去找老富尔顿，让他借给我500美元。之后我便像我所说的那样，带着从桶店里挣来的钱从圣路易斯返回纽约——桶店里的游戏我总是胜利者。

回来之后，我操作起来更加小心谨慎，有一段时间的表现比之前更好一些。我手头一宽裕，便开始过得相当不错。我广泛交友，享受美好时光。请记住，我当时还不到23岁，只身一人在纽约，口袋里装着一点儿得来容易的钱，同时打从心底相信自己已经开始弄明白这台新报价机了。

我开始考虑自己的交易指令下到交易所交易大厅实际执行时可能出现的偏差，因此行动时更加谨慎。然而，我仍然死守着报价纸带不放——也就是说，我仍然忽视基本的交易原则。而且，只要我还只是这样玩，就不可能找出自己的玩法究竟什么地方出了问题。

1901年，我们进入了大繁荣时期，我当时挣了一大笔钱——对于一个小孩子来说，确实是很大一笔。还记得那些日子吧，美国出现了前所未有的繁荣景象。我们不但进入了一个规模空前的产业整合、资本并购的时代，而且公众也疯狂地涌入股票市场。我曾听说，在这之前的一些令人激动的时期，华尔街上经常出现一天交易25万股的情形，这相当于每天面值2500万美元的股票换手。然而，1901年，股市一天交易300万股。每个人都在获利。钢铁帮也在这个时候来到城里，这伙百万富翁对于金钱就像烂醉如泥的船员一样满不在乎。唯一能让他们满足的游戏就是股票市场游戏。我们头一次在华尔街上见到了一些最大的豪赌客：以张嘴闭嘴"赌你100万"闻名的约翰·W·盖茨（John W. Gates）以及他的一些朋友们，如约翰·A·德瑞克（John A. Drake）、劳耶尔·史密斯（Loyal Smith）等等；里德-利兹-摩尔帮（Reid-Leeds-Moore crowd），他们卖出手中的部分钢铁股，用获得的资金在公开市场买入了庞大的罗克艾兰集团（Rock Island system）现有股票的绝大部分；还有施瓦布（Schwab）、弗里克（Frick）、费普斯（Phipps）以及匹兹堡小集团（Pittsburgh coterie）；不用说，当然也有许多人在这场大洗牌中亏掉了，但他们也是一些曾经风云一时的超级豪赌客。当时交易者可以买卖市场上所有的股票。吉恩为美国钢铁的股票炒作出了市场。一位经纪人能帮忙在几分钟之内卖出10万股。多美妙的日子！有一些交易者获得了令人称奇的利润。同时，卖出股票不用缴税！似乎根本没有最后审判日。

　　当然，不久之后，我便听到很多灾难即将发生的呼声，一些老一辈的经验丰富者认为，除了他们自己之外，其他所有人都疯了。然而，除了他们之外，所有人都在挣钱。我当然知道，涨势终究会有一个极限，见什么买什么的疯狂抢购也迟早会结束，于是我转而看空。然而，我每次卖出都会赔钱，要不是我跑得快，会赔得更多。我希望能够捕捉到行情的大崩跌，但操作时仍然小心谨慎——买入做多时便获利，卖出做空时便亏损——因此，我在这场繁荣当中所获得的利润并没有你想象当中那么多，如果你考虑到我习惯于进行大额交易的话——尽管我当时还只是个孩子。

　　有一只股票我没有放空，那就是北太平洋铁路（Northern Pacific）。当时我的看盘技巧派上了用场。我认为绝大多数的股票已经被买单推升到停滞不前的状态，但"小北太平洋"却表现得像是要继续走高。现在我们都知道了，当时是因为其普通股和优先股都在被"吉恩-罗伯-哈里曼集团"（Kuhn-Loeb-Harriman combination）不断吸纳。噢，我当时做多1000股北太平洋普通股，并且不顾公司里所有人的反对，坚持持有。当它上涨到110美元时，我的账面利润达到30点，于是我卖出变现。这笔交易使我经纪商账户上的余额接近5万美元，这是我到当时为止所积累到的最大数额。这对一个几个月前才在同一家公司亏得一分不剩的人来说，成绩可不算太差。

　　如果你记得的话，当时哈里曼那伙人通知过摩根和希尔（Hill），说他们打算加入伯灵顿-大北方-北太平洋集团（Burlington-Great Northern-Northern Pacific combination）董事会，之后摩根那伙人第一时间指示吉恩买入5万股北太平洋，以确保牢牢掌握控股权。我曾听说，吉恩让罗伯特·贝肯（Robert Bacon）把指令改为15万股，银行家们照办了。不管怎么说，反正吉恩派出了他的一位经纪人，埃迪·诺顿，到北太平洋集团去，并且他自己买入了10万股这只股票。我感觉，在这之后又有另外一股努力进入，买入了5万股，于是这场著名的囤积大战上演了。1901年5月8日，市场收市之后，整个世界都知道，一场金融巨头之间的火拼正在上演。美国还从来没有出现过这样大规模的两大资本集团相互对峙的局面。铁路大王哈里曼对阵金融巨头摩根：一个无坚不摧；一个稳如泰山。

　　5月9号早上，我手中持有将近5万美元的现金，同时一只股票也没有。正如我前面所说，一段时间以来，我一直强烈看空，现在机会终于来了。我知道即将发生什么——先是一场可怕的大崩跌，然后便会出现一些极好的便宜货。接下来便是快速的回升了，那些之前捡到便宜货的人将获得巨大的利润。不用大侦探福尔摩斯也可以看出这一点。我们将有机会捕捉一个来回的股价变动，不仅是大笔的利润，还是确定能到手的真金白银。

事态的发展和我预见的一样。我的判断完全正确，但却赔掉了身上的每一分钱！我被某种异常状况扫地出门了。如果这种异常状况从未发生，那么人与人之间便没有差异，生活也就没有什么乐趣可言了。这个游戏也就变成了一种简单的加减法，我们也就都变成了一群脑袋迟钝的会计员。猜测可以开发人的智力。仔细想想，为了猜对你得做些什么。

市场正如我所料，变得相当狂热。交易量非常庞大，股价波动幅度前所未有。我以市价挂出了大量的卖单。当我看到市场开盘价时，大吃一惊，股价崩跌竟然如此剧烈。我的经纪商们尽职尽责，他们的专业能力和认真负责不亚于其他任何一位经纪商。然而，等到他们执行我的指令时，股价已经再次下跌了20点。报价纸带一定程度上落后于市场，而由于数量惊人的经纪业务蜂拥而来，成交报告单来得也比较慢。我下单卖出的股票，在我下单时报价纸带显示的价格例如是100，但他们帮我卖出的价格却是80，这与前一晚的收盘价相比，总共下跌了30或40点。当我发现这一点时，就意识到我挂出空单的成交价似乎正是我打算卖出后回补时捡便宜货的地方。市场下跌终有尽头，不可能会一直跌到中国去。因此，我立即决定回补空头头寸，反手做多。

我的经纪商们帮我买入；成交价不是促使我反手做多时的价位，而是他们的场内代表收到我的指令时股票交易所内当时真正的价位。他们所付出的平均成本比我预计的高出15个点。一天之内便损失35个点，换做任何人都承受不了。

自动报价机竟然落后市场这么多，这击败了我。我习惯于把报价纸带看做我最好的伙伴，因为我根据它告诉我的来下注。但是这一次，报价纸带欺骗了我。纸带机打印出来的价格与实际价格之间的偏差毁了我。我之前的失败根源在这一次变本加厉，导致我失败的原因与之前同出一辙。忽略经纪人对指令的执行情况，光靠看盘技巧根本不够，现在看来这点如此明显，为什么当时就没有看出并及时补救呢。

接下来我所做的比没有看出问题还糟糕：继续交易，抢进抢出，完全不顾指令的执行情况。你看，我从来没有采用限价交易指令，我总是认为自己必须时刻抓住市场机会。我是在试图击败市场，而不是捕捉特定的价格。我认为自己应该卖出时便卖出；认为股价即将上涨时便买入。我对这条基本投机原则的坚守拯救了我。采用限价交易，就相当于把我在桶店里的老方法简单调整了一下，挪用到正规经纪行里来用。这样的话，我便永远不会了解到股票投机究竟是什么，只能借助自己有限的经验在有把握的时候才下注。

每当我试图采用限价交易，想要在自动报价机落后于市场时将市价交易造成的损失减到最少，最终却发现，市场甩开了我而远去。这种事情发生的频率实在太高了，因此我只能停止尝试。我无法告诉你，我怎么会花了这么多年才认识到，我的游戏不应该是下注赌随后几个点股价波动，而应该是预测即将出现的大波动。

经过 5 月 9 日的惨败之后，我继续运用经过修正，但仍然有缺陷的方法进行大笔操作。要是我一直不能获利，或许能够更快地学到市场上的智慧。但是，我挣的钱足以使我过得很舒坦。我喜欢交朋友，也喜欢享受快乐时光。这年夏天，我像几百名成功富裕的华尔街人士一样，到新泽西海岸避暑。我的赢利不能同时弥补我的亏损和生活花销。

我并非是固执地坚持使用这种交易方式。我只是无法找出自己的问题究竟出在哪里，因此要设法找出解决方案也就完全没有了希望。我总是不停地唠叨这个话题是为了表明，我在达到真正能挣钱的境界之前，必须经历什么。我老旧的猎枪以及 BB 猎枪弹无法像火力强大的连发步枪一样，与这个强大的游戏抗衡。

那年初秋，我不但再次被市场扫地出门，而且我对这个我不再能击败的游戏感到深恶痛绝，因此我决定离开纽约，去别的某个地方尝试一下别的什么事。我自 14 岁起便开始交易。我还是个 15 岁的小孩子时，便挣到了有生以来的第一个 1000 美元，21 岁之前挣到了第一个 1 万美元。我曾不止一次挣到、之后又赔掉 1 万美元。在纽约，我曾获利成千上万美元，之后又亏掉。我曾把本金积累到 5 万美元，结果两天之内就赔得精光。我没有别的生意可做，也不了解别的行当。经过几年的折腾之后，我又重新回到了原点。不，情形比这还糟糕，因为我已经养成了一种奢侈的生活习惯和生活方式。好在这一点倒不像始终不断地犯错那样让我备受困扰。

第四章　重返华尔街

尽管欺诈公众的策略有所不同，在一些细节上也一直推陈出新，但基本原则和方法都是老套路。

就这样，我回到老家。就在回到家乡的那一刻，我知道自己这辈子只有一个使命：筹集本金，重返华尔街。那里是全国唯一能让我进行大额交易的地方。总有一天，我的玩法会完全正确，到时我会需要这样一个地方。当一个人做法对路时，他便会更渴望得到一切有利条件的支持。

虽然希望渺茫，但是必须的，我力图再次打入投机商号。现在少了很多这样的商号，而且还有一些是我不认识的人开办的。那些记得我的老板不会再给我一点儿机会让我重新做交易，甚至连是否具备商号交易者"资格"的机会都不给。我如实告诉他们，我已经在纽约亏掉了在家乡挣的全部家当；我所知道的根本没有我过去认为的那么多；现在他们没有理由认为我和他们交易不是一笔好的生意。然而，他们还是不愿意让我交易。那些新开的商号又不是我下手的好去处。他们的老板认为，如果是一位绅士，当他有理由认为自己能赌对时，应该最多买入20股。

我需要钱，那些较大的投机商号正从他们的常客手中大把大把地挣钱。于是我找来一个朋友做我的搭档，让他出面去到商号营业厅交易。我呢，就假装进去闲逛，四处转悠。我会转到接单员的边上，再力图说服他接受我的一个小单子，哪怕50股也好。当然，他还是不同意。我和我的搭档约定了暗号，他就可以按照我的示意买进或卖出某个品种。这样的把戏只能让我挣点儿小钱。一段时间后，营业厅就开始盯上我的搭档，嚷嚷着不想做他的单子了。终于有一天，当他力图下单卖出100股圣保罗的时候，他们拒绝了他，取消了他的交易资格。

后来我们了解到，有个客户看见我俩在外面谈话，就跑进营业厅通风报信。于是当我搭档进去找下单员卖出 100 股圣保罗时，那家伙说道：

"我们不接受任何圣保罗的卖单，不接受你的。"

"凭什么，怎么回事，乔？"我搭档问道。

"不凭什么，就是不接。"乔回答说。

"这些钱有什么不对吗？好好看看，全在这儿。"我搭档拍给他 100 美元——我的 100 美元——全是 10 美元一张的。他竭力表现出义愤填膺的样子；我呢，就假装漠不关心，站在一旁看热闹；此时其他大部分的客户都纷纷向这两个争论者靠过来。平时，只要出现商号跟客户大声争辩或其他一些细微的摩擦迹象，他们都会像现在这个样子。他们太担心投机商号的偿还能力了，因此不会放过任何的蛛丝马迹。

店员乔，大概是个助理经理之类的，从他的窗口后面走出来，走到我搭档身边，看看他，然后瞅瞅我。

"好笑"，他慢条斯理地说，"真他妈好笑，你的同伙利文斯通不在周围晃荡，你在这儿就无事可做。你就坐着，一小时一小时地看报价板，屁都不放一个。他一进来，你就立马开始忙活。或许你是在为你自己做交易，但是，别想再来我们这儿交易。我们不上你们的当，我们知道利文斯通在背后指使你。"

哎，这相当于断了我的生路。幸好除了花销，我还挣了好几百美元。现在我该琢磨如何运用这笔钱了，因为我实在太想赚到足够的本金重返纽约了。我认为自己下次一定能表现得更好。我已经花时间冷静思考过我过去一些愚蠢的玩法，认识到当务之急是弄到新的本金。你瞧，隔着一定的距离，确实能更全面地看清事物本来的面目。

一天，我在一家旅馆大堂里和几个熟人聊天，他们都是相当稳健的交易者。我们大家一起谈论股票市场。我说，由于经纪商执行不力，任何人都不可能打败这个游戏，尤其是当他像我一样进行市价交易的时候。

此时有位老兄开口问我具体指哪些经纪商。

我说"当然是全美国最好的"，然后他接着问我都有哪些。我看得出他不会相信我曾在一流的经纪行交易过。

不过我还是回答说："我指纽约股票交易所任何一家会员公司。这并不是说他们做手脚或者不在行，只是当交易者下达市价买入指令时，在收到经纪商的报告单之前，他根本不知道这只股票的实际成交价格究竟是多少。市场上 1～2 个点的小波动多于 10 个点或者 15 个点的大波动。由于执行的问题，外部交易者无法捕捉到小幅的上涨或下跌。如果投机商号愿意让人进行大额交易，我宁愿天天都在那儿进行交易。"

这个和我讲话的人，我从未见过。他叫罗伯茨，看起来非常友善。他把我拉到一边，问我是否曾经在其他的某个交易所交易过，我说没有。他接着宣称自己知道一些经纪行，他们是棉花交易所、农产品交易所，以及一些较小的股票交易所的会员。这些公司做事很细心，特别重视指令的执行。他们与纽约股票交易所最大的、最精明的会员经纪行都有着密切联系。他们通过自身影响力确保每个月成千上万股的交易量，能够得到比个人交易者好得多的服务。

"他们真的很关照小客户，"这位老兄说，"他们的专长是做外地业务，对待一张 10 股的单子与对待 10000 股的单子一样尽心尽力。他们很专业，也很诚实。"

"哦，但如果他们要付给股票交易所会员经纪行常规的⅛个点的佣金，他们的利润从哪儿来？"

"嗯，他们是应该支付⅛个点的佣金，但是……你知道！"他对我挤挤眼。

我说："但是股票交易所的会员公司最不愿意做的就是削减佣金。交易所那些理事们宁愿他们的会员犯下谋杀罪、纵火罪、重婚罪，也不会让圈外人的交易佣金比⅛个点少交分毫。股票交易所之所以能够存活，不就是依赖于会员们共同维护这一规则吗？"

他肯定已经看出我曾经与股票交易所的人打过交道，接着说道："听我说，那些遵守法规的股票交易所会员经纪行，时不时都会冒出一家因为违反这条规则而被停业一年的，对吧？返佣的方式各种各样，没人能告发。"

可能是看到我一脸的不相信，他继续说："在某些业务上，我们——我是说有直通线路的电讯经纪行——除了那⅛个点的佣金以外，还额外收取1/32个点的佣金。不过他们在这方面很好说话的，除非一些比较特殊的情况，比如客户账户交易不太活跃，否则从不收取额外佣金。你也知道，客户交易不活跃的话，他们就没钱可赚。他们做生意又不是纯粹为了锻炼身体，没事瞎折腾。"

这时候我就明白了，他是在为一些冒牌经纪商招揽生意。

"你知道这类比较可靠的经纪行吗？"我问他。

"我知道美国最大的经纪公司，"他回答，"我自己就在那儿交易。他们在美国和加拿大的78个城市有分支机构，业务做得相当大。如果他们不是完全可靠的话，也不可能年复一年地把生意做得这么好，这么红火。不是吗？"

"那当然，"我随声附和，"纽约股票交易所的股票他们那儿都能交易吗？"

"那是当然。除了那些，还包括场外的、本国或欧洲其他任何交易所的。他们交易小麦、棉花、粮食，要什么有什么。他们的市场信息员遍布各个地区，在所有的交易所都有会员资格，有的是公开身份，有的是秘密身份。"

此时我都明白了，但我还是想着法儿地让他透露更多内情。

"是的，"我说，"但是这也改变不了事实，指令总得由人来执行，市况将会如何变化，报价机上显示的价格与交易大厅的实际市场价格究竟偏差多少，没有哪个大活人能打保票。等到报价传到这里，我再提交指令，之后再由电报传到纽约，早就丧失了一部分宝贵的时间。我看我最好还是回纽约去吧，我宁愿把钱赔在那儿的正规经纪公司里。"

"赔钱？我从来没有听说过我们公司有过赔钱的客户。我们的客户可没有这种习惯。他们都赚钱。我们保证这一点。"

"你们的客户？"

"呃，我在这个公司有一些股份，如果我能给他们介绍一些生意的话，我很乐意这样做。他们一直待我很诚实，我也通过他们挣了不少钱。如果你需要的话，我可以把你介绍给那儿的经理。"

"那家公司叫什么名字？"我问他。

他告诉了我公司的名称。我以前听说过这家公司。他们在各类报纸大做广告，大肆宣扬他们的客户挣了大钱，都是因为听从了他们提供的活跃股的内部信息。这是那家公司最拿手的。他们可不是通常意义上的投机商号，而是冒牌经纪行。这些所谓的经纪商干着对冲客户单子的勾当，对外却通过精心的伪装，让所有人都相信他们是从事合法经营的正规经纪商。

这家算得上是这类公司的元老级了。

他们就是那个时代这类经纪商的典型。今年，这类公司大量倒闭了。尽管他们欺诈公众的策略有所不同，在一些细节上也一直推陈出新，但基本原则和方法都是老套路。

那些人惯用的手法是用电报向客户发布买卖某只股票的内幕消息——其中几百封建议某些客户立即买入某只股票，同时发出的其他几百封则是建议另外一些客户卖出同一只股票，这跟老式的赛马内幕线人的骗局如出一辙。在这之后，买单和卖单就会进场。这些公司会通过某个有声望的股票交易所会员经纪公司买入和卖出，比如1000股该股票，获得一张正规的交易报告单。这样要是哪位客户心生怀疑，指责他们对冲客户指令，他们就拿出这个报告单给他看，让他无话可说。

作为对客户巨大的恩惠，他们通常还会在公司里成立代理管理客户资金的部门，允许客户以书面形式授权他们用客户的资金、以客户的名义、根据他们自认最好的判断代客操作。这样一来，当客户的资金都赔光的时候，即使最难缠的客户也很难利用法律手段挽回损失。他们表面上鼓吹牛市，引诱客户进场，然后用老掉牙的投机商号的手法，将几百个客户微薄的保证金洗劫一空。他们不放过任何人，妇女、教师和老人是他们最好的目标。

"我对所有的经纪商都痛心疾首，"我对这位兜售者说，"我得考虑考虑。"说完我赶紧离开，免得他再跟我多说。

我打听了一下这家公司。我了解到他们有几百个客户，虽然有关于他们的各种传闻，但我没有发现任何客户赢了却拿不到钱。难就难在要从他们营业厅找到一个赢过钱的人；不过，我确实赢钱了。刚好那个时候市况似乎对他们有利，这表示如果一笔交易对他们不利，他们可能不会赖账。当然大部分这类的公司最终都以倒闭收场。有好多次都出现了冒牌经纪商倒闭的风潮，就像以前一家银行倒闭之后，紧接着好几家银行也会出现挤兑风潮一样。一家银行倒闭之后，其他银行的客户就会开始恐惧，然后跑去银行取出自己的钱。当然，国内也有很多冒牌经纪行老板安然混到退休。

关于这位"兜售者"的公司，我倒没听说什么让人担惊受怕的事，只不过他们始终如一都是唯利是图，而且并不总是那么诚实。他们的专长是修理那些企图一夜致富的傻瓜。不过他们总会事先要求客户签订书面委托书，"授权"他们卷走自己的钱财。

我遇见过一位老兄，他告诉我，他确确实实亲眼看见他们一天之内发出 600 封电报建议客户买进某只股票，同时又发出 600 封电报给其他客户，强烈要求他们立即卖出同一只股票。

"嗯，我知道这种把戏。"我对告诉我这件事的那位老兄说。

"但是他们接下来的一天又发电报给同一批人，建议他们轧平手中所有的头寸，买入或卖出另一只股票。我问当时在营业厅的一位高级合伙人：'为什么你们要这样做呢？第一部分我还能理解。你们的一部分客户肯定会暂时赢利，尽管他们和其他的客户一样最终都会亏损。但是发出这样的电报，岂不是把他们全都杀死。这是什么用意?'

"'噢，'他说，'反正无论如何这些客户肯定都会把钱赔光，不管他们买进什么，怎么卖，或者在哪里买，什么时候买。他们赔光的时候也就是我失去这些客户的时候。那我还不如尽可能多从他们身上多捞一点儿，然后再寻找下一批猎物。'"

坦白地说，我并不关心这个公司的商业道德。我说过报复泰勒公司之后我有多高兴，那是因为我对他们真的深恶痛绝，但对这家公司我没有这种感觉。他们或许真的是骗子，也可能没有被人抹的那么黑。我根本没打算让他们替我做任何交易，也不打算听从他们的内幕消息，更不会听信他们的谎话。我唯一关心的就是筹集本金重返纽约，去那里的经纪公司进行大额交易，在那儿你不用像在投机商号一样，担心警察会突然上门查抄，也不会看到邮政主管当局①突然扫荡，把你的资金冻结起来，就算你运气很好，一年半载之后，1 块钱也只能拿回 8 分。

不管怎样，我决定去看看与合法经纪商相比，这家公司到底能提供什么样的交易优势。我没有多少钱能用来充当保证金，对冲客户委托单的公司在这方面自然宽松多了。因此，在他们的营业厅里几百美元也能玩得很大了。

我到了他们的公司，和经理本人谈了谈。他发现我是个交易老手，曾经在纽约股票交易所的会员经纪公司开过户，并且把带去的钱亏光之后，

---

① 译注：在美国，邮政检查服务（USPIS）是美国最古老的执法机构。

他不再拍胸脯保证，说如果我让他们代我投资的话，一分钟就能帮我挣100 万美元。他认为我是个无可救药的傻瓜、一个痴迷短线交易的主儿，一玩就输，输了还玩。无论是对那些对冲客户指令的冒牌经纪商，还是那些仅仅满足于赚取佣金的经纪商来说，这类人都是稳定的衣食父母。

我只是告诉那个经理，我看重的是指令是否完美执行，因为我一般都进行市价交易，我不想看到报告单上的成交价与报价机上显示的价格有半个点，甚至一个点的出入。

他以名誉向我保证说，任何我认为对的事，他们都愿意做。他说他们想接我的生意，就是想让我见识见识一流的经纪商是什么样的。他们拥有这个行业最精明的人才。事实上，他们正是以其杰出的执行力著称。如果报价机上的价格和报告单上的成交价有任何出入的话，一定总是对客户有利的，虽然他们并不承诺这一点。如果我在他们公司开户，我就可以用电报传来的最新价格买进、卖出，他们对他们的经纪人相当有信心。

自然，这就意味着，如果我在他们那里交易，实际上就跟之前在桶店进行交易一样——也就是说他们会让我按照当时的最新报价进行交易。我不希望显得太急切，所以我摇摇头，告诉他我估计当天不会开户，不过我会通知他我什么时候开户。他极力催促我立即开始交易，因为当天的市况正是挣钱的好时机。对他们来说，确实是好时机——当天市场沉闷，处于上下微幅拉锯的状态，正是让客户进场的好时机，然后在那些他们提供了内幕消息的股票上做手脚，造成剧烈波动，把客户全部洗掉。我好不容易才从他的纠缠中脱身。

我给他留下了我的名字和地址。就在同一天，我开始收到事先付费的电报和信件，催促我赶紧买入这只或那只股票，声称他们已经得知有一个内线集团正准备将这些股票炒高 50 个点。

我正忙着到处转悠，尽我所能地了解其他几家同类型的冒牌经纪行。在我看来，只要我能有把握从他们攥牢的手中拿到自己赚到的钱，筹集一大笔本金的唯一途径就是与附近这些冒牌经纪商同时进行交易。

我尽我所能了解一切之后，在三个公司同时开立了账户，租了一间小小的办公室，装设了电报线，直通这三家冒牌经纪商。

我从小额交易开始，以免一开始就把他们吓跑。总的来说我是赢利的，不久之后他们就跟我说，对于装了直通线路到他们公司的客户，他们期望跟他做更大的生意。他们不喜欢缩手缩脚、小打小闹的胆小鬼。他们盘算我交易得越多亏损得越多，越快被洗掉，那么他们挣得也就越多。他们的理论非常有道理——如果你考虑到他们对付的都是一般的客户。从财务上来说，一般散户从来不会存活得太久。客户破产了至多就不再交易了，但受了损失却没有破产的客户会到处发牢骚，指桑骂槐，还会制造这样那样的麻烦来破坏他们的生意。

与此同时，我还和当地一家与纽约代理人直接连线的经纪公司建立了联络线路，其代理人也是纽约股票交易所的会员。我在办公室安装了一台股票自动报价机，然后开始保守地交易。正如我之前所说，这和在桶店里交易非常相似，只是获利稍微慢一点儿。

这是我能赢利的玩法，并且我确实赢利了。我没有达到百发百中的境界，但通过几个星期进进出出的交易，我总体上是赢利的。我又能过得相当滋润了，不过我总是会存起来一些，不断增加我要带回华尔街的本金。我又另外接通了两条线到另外两家同类的冒牌经纪行那里，这样一共就有五条直通电报线——当然还有我接到正规经纪公司那条。

有时候，我的交易计划会出错，我选中的股票不符合它们的价格模式，没有照它们过去那样的轨迹运动，与其应有的表现背道而驰。不过，这种情况并没有使我受到沉重的打击——它们不能，因为我的保证金微不足道。我和经纪商们相处得还不错。他们的账目和记录有时会跟我的不一致，而中间的差距碰巧都是对我不利。真是神奇的巧合——不，这绝对不是巧合！每逢这种情况，我都据理力争，通常最后都是按照我的方式来计算。他们一直想要把我从他们手中挣到的钱再拿回去。他们大概以为我赢的钱只是放在我这里的一笔临时贷款，我总是有这样的感觉。

他们真的毫无公平交易精神，他们在这一行里为了挣钱几乎不择手段，根本不满足于经纪商固定比例的佣金。无论如何傻瓜都会赔钱，他们只是在股市赌博——他们根本不算真正的投机者——所以你或许会认为这些家伙干的生意虽然不一定合法，但至少手段应该是正当的，因为他们根本没必要耍手段。但他们不是这样的。"照顾好你的客户才能致富"是一句古老而正确的箴言，他们却似乎从来没听过这句话，只图一门心思地骗钱。

好几次他们设法用老掉牙的小把戏欺骗我，有两三次我没注意，让他们得逞了。他们总是在我交易金额比平时少的时候设法欺骗我。我指责他们缺乏公平交易精神，甚至可以说比这更卑劣，但他们一概否认，最终都以我像平常一样恢复交易收场。与骗子做生意的好处就是，只要你继续与他做生意，他总会原谅你抓到他的小辫子。对他来说，这种事情无所谓，他很乐意屈就配合，真是涵养好！

　　后来我打定主意，不能让那些骗子的鬼把戏妨碍我筹集本金的正常速度，所以我决定给他们一点儿颜色看看。我挑出某只股票，它曾经是投机交易者的最爱，但现在已经变得非常不活跃，也就是说这是一只被人炒作过的股票。如果我挑选一只从未活跃过的股票，他们会对我的操作起疑心。我对那五家经纪行发出指令，买进这只股票。我利用他们收到指令后等待报价纸带上出来的下一个报价的空档，通过那家股票交易所的会员经纪行，发出指令，以市价卖出 100 股同一只股票。我强烈要求他们立即行动。噢，你应该能想象当这份卖出指令传到交易大厅时会发生什么情形：一向交易冷清的冷门股，某家和外地连线的靠收取佣金的正规经纪行急着想要卖出，一定是某人手上持有成本很低的股票。这笔交易的价格会被印在纸带上，这个价格就是那五份买入指令我要付给那五家经纪商的价格。这样总的来说，我做多该股票 400 股，成本就会是一个较低的价格。和交易所连线的经纪公司问我听说了什么，我说我获得了一条关于这只股票的内幕信息。就在收市前，我给那家正规经纪行发出指令要求买回那 100 股，并且要立即买回，说我不想在任何情况下变成这只股票的空头，我不在乎他们以什么价位买回。所以他们立刻打电报到纽约，那 100 股的买单立即引起股价急剧上涨。当然我也向那五家发出指令，轧平被他们对冲的那 500 股。这招的结果让我非常满意。

　　这之后，他们仍然不知悔改，继续耍花招，所以我这种把戏在他们身上耍了好几回。我不敢过分惩罚他们，几乎每次都只操作 100 股，幅度很少超过一两个点。不过这也让我为下一次的华尔街之旅积攒了不少钱。有时候，我会变变花样，先卖空某只股票，然后再买回，不过从来不会做得太过火。每次操作都能净赚个 600～800 美元，我知足了。

　　有一天，这招玩得太好了，大大出乎我的意料，居然引起了 10 个点的波动，这可不是我故意的。无巧不成书，我那次正好在其中一家经纪行那里持有了 200 股，而不是通常的 100 股，不过在另外四家那里还是只持有

100 股。对他们来说，这事好得太离谱了。他们急眼了，开始在通讯线路里说三道四。所以我去找那位经理，就是他当初急切地要我开户，几次试图欺骗我被我抓了个现行之后又宽宏大量地"原谅"我。以他所处的职位来说，他当时的话的确是出格了。

"这只股票的行情是假的，我们不会付你他妈的一分钱！"他骂道。

"你们接受我的买入指令时行情可不是假的。既然你那时候让我进场了，好，那么你现在也必须让我离场。你们要是公平交易的话可不能这样耍赖，对吧？"

"不，我可以耍赖！"他吼道，"我可以证明有人使诈。"

"谁在使诈？"我问他。

"肯定有人！"

"他们使谁的诈？"我接着问他。

"我肯定是你同伙在搞鬼。"他说道。

我告诉他："你非常清楚我一直都是单枪匹马的干。这个城市的每个人都知道这点，自从我开始股票交易时他们就知道。现在我想给你一条忠告：赶紧派人取钱给我。我不想发脾气。按我说的去做。"

"我不会给你钱的。这笔交易有人作弊。"他大叫着说。

我已经厌烦他的话了，所以我对他说："我要你现在、立刻、当场付钱给我！"

噢，他又咆哮了一会儿，断然指责我是罪恶的骗子，但他最终还是把现金交给了我。剩下那四家没有这么难搞。有一家公司的经理还一直在研究我在这些冷门股票上的操作手法，当他收到我的指令时，实际上在替我买进股票之后还私下替自己买了一些，所以他也挣了一些钱。这帮家伙根本不怕被客户控告欺诈，因为他们通常都事先在技术上准备了很好的司法保护。但是，他们怕我断了他们的财路——他们在银行的资金我没有办法，因为他们确保了没有任何资金暴露在这种风险之下。控诉他们做生意相当刻薄精明，对他们造成不了伤害，但沾上赖账的名声可是致命的。对客户来说，在经纪商那里亏钱并不是什么稀罕事，但客户赢钱却拿不到可是投机者法典上最严重的罪行。

我在这几家冒牌经纪行里都拿到了钱。但是那 10 个点的暴涨为我那"以其人之道还治其人之身"的快乐消遣画上了句号。他们过去常用这种小把戏算计好几百个可怜的客户，而现在自己却要时刻警惕这种小把戏。我恢复正常交易，由于他们限制了我的交易规模，在这种情况下我的交易体系并不总是很适合市场，始终赚不了大钱。

这样的交易超过一年。在此期间，我想尽法子在那些有直通线路的骗子经纪行里交易挣钱。我过得很舒适，买了一辆汽车，花销上也没什么限制。我得筹集本金，但筹集本金的同时我也得享受生活。如果我在市场上的头寸正确，挣的钱根本花不完，因此总能存下一些。如果头寸做错了，我也挣不着钱，也就没钱可花。正如我所说的，我已经积累了相当大的一笔资金，在这五家经纪行里已经没有多少钱可挣了，所以我决定回纽约去。

这时，我有我自己的汽车，所以就邀请了一个朋友一起开车去纽约，他也是交易者。他接受了我的邀请，然后我们就上路了。到了纽黑文，我们停下来吃晚餐。在旅馆里我碰到以前认识的一位股友，他跟我说了一些事情，其中说到市区有一个桶店有自己的直通线路，生意做得很红火。

我们离开旅馆，继续向纽约前进，不过我沿着那家桶店所在街道开过去，想看看桶店外面怎么样。我们找到了，结果禁不住诱惑停了下来，到里面去看了看。装修不是很豪华，但熟悉的看板和客户就在那儿，股票游戏正在上演。

这里的经理是个小伙子，他看上去就像曾经做过演员或政治演说家，给人留下很深刻的印象。他说"早上好"的时候，就像拿着放大镜寻找了10年，终于发现早晨的美好，而现在正把这个发现连同蓝天、晨曦以及他们公司在银行的资金，一起当做礼物献给你。他看到我们从跑车上下来，我俩都很年轻，大大咧咧的——我看起来不到20岁——他自然推断我俩是耶鲁大学的学生。我没有告诉他我们不是。他根本没给我们说话的机会，就开始滔滔不绝地发表演讲，说他很高兴见到我们，问我们是否需要找个舒适的椅子坐下来。我们发现，当天早上的市场非常友善，很容易赢利。实际上，此时的市场渴望增加大学生们的零花钱，通常来说，聪明大学生的零花钱从来就不够用。此时此地，借助自动报价机，只要一小笔初始投入，就能获得几千美元的回报。市场正渴望派发给我们这样的大学生花不完的零花钱。

既然这家桶店的人这么好心，这么急切地想让我们做一做，我想不交易一下实在太对不住我自己了，所以我告诉他我会照他的希望进行交易，因为我听说许多人都从股市挣了大钱。

我开始非常保守地交易，但随着我的获利逐渐加仓。我朋友跟随我一起操作。

我们当天在纽黑文过夜，第二天早晨10点差5分的时候，又来到这家热情好客的桶店。那位演讲家看到我俩时很高兴，认为今天的风水一定会转到他那里。然而，我当天差几美元就净赚了1500美元。第三天早晨，当我们出现在这位伟大的演讲家面前，递给他一张卖出500股糖业公司的单子时，他迟疑片刻，不过最终还是接受了——一声不吭！该股下跌了一个点，我平仓了结，把成交单递给他。这次正好获利500美元，加上我那500美元的保证金。他从保险箱里拿出20张50美元面额的钞票，反复点了三遍，每一遍都非常缓慢，然后又当着我的面点了一遍。看起来，他指头上的不是汗水而是胶水，那些钞票好像粘到他手上了，不过最终他还是把钱递给了我。他双臂交叉，咬住下嘴唇，一直咬着不放，然后盯着我后面的一扇窗户上面。

我告诉他，我打算卖出200股钢铁。他一动不动，充耳不闻。我重复了一遍我的要求，并把股数增加到300股。他回过头，我等着他说话。但他只是看着我，然后呷呷嘴，咽了一下口水——好像准备开始攻击反对党的贪官污吏在50年来罄竹难书的暴政。

终于，他冲着我手上的绿色钞票摆摆手，说："把那玩意儿拿开！"

"把什么拿开？"我问道。我不太明白他的意思。

"你们要去哪儿，学生？"听起来他的腔调有点儿怪异。

"纽约。"我告诉他。

"很好，"他说道，把头点了大概有20次之多。"简直太好了！你们离开这里就对了，因为现在我已经知道了两件事情，两件，大学生！我知道，你们不是学生；我知道，你们是什么。哼！哼！哼！"

"是吗？"我非常礼貌地说。

"对。你们两个——"他停顿了一下，不再像身在国会殿堂那样有礼貌，开始咆哮："你们两个是全美利坚合众国最大的骗子！还学生？哈！你们肯定是大一新生吧！哈！"

我们留下他自言自语。对那些钱，他不至于心疼成这样。没有一个专业的赌徒会那么在乎钱。在这个游戏里有的是钞票，风水一定会轮流转。是他感觉被我们耍了，伤了他的自尊。

这就是我第三次重返华尔街的情形。当然，我一直在研究，试图找出我的交易体系究竟哪里出了问题，导致了我在富尔顿公司营业厅的失败。我 20 岁时就挣到了第一笔 1 万美元，后来赔掉了。这次赔钱的原因我很清楚——因为我不顾市场状况，始终不停地交易；同时我还不遵循自己建立在研究和实践基础上的交易体系就进行操作，去进场赌博。我一心想着赢钱，竟不知道自己只有在状态良好的时候才能赢钱。两年后，我大约 22 岁时，我的资金累积到了 5 万美元，然后在 5 月 9 号这一天赔光了。同样地，我仍然清楚这次为什么会赔钱，以及怎么赔的钱。原因就是报价纸带落后于市场，加上在那个可怕日子里，震荡幅度空前剧烈。现在，我不清楚的是，为什么从圣路易斯回来之后，或者在 5 月 9 号的大恐慌之后我仍然会亏损。我只是感觉已经发现了自己在操作上的缺陷。针对这些缺陷，我有了一些理论，或者说补救之道。这需要我用实践来检验。

没有什么会像赔光一样赤裸裸地教会你不能做什么。当懂得了不能做什么才会不亏钱之后，你才开始学习如何做才能赚钱。你明白我的意思吗？你才刚刚开始学习！

第五章　经验之谈

　　"噢，你知道的，这是多头市场。"

　　我猜想，对于痴迷于短线交易的人——绰号"纸带虫"[①] 来说，过度专业化是他们出错的重要原因——过度专业化意味着僵硬不化，因此也代价高昂。毕竟，投机游戏并不只是单纯的数学或一套套的规则，无论这些主要的规则有多精确。我看盘的时候，也需要一些算术以外的东西，其中会有我称之为股票行为的东西存在。股票行为能帮助你判断出股票是否会继续沿着你所观察和记录下来的历史轨迹运动。如果某只股票表现不对路，别碰它。如果不能准确研判出究竟是哪里出了问题，你就无法推断股票将朝哪个方向运动。没有研判，就没有推断；没有推断，就没有利润。

　　这是一个很古老的学问——观察股票的行为，研究股票过去的表现。当我第一次来到纽约时，在一家经纪公司的营业厅里，有一个法国佬经常谈论他绘制的图表。起初我还以为他是公司好心照顾的怪人之类的，因为公司里的人都比较和善。后来我才知道，他的观点其实很有说服力、很令人钦佩。他说唯一不会说谎的就是数学，因为它根本说不了谎。他根据自己的走势图，能够预测市场运动。他还能分析走势图，譬如为什么吉恩在操纵艾奇森优先股的多头市场行情时做法是正确的，为什么后来他在合伙操纵南太平洋铁路的行情时出了差错。前前后后，一个又一个专业的交易者尝试过这个法国佬的交易体系，却最终都回到原来不科学的老一套，还是靠老一套谋生。他们说自己那种临场随机应变的方法用起来比较方便。

---

　　① 译注：指随时随地盯着行情报价带做短线小波段的交易者。

我听那个法国佬说，吉恩曾承认他的图表法百分百正确，但在活跃市场上实际运用起来挣钱太慢。

后来有一家经纪行提供了显示每日价格变化的图表。在图表上，每只股票近几个月以来的表现一目了然。客户在打听到某只股票"不科学"的内部利好消息之后，通过比较个股和大盘的走势图记住某些规则，就可以判断出该股上涨的可能性是否较大。他们把这种图表当做一种补充性的内幕消息。如今，大量的佣金经纪行都提供这种交易图表。它们都是由统计专家机构制作出来的现成的图表，不但包括股票行情，还包括期货行情。

我应该说，图表对那些能看懂图表的人有帮助，更准确地说是对那些能吸收图表信息的人有帮助。然而，普通的图表阅读者都很容易变得很执迷，认为波谷、波峰、主要运动和次要运动等就是股票投机的全部。如果他坚定不移地相信这种看法，他注定要破产。有一个能力极强的人，是一个知名股票交易所会员经纪行的前合伙人，一个训练有素的数学家，毕业于一所著名的技术学院。他非常认真且细致地研究了许多市场的价格行为——包括股票、债券、谷物、棉花、货币等，在此基础上设计了各种图表，还回溯了很多年的历史数据，探究了各个市场的相关性以及市场的周期性变化——噢，总之每个方面都研究到了。他将自己的图表运用到股票交易中很多年。他所做的其实就是利用了一些极为高明的平均法。他们告诉我说那个人经常赢利，直到世界大战打破了市场先前的正常轨迹。我听说，他和一大帮追随者在停手之前就亏损了几百万美元。然而，即使爆发世界大战，如果市场大势看涨，也无法阻止多头市场行情；如果大势看跌，也无法阻止熊市行情。想要赢利，判别大势就是交易者需要了解的一切。

我本不想把话题扯得太远，只是每当回想起自己在华尔街的最初几年，我就忍不住要强调这一点。我现在已经懂得一些我当初不了解的东西。之所以想起自己当年因为无知所犯的错误，则是因为这些错误恰恰也是一般股票投机者最常见的错误，年复一年不停重复。

我第三次回到纽约，再次试图战胜市场，我在一家股票交易所的会员公司里进行交易，手法相当活跃。我并不期望在这里能像在桶店里表现一样好，不过，我认为一段时间后就能比以前做得好很多，因为现在我能运用大量的资金进行操作。现在，我已经知道了自己的问题所在，就是没有搞清楚股票赌博和股票投机之间的最重要区别。尽管如此，由于我有7年的看盘经验，并且玩这个游戏也有一定的天赋，所以我的资金回报率很高，替我赚到了算不上巨大的一笔财富。我还是像以前一样，有输有赢，但总体上还是赢利的。和绝大多数人一样，我挣得越多花得也就越多。不一定只有赚钱轻松的人才这样，普通人——只要不是天生的守财奴——都是如此。有些人，比如像老罗素·塞吉（old Russell Sage），赚钱和存钱的本能一样发达，他们死的时候自然会富得流油。

每天从上午十点到下午三点，我都专注于战胜市场的游戏；下午三点以后，我就专注于享受生活。请别误会，我从来不让享乐妨碍我的事业。我亏钱是因为我做错了，并不是因为我放荡不羁或者过度享乐。我从来不会让精神恍惚或喝酒喝到四肢麻木妨碍我的游戏。我承担不起任何可能导致我身体上或精神上不适的风险。即使现在，我通常都在晚上十点之前上床睡觉。年轻时我也从来不熬夜，因为没有充足的睡眠我就无法把事做好。我总体上都是赢利大于亏损，所以我认为没有必要省吃俭用，剥夺自己生活中那些美好的事物。市场一直存在，总能源源不断地供我所需。我逐渐建立了信心，这种信心来自于我能够用专业的、冷静客观的态度对待自己的谋生手段。

我在操作上所做的第一个改变和时间因素有关。我不能还像在桶店那样，等到事态明朗之后才出击，然后从中赚取一两个点的利润。在富尔顿经纪公司里，如果我想捕捉市场波动，必须提前很长时间就开始行动。换句话说，我必须研究将会出现的行情，预测股价变动。这听起来好像跟没有说一样，但你是知道我在表达什么的。

对我来说，至关重要的一点是，我对这个游戏态度上的转变。市场一点一滴地教会我，博取小幅的股价波动与预测必然的上涨行情或下跌行情之间具有本质区别；赌博与投机之间更具有本质区别。

我必须花远超过一个小时的时间对市场进行研究，这是我在世界上最大的桶店也不可能学到的。慢慢地，我对交易记录、铁路公司赢利状况、金融统计以及商业统计都产生了兴趣。我喜欢大额交易，因此他们叫我"少年赌客"，但我也喜欢研究股价变动。任何能够帮助我更明智地进行交易的事情，我都不会觉得厌烦。要解决问题，首先必须搞清楚问题究竟是什么。当我认为自己已经找到了问题的解决方案时，我必须证明这个方案是可行的，而要证明只有一条途径，那就是用我的钞票去验证。

现在看来，我的进步似乎有点儿慢，但考虑到我当时处在总体赢利的状态，我认为自己的学习过程已经达到了所能达到的最快速度。如果我多数时候处于亏损状态的话，或许更能促使我持续不断地学习和研究，我肯定从而发现自身更多的缺陷。不过，我不是很确定亏损究竟能有多大的价值，因为如果我亏多了的话，我将没有足够的资金来实际检验我对交易方法的改进。

通过研究我在富尔顿经纪公司成功操作的记录，我发现，虽然我对市场的看法经常是百分百正确的——我是指对市场形势以及普遍趋势的判断——但是，正确的市场判断并没有让我挣到应该挣的那么多钱。这是什么原因呢？

不完美的操作跟失败一样，能提供同样多的经验教训。

举例来说，在多头市场刚一开始的时候，我就对整个市场看涨，并且通过买入股票来支撑我的观点。接下来，正如我清晰预见的那样，市场真的上涨了。到此为止，一切都进行得很顺利。结果我却做了什么？由于听从了老前辈的忠告，要抑制自己年轻躁动的心，我决心学聪明点儿，谨慎而保守地操作。每个人都知道如果要这样做，唯一的方法就是平仓获利，然后等市场回调的时候再买回股票。这正好就是我所做的，或者更确切的说，这正好是我试图做的——我经常平仓获利，然后等待市场回调，结果回调一直没有发生。就这样，我眼睁睁地看着我挑选的股票飞速地上涨了另外 10 个点，而我只能干坐着，"保守的"口袋里稳稳地躺着那 4 个点的利润。人们说平仓获利你永远不会变穷。确实，你不会变穷。但是，在多头市场中，仅靠那 4 个点的利润，你肯定也发不了财。

当我本该挣到 2 万美元的时候却只挣了 2000 美元。这就是我保守的回报。大概就在我发现在本该捡个西瓜的地方，我却带回一粒芝麻的时候，我又有了另一项发现，那就是根据经验的多少，傻瓜也是分等级的。

新手一无所知。每个人，包括他自己，都知道这一点。但是下一个等级，或者说第二阶段的傻瓜自认为知道很多，而且也让别人觉得他知道很多。他有一些经验，做过一些研究，但他所研究的不是市场本身，而是更高一等级的傻瓜所做的一些市场评论。第二阶段的傻瓜知道如何运用一些方法避免亏损，这一点比第一阶段的新手强。正是这种半灌水的人，而不是那种百分百的新手，才是佣金经纪行①终年的衣食父母。这样的人平均能熬上三年半的时间，相比之下，那些初到华尔街的新手一般只能熬 3～30 个星期。半灌水的人能经常引用著名的交易格言以及各种游戏规则，对于那些从能言善道的老手嘴里说出来的各种禁忌也都一清二楚，但他们却不知道最基本的一条禁忌：不要当傻瓜！

这种半灌水的人以为自己喜欢在股价下跌时买进，就代表自己已经长了智齿，有了丰富的经验。他们总是等待股价下跌，然后根据市场从顶部下跌的点数来衡量自己是否捡到便宜。在大多头市场中，那种百分百的纯粹的傻瓜会盲目地期待，他会完全忽略交易规则和市场过去的轨迹而盲目地买进。这种傻瓜挣的钱最多，直到一次自然的回调一把扫光他的利润。而谨慎的傻瓜则会像我之前那样，认为自己正在借助于别人的智慧进行明智的操作。我当时知道自己需要改变在桶店里的做法，并且以为自己正在改变——特别是通过从客户群中那些老练交易者口中得来的金科玉律——来解决自己遇到的问题。

绝大多数交易者——让我们称之为客户好了——都一样。你很难找到几个人能够实事求是地说华尔街没有欠他们钱。富尔顿公司里的客户也是一群普通的民众，各个等级的都有。不过，其中有个老头子与众不同：首先，他比别人老很多；另外，他从不自愿提供股票交易方面的建议，也从不吹嘘自己的胜利。他很擅长于聚精会神地倾听别人的谈话。这位老兄看起来并不是非常渴望得到内幕消息，也就是说他从来不会问那些谈话的人听说了什么或是知道了什么。不过，当别人主动给他提供内幕消息的时候，他总是会非常礼貌地感谢对方。如果后来证明那条内幕消息是对的，他会再次感谢那个消息提供者。然而，即使内幕消息没有被证实，他也不会抱怨，以至于没人能知道他究竟是跟随内幕消息操作了，还是将其置之不理了。公司里传言说这个老家伙很有钱，能够进行相当大手笔的交易。不过在佣金方面，他却很少为公司做贡献；至少没有任何人曾经看见过。他叫帕特里奇（Partridge），但大家背后都叫他"火鸡"，因为他胸膛宽厚，而且习惯把下巴搁在胸口，在各个房间里踱来踱去。

一般的客户全都乐于在别人的催促下或是被迫的情况下做一些事情，

---

① 译注：靠赚取佣金的正规经纪行。

好在失败时能归咎于别人。他们经常跑到老帕特里奇面前，告诉他某个内线人士的朋友的朋友建议他们操作某只股票。这些客户会告诉帕特里奇他们得到内幕消息后还没有采取任何行动，希望他告诉他们应该怎么做。然而，不管他们听到的是买进还是卖出的内幕消息，这位老兄的回答都一样。

客户一般会先把整个故事讲完，说出自己的困惑，然后问道："您认为我应该怎么做？"

此时，这位"老火鸡"把头偏向一边，带着慈祥的微笑凝视着这位交易同行，意味深长地说一句："你知道的，这是一个多头市场！"

一次又一次，我都听见他说："噢，这是一个多头市场，你知道的！"好像他正在给你一张无价的护身符，而且这个护身符还是用一张100万美元的意外事故保险单包裹起来的。当然，当时我也不懂他那句话的意思。

有一天，一个叫埃尔默·哈伍德的家伙冲进营业厅，火急火燎地写好一张下单指令交给店员，然后冲到帕里特奇先生的身边。此时，帕里特奇先生正在礼貌地听着约翰·范宁说一则故事，说那次他无意间听到吉恩下单给他的一位经纪人，于是自己就跟着买进，但是约翰只买了100股，只挣了微不足道的3个点。当然了，紧接着他平仓获利之后，那只股票三天之内上涨了24个点。这至少是约翰第四次告诉"老火鸡"这个令人伤心的故事，但他还是微笑着表示同情，就像第一次听说这个故事一样。

埃尔默跑到这位老人身边，连句抱歉都没有就直接打断约翰·范宁，对"火鸡"说："帕里特奇先生，我刚刚把我的克莱汽车（Climax Motors）卖了。我的人说，市场肯定会出现回调，到时我就可以以更低的价格将它买回来。所以你最好也这么做吧，我是说如果你还持有的话。"

埃尔默狐疑地看着这个人，当初就是他把第一手内部利好消息告诉这个人的。这种业余的或者说免费的内幕消息提供者总是认为消息获得者应该对自己感恩戴德，至少在内幕消息最终被确认之前理当如此。

"是的，哈伍德先生，我还持有这只股票。当然还持有！""火鸡"感激地说。埃尔默多好啊，还想着他这个老头子。"噢，现在是该平仓获利的时候了，下次跌下来的时候再买进。"埃尔默说道，好像他刚开出一张存款单给这位老人。由于没有看到这位受益者脸上强烈的感激之情，埃尔默继续说道："我刚刚卖掉了我手上的每一股！"

从他的声音和神态来看，你就是保守估计，也会以为他卖了 1 万股。然而，帕里特奇先生却抱歉地摇了摇头，低声说："不不不，我不能那么做！"

"为什么？"埃尔默叫道。

"我就是不能！"帕里特奇先生说，一副极其为难的样子。

"不是我给你内幕消息让你买进的吗？"

"确实是你给的，哈伍德先生，非常感谢你，真的很感谢，先生。但是——"

"打住！听我说，那只股票在十天之内涨了 7 个点，不是吗？"

"确实是，我非常感激你，小老弟。但是我不能卖掉这只股票。"

"你不能？"埃尔默反问，脸上开始露出疑惑的表情。每一个听内幕消息操作的人通常都会这样。

"是的，我不能。"

"为什么不能？"埃尔默往前凑得更近了。

"为什么？因为这是多头市场啊！"这位老头子说这话的样子就好像刚刚做了很长一段时间的详细解释，最后给出一个定论。

"是啊，"埃尔默说道，可能是因为失望他看起来很生气。"我跟你一样，知道这是多头市场。但你最好还是先把你手里的那只股票卖了，等回调的时候再买回来。这样，你就可以降低自己的持股成本。"

"小老弟啊，"老帕里特奇显得十分无奈地说，"如果我现在卖掉这只股票的话，我就会失去我的筹码；那样的话，当市场回升时，我该怎么办呢？"

埃尔默·哈伍德双手一摊，摇着头走到我的面前博取同情："你能理解吗？"他假装耳语式地问我，声调却像在登台表演那么高，"我问你呢！"

我什么也没说。所以他继续说："我给他一条克莱汽车的内幕信息。他买了 500 股，已经获得了 7 个点的利润，现在我建议他平仓离场，然后在回调的时候再买回来，其实回调早就应该开始了。结果当我告诉他的时候他却说什么？他说如果他卖掉的话就会丢掉他的饭碗①。你知道他在说什么吗？"

---

① 译注：英文中的 position 和 job 都可以表示工作。

"不好意思，哈伍德先生，我没有说我会丢掉我的饭碗。""火鸡"插嘴道，"我是说我会失去我的筹码。等你到了我这把年纪，经历过的股市繁荣和恐慌跟我一样多的时候，你就会明白，丧失自己在市场上的筹码，其后果是任何人都承担不起的，即使是约翰·洛克菲勒也承担不起！先生，我希望这只股票会回调，然后你就可以用一个低得多的价格买回你的筹码。但我只能依靠自己多年的经验进行交易。我曾经因为想在回调时以更低的价格买入，但付出了惨重的代价，因此我不想再交第二次学费。不管怎么样，我对你的感激就如同我已经把现在获得的利润存入银行一样。现在是多头市场，你知道的。"说完他就踱着方步走开了，留下满脸茫然的埃尔默。

当时我还不能完全领会老帕里特奇先生的那番话，直到我开始思考，为什么那么多次我对盘势的判断非常正确，却每次都没有挣到该挣的那么多钱。越研究我越能意识到那位老头子多有智慧，他年轻时明显也遭遇过同样的挫折，然后认识到自身的人性弱点。他不会再让自己受到这种诱惑。多年的经验教导他，这种诱惑难以抵挡，并且总是被证明代价高昂，就像我曾经付出的代价一样。

每当老帕里特奇不厌其烦地告诫其他客户："噢，你知道这是多头市场！"，他其实是想告诫他们，赚大钱不要理会细小的波动，而是要牢牢抓住主要的趋势；不是来自时时刻刻盯着个股行情，而是研判整个市场的趋势。我认为最终意识到了老帕里特奇真正的意思，是我在交易方面的自我教育上向前迈进的一大步。

这里请允许我强调一件事：我已经在华尔街摸爬滚打很多年，有过赢利几百万的时候，也有损失几百万的时候。现在我想告诉你：我能挣到大钱从来都不是因为我的头脑，而是因为我的坚守。明白这一点吗？是因为我的耐心坚守！对市场判断正确根本不足为奇，你总是能找到很多的人，他们都能在多头市场一开始的时候就看涨，在空头市场一开始的时候就看跌。我认识的很多人都能在关键时刻做出正确的市场判断，然后在有潜力造就最大利润空间的价格水平上买进或者卖出。结果，他们的经历却和我一样，也就是说，他们也没有因为判断正确而挣到大钱。那种既能判断正确又能耐心坚守的人很少见。我发现要学会耐心坚守是很难的一件事。然而，作为一名股票大作手，只有牢牢把握这一点，才可能挣大钱。事实上，交易者在知道这一点之后，要挣几百万美元，比他无知的时候挣几百美元还要容易。

原因就在于，某人可能一眼就能清晰地判断出市场趋势，但就在市场花时间酝酿他认为肯定会到来的趋势时，他却变得不耐烦或者开始动摇。这就是为什么华尔街上如此多的人根本不属于完全的傻瓜级别，甚至不属于第三等级①，却免不了亏损。击败他们的不是市场，而是他们自己。他们虽然有脑子，却无法耐心坚守。"老火鸡"恰恰在这一方面做得相当好，他所说的也就是他所做的。他不仅有勇气将自己所坚信的判断付诸行动，也能非常明智地耐心坚守。

不理会大的浪潮，一门心思试图抢进抢出，是我所犯的一个致命的错误。没有人能捕捉所有的波动。在一次多头市场中，你应该做的就是买入并一直持有，直到你认为这轮多头市场已接近尾声。要做到这点，你必须研究市场总体状况，而不是内幕消息或者影响个别股票的特殊因素。买入后应忘掉你所有的股票，忘掉才能一直持有。耐心等待，直到你看到——或者你更喜欢说，直到你认为你看到，市场方向逆转，即市场总体状况开始反转。要做到这点，必须运用你的头脑和眼光，否则我的建议就像告诉你低买高卖一样白痴。任何人都能学会的一件最有助益的事情就是：不要试图抓住趋势最后的⅛美元以及最初的⅛美元②。这两个⅛美元是世界上最昂贵的⅛美元。它们总共让股票交易者付出的代价，何止是几百万美元，而是足以修建一条横跨美洲大陆的水泥高速公路。

我开始比较明智地进行交易之后，继续研究我在富尔顿公司的操作记录的过程中我注意到了另外一件事，那就是我最初的操作很少让我亏损。这自然让我决定一开始就玩大的，也使我对自己的判断深具信心，直到我听从别人的意见，甚至是让自己的不耐烦给弄砸了。如果对自己的判断缺乏信心，任何人都不可能在这个游戏当中走得很远。这就是我学到的一切——研判市场总体状况，然后建立头寸，并坚持到底。现在，我可以淡定地等待。我能够眼看着市场回调，丝毫不动摇，因为我知道这只是暂时的。我曾经放空过 10 万股，并且预见到大幅反弹即将到来。我已经预计

---

① 译注：比第三等级更聪明的交易者。
② 译注：美国股市当时的报价以⅛美元为最小单位。

到——并且是正确地预计到——会有这样一次反弹。在我看来，这是不可避免的，甚至可以说对行情有益的。当然，它可能会对我的浮盈造成 100 万美元的差距。然而，我仍然耐心坚守，看着我浮盈的一半被洗掉，却从未考虑过先回补，然后等到反弹结束后再放空。我明白，如果这么做了，我很可能会失去我的筹码，而保留这些筹码肯定能让我挣到一笔相当可观的利润。唯有大趋势，才能为你创造大利润。

我的进步不能算很快，这是因为我是逐步从自己的错误中学习的。从犯错误到意识到错误总是要耗费一些时间，从意识到错误到确切纠正错误还要耗费更多时间。不过在此期间，我生活得相当惬意，加上当时又很年轻，虽然耗费了很多时间，不过也算是以其他的方式弥补了。我大部分的赢利在某种程度上还是依靠我的看盘能力，因为当时所处的市场环境非常适合我的操作手法。我不再像刚到纽约时那样，经常亏损，或者说亏损得让人恼火。不过，如果考虑到我曾在两年之内破产过三次，也就不会觉得这有什么值得骄傲的。正如我所说的，破产是一种极为有效的教育手段。

我积累资金的速度不是特别快，因为我一直在尽量享受生活。我没有剥夺像我这个年纪、有我这种品位的人都想拥有的许多物质享受。我有自己的汽车，能够从市场上挣钱的时候，我找不出有什么理由要省吃俭用。股市只在星期日和节假日休市，它本来就应该这样。每当我发现导致亏损的原因，或是查究出为什么犯、怎样犯下另一个错误时，我都往自己的资产清单上添加一条全新的禁忌事项。让资产增值最好的方法就是不要降低自己的生活水准。自然，我既享受过一些有趣的时光，也经历过一些不那么有趣的事情。不过，要是我打开这个话题，那可真就没完没了了。事实上，我记忆最深刻的事情都是能够对我的交易有明确教育价值的，还有能增加我对这个游戏认知的，以及帮助认清自我的。

第六章　直觉与判断

盘势不会说谎，但它也不总是马上就说真话。

1906 年春天，我在大西洋城（Atlantic City）度过了一个短暂的假期。我当时平掉了手中所有的股票，只想换换空气，好好休息。顺便说一句，我当时已经回到了我最初的经纪公司——哈丁经纪公司，并且我的交易账户变得相当活跃。我可以一次操作 3000～4000 股。这个交易规模没有比我 20 岁时在大都会桶店多多少，但是在桶店赌一个点的波动，和经纪商在纽约股票交易所为我的账户实际买入和卖出股票，两者在保证金上有一些差别。

你应该还记得我告诉过你，那次我在大都会放空 3500 股糖业公司时，我有一种预感，总觉得有什么地方不对劲儿，于是平仓了事。我经常有这种奇怪的感觉。一般来说，我都会跟随这种感觉操作。不过有时我会觉得这种想法很可笑，会对我自己说，听从无缘无故的内心冲动来进行逆向操作简直是愚不可及。我当时把这种预感归咎于神经紧张，可能是由于抽太多的雪茄，或者睡眠不足，或者精神不在状态等原因。然而，每当我忽视这种冲动，静观其变，结果总是追悔莫及。有十几次，我没有按照这种预感卖出，等到第二天到市中心去的时候，市场表现得很强劲，至少也在上涨，我就会暗自庆幸，要是我遵照那种盲目的冲动卖出得有多愚蠢啊！然而，再接下来的一天，市场突然急剧下跌，跌得相当难看。一定是有什么地方出了什么差错，才导致市场下跌，要是我不那么执著于理智和逻辑的话，我已经把钱挣到手了。看来，产生这种预感的原因明显不是生理上的而是心理上的。

在这里只想告诉你一件事，这件事对我有很大的影响。这事发生在1906年春天，当时我正在大西洋城享受我的小长假。有一个朋友和我在一起，他也是哈丁经纪公司的客户。我当时对市场一点儿兴趣都没有，只想享受自己的闲暇时光。我总是能够放下交易去玩乐。当然，要是市场异常活跃，而我在市场中的头寸又相当庞大，那就另当别论。我记得当时是一个多头市场，经济情势全面看好，股市节奏放缓，但基调强劲，所有的迹象都表明市场将继续走高。

一天早晨，在我们用完早餐，把纽约所有的早报都翻了一遍之后，由于已经在海边待腻了——每天光看着海鸥啄起蛤蚌，飞到20英尺的高空，然后再将其摔到坚硬的湿沙地上，打开蚌壳取出自己的早餐——我和朋友出发去木板大道上散步。这就算是我们白天所做的最让人兴奋的事了。

时间还没到中午，我们慢慢走着消磨时间，呼吸着略带咸味的空气。哈丁兄弟公司在木板大道上有营业厅，我们习惯于每天早上都顺道去看看，看看开盘的情况如何。这主要是习惯使然，没有什么别的考虑，因为当时我手上没有任何头寸。

我们发现市场坚挺、交易活跃。我朋友相当看好后市，他手上持有一笔中等规模的头寸，其买入价比现在低几个点。他跟我说，持股等待更高价位的出现显然是相当明智的。我当时没太在意他说的话，也懒得附和他。我看着报价板，注意股价变化——绝大多数股票都在上涨——但是到了联合太平洋（Union Pacific）铁路，却是例外。我感觉应该卖出这只股票。我没法告诉你更多的原因，只是觉得想卖出而已。我自问为什么想这么做，但我找不出任何放空联合太平洋的理由。

我盯着报价板上联合太平洋的最新报价，直到我看不见任何数字、任何报价板或其他任何东西为止。我所知道的一切就是，我想卖出联合太平洋，而且是毫无理由地想卖出。

我当时看起来一定很奇怪，因为那位朋友正站在我身边，突然用手肘推我一下，问我："喂，你怎么了？"

"我也不知道，"我回答道。

"要不回去睡会儿？"他说。

"不，"我说，"我不准备回去睡，我准备放空那只股票。"跟随自己的预感操作，我总是能获利。我走向一张桌子，上面有一些空白委托单。我朋友跟着我。我填好一张以市价卖出 1000 股联合太平洋的单子，递给那里的经理。我填单的时候他保持微笑，他拿过单子的时候也保持微笑。但是，等他看到单子，他的笑容不见了，抬头看着我。

"你写对了吗?"他问我。但我只是看着他，于是他匆匆把单子递给操作员。

"你在干什么?"朋友问我。

"我在卖空这只股票啊!"我对他说。

"卖空什么?"他对我吼道。如果他是多头，我怎么能是空头呢? 中间一定有问题。

"1000 股联合太平洋。"我说。

"为什么?"他追问我，十分激动。

我摇摇头，意思是没有理由。但他肯定以为我得到了什么内幕消息，他抓住我的手臂，把我拉到外面的走廊，好让其他的客户以及那些好奇的旁观者都看不见我们，也听不见我们说什么。

"你听说什么了?"他问我。

他十分激动。联合太平洋是他最钟爱的股票之一，他很看好这只股票，因为这家公司的盈利和前景都很好。不过，他当然也愿意接受二手的内部利空消息。

"什么也没听说。"我说。

"你没听说?"他明显表示怀疑。

"我什么也没听说。"

"那你到底为什么要放空?"

"我也不知道，"我告诉他。我说的绝对是实话。

"噢，少来啦，拉里，从实招来吧!"他说道。

他知道我一向都知道自己为什么交易某只股票。我现在放空了 1000 股联合太平洋。我肯定有一个非常充足的理由，才会在市场这么强劲的走势下放空那只股票。

"我真的不知道，"我再一次重复。"我只是觉得有什么事要发生。"

"会发生什么事?"

"我不知道。我没法给你任何理由。我唯一知道的就是我想放空这只股票，而且我还要去让他们再帮我放空 1000 股。"

我走回营业厅内，再次下单放空 1000 股。如果我放空第一个 1000 股是正确的，那我就应该再放空一些。

"可能发生什么事？"我朋友追问我，他无法下定决心跟随我操作。如果我告诉他我听说联合太平洋将会下跌，他肯定连我从谁那里获得的消息或是为什么都不会问，就直接放空。他再次追问："到底可能发生什么事啊？"

"可能发生的事上百万种，但我不能向你保证究竟哪种事会发生。我无法给你任何理由，我又不会算命。"我对他说。

"那么你就是疯了，"他说道，"完全疯了，居然毫无理由地放空那只股票。你真的不知道你为什么想要放空这只股票？"

"我真的不知道我为什么想要放空这只股票。我只知道我真的很想这么做，"我对他说，"我想拼命地放空。"这种欲望如此强烈，以至于我又放空了 1000 股。

朋友实在受不了了，他抓住我的胳膊说："听着！我们现在离开这个地方，以免你把这只股票全部放空。"

我放空的股票已经多到能够满足我的情绪需要了，所以我没等拿到最后放空那 2000 股的成交报告单就跟着他出去了。即使有最充分的理由，对我来说，我所放空的股票也已经相当多了。没有任何理由，尤其当整个市场如此强劲，根本看不到任何使人产生看空念头的东西，放空这么多似乎是过分了。不过我还记得，以往每当我产生了同样强烈的放空欲望却没有放空时，总是会追悔莫及。

我曾经跟我的一些朋友讲过这之类的一些事情，有些朋友告诉我，那不是一种预感，而是一种潜意识，是创造性思维在发挥作用。这种意识正是艺术家们创作灵感的源泉，而他们自己也不知道灵感到底是怎么来的。对我来说，这可能是许多小事的累计效应——这些小事单独来看微不足道，但聚集在一起却有很强的力量。也或许是我那个朋友不明智地看涨后市引起了我的逆反心理，而我会选择联合太平洋则是因为它太受追捧了。我自己也说不出我产生这种预感的原因或动机是什么。我唯一知道的是，当走出哈丁兄弟公司在大西洋城的营业厅时，我已经在一个上升行情中放空了 3000 股联合太平洋，而且我并未因此感到任何焦虑不安。

我想知道他们以什么价格替我放空最后的 2000 股，于是午餐之后我们步行去了营业厅。看到市场总体仍然很坚挺，联合太平洋又走高了一些，我并没有不高兴。

"我看你要完了，"朋友说。可以看出他当时很庆幸自己没有放空联合太平洋。

接下来的一天，市场总体继续走高，除了我朋友幸灾乐祸的话，我没有听到任何动静。然而，我感觉放空联合太平洋肯定是正确的，当我认为自己是正确时从来不会变得不耐烦。有什么道理不耐烦呢？就在当天下午，联合太平洋停止攀升，等到收盘之前，这只股票开始下滑，很快就跌到了我那 3000 股的平均卖空价下方的一个点。此时我比以往任何时候都肯定我正站在市场正确的一边，既然有这种感觉，我自然必须再放空一些。因此，临近收盘前，我再次放空 2000 股。

就这样，仅仅凭着预感，我一共放空了 5000 股联合太平洋。就我能拿出的保证金来说，这已经是我在哈丁公司能放空的极限。度假期间放空这么多，对我来说实在是太多了，所以我放弃假期，当天晚上就回到纽约。谁也不知道可能会发生什么，我想我最好还是回到现场。这样在必要时，我就可以迅速行动。

再接下来的一天，我们接到了旧金山地震的消息。这是一场可怕的灾难。然而，市场仅仅低开了两三个点。多头的力量仍在发挥作用，并且公众从来不会自己独立地对消息做出反应。你总是能看见这种情况。举例来说，如果多头基础很牢固，无论是否真如报纸上所说的那样——多头正在炒作，一则确凿无疑的消息都不会产生其在熊市时候那样的效应。一切取决于当时市场上大多数人的心理状态。在这个例子里，华尔街没有评估灾难的严重程度，因为它现在还不愿意这样做。在这天结束之前，股市出现了反弹。

我放空了 5000 股。灾难降临了，但我的股票却没有下跌。我的预感是绝对正确的，但我的银行账户却没有进账，甚至连账面利润都没有。我在大西洋城放空联合太平洋时和我在一起的那个朋友幸灾乐祸，再次说起这件事。

他对我说："你的预感真是灵验哈，老兄。但是你说说，当所有的头脑和金钱都站在多头这一方时，你对抗它们有什么用？它们肯定会胜出。"

"给它们一些时间。"我指的是股价。我不会回补，因为我知道这次地震引起的损失有多惨重，而联合太平洋必将是首当其冲的受害者之一。但是，看到华尔街对此视而不见，真是让人气不打一处来。

"给它们时间，然后你和其他空头的熊皮一起摊在太阳底下被晒干。"他向我保证道。

"你说该怎么做？"我问他，"难道在南太平洋铁路（Southern Pacific）以及其他铁路公司正蒙受千百万美元损失的时候买入联合太平洋？等它们支付了所有的损失之后，哪来的钱分红？你能指望的最好结果就是，或许损失没有报纸上所渲染的那么严重。但这能成为买入主要受灾铁路公司股票的理由吗？你倒是说说！"

结果，我朋友只说了一句："这听起来很有道理。但我告诉你，市场不同意你的看法。盘势不会说谎，对吧？"

"它也不总是马上就说真话。"我说。

"听着。有个人在'黑色星期五'之前不久和吉姆·菲斯克（Jim Fisk）交谈，并列出了十个理由，说明为什么黄金应该是长期贬值的。他因为自己的话受到强烈鼓舞，以至于最后告诉菲斯克，他将放空几百万黄金。此时，吉姆·菲斯克只是看着他，对他说，'去啊！只管去！去放空黄金，然后邀请我参加你的葬礼！'"

"是，"我说，"如果那家伙真放空了黄金，你看他能挣多大的利润！你自己也卖一点儿联合太平洋吧。"

"我才不干呢！我是那种不跟风向和潮流对抗就能发大财的人。"

接下来的一天，当更详细的灾情报告涌入市场时，市场开始下滑，但直到此时，下跌的幅度仍然没有它应有的那么剧烈。我知道，太阳底下已经没有任何东西能够阻挡股价的大幅跌落，所以我加码一倍，再次放空5000股。噢，此时绝大多数人已经认清市场形势了，我的经纪人也很乐意帮忙。这并不能说明我的经纪人或是我太鲁莽，只是我以加码5000股的方式来评估市场此时的情况真的不算过分。再接下来的一天，市场开始正式下跌。获利空间实在太大了，我自然要将自己的运气发挥到极致。于是，我再度加码一倍，又放空10000股。这是唯一可以进行的操作。

除了我是正确的——百分百正确——以及这是一次天赐的良机之外，我别的什么也没想。要不要利用这次机会由我自己决定，于是我又放空了一些。难道我没有想过放空这么多股票，只要小幅的反弹就会洗光我的账面利润，甚至可能连我的本金一起洗光？我不知道我当时有没有想过这一点。不过，即使想过，也不会对我产生多大影响。我并不是在鲁莽豪博，而是在谨慎操作。任何人都做不了任何事来撤销这次大地震，不是吗？他们不可能一夜之间，不花一分钱，就重建那些倒塌的建筑，他们能吗？接下来的几个小时之内，即使拿来全世界所有的钞票，也起不到多大的作用，对吧？

我不是在盲目赌博，我也不是死空头。我并没有被一时的成功冲昏了头，或是认为旧金山几乎从地图上消失了，整个国家就会变成废墟。我没这么想过，真的没有！我没指望会发生大恐慌。所以，第二天我就平掉了手中所有的头寸，一共挣了 25 万美元。这是我到当时为止挣得最多的一次，而且都是在几天之内挣的。地震发生后的最初一两天，华尔街没怎么理会。他们会告诉你，那是关于地震的第一批报道没有那么令人担忧。但我认为那是因为要改变公众对证券市场的看法，需要花很长时间。即使是专业的交易者，大多数情况下也都是反应迟钝、目光短浅的。

我无法向你做出任何解释，不管是科学的还是幼稚的。我只是告诉你我做了什么，为什么做，以及结果是什么。比起我那种预感的神秘色彩，我更关心的是我因为自己的预感挣了 25 万美元的事实。这意味着，如果时机来临，我现在的操作规模可以比以往任何时候都更加庞大。

当年夏天，我去到萨拉托加温泉区。我本来是打算去度假的，不过同时我也留意市场状况。首先，我并没有累到懒得琢磨市场的程度。其次，我认识的每一位到那儿度假的人，要么正对股市有兴趣，要么曾经对股市产生过兴趣，因此，我们自然而然地会谈论股市。我发现，言论和交易之间存在很大的差别。有些家伙和你谈到市场的样子，会让你联想到那些大胆的公司职员，他们敢像呵斥野狗似的训斥自己脾气暴躁的老板。

哈丁兄弟公司在萨拉托加设有营业厅，他们有很多客户都在那里。但我认为在萨拉托加设立营业厅的真正原因是其广告价值。在旅游胜地设有营业厅确实是高级的宣传广告。我通常都会顺道去看看，和其他人坐在一起。那里的经理人很好，是从纽约总公司派过去的，工作目的是要热心地为新老朋友们提供一些帮助。当然，如果可能的话，也争取一些业务。这里是内幕消息以及小费到处飞的好地方——包括各种各样的内幕消息，赛马的、股市的，同时也是服务人员赚取小费的好地方。营业厅的人知道我不听信任何内幕消息，所以那位经理没有走到我身边，贴着我的耳朵悄悄告诉我他刚刚从纽约总部听到的内幕消息。他只是把电报递给我说"这是他们刚刚发过来的"，诸如此类。

当然，我一直密切关注市场。对我来说，观看报价板以及判读市场信号是一种习惯。我注意到，我的老朋友联合太平洋看起来好像要上涨。该股价位很高，但表现得好像是有人在收集筹码。我观察了它两三天，一直没有交易。我越观察越确信，这只股票背后有人在总体上是净买入的，而且这个人绝不只是个缩手缩脚的赌徒，他不仅在银行有大量的资金，还懂得如何操作。非常聪明的吸筹手法，我得出了这样的结论。

一确认这一点，我自然就开始买入这只股票，在大概160的价位买入。它继续表现出要强势上涨的样子，所以我继续买进，每次100股。我买得越多，它就变得越强劲，但没有出现急速冲刺的情况，我觉得很安心。我没看到任何理由——至少从盘势上我没有看到——表明那只股票不应该上涨一大截。

突然，经理来到我身边，说他们从纽约收到一份电报——他们和纽约之间有直通线路——问我在不在营业厅里，当他们说我在时，电报另一头的人说："留住他。告诉他哈丁先生要和他通话。"

我说我会等他，然后又买进了500股联合太平洋。我想象不到哈丁有什么要和我说的。我认为肯定不是生意上的事，就我买进的数量来说，我的保证金远远够了。很快，经理过来跟我说，艾德·哈丁（Ed Harding）先生打长途电话找我。

"喂，艾德?"我说。

他却说："你到底怎么回事? 你疯了吗?"

"是你疯了吧?"我说道。

"你在做什么?"他问我。

"你的意思是……"

"为什么买那么多那只股票?"

"怎么了，我的保证金不够吗?"

"不是保证金的问题，是太蠢了!"

"我没明白你的意思。"

"你为什么买那么多联合太平洋?"

"它在涨啊！"我对他说。

"涨个鬼啊！你难道不知道内线人士正在倒货给你吗？你现在是最引人注目的靶子。赌马亏钱都比这有意思。别让他们拿你当冤大头。"

"没人拿我当冤大头啊，"我对他说，"我没跟任何人谈起过这只股票。"

他反驳我说："你不能指望每次你在那只股票上豪赌的时候，都有奇迹发生来拯救你。在还有机会脱身的时候赶紧脱身，这些骗子正在成吨地把那只股票倒给别人，以这样的价位做多那只股票简直是在犯罪。"

"但是盘面显示他们正在买进啊。"我坚持自己的看法。

"拉里，你的下单指令涌进来时我差点儿心脏病发了。看在上帝的面上，别做冤大头。马上离场，马上！这只股票随时都可能完全崩盘。我已经尽到我的责任了。再见！"然后他挂断了电话。

艾德·哈丁是个很精明的家伙，消息灵通得异乎寻常，是一位很靠得住的朋友，公正无私，心肠也很好。更重要的是，我知道以他的地位，能打听到很多消息。我买进联合太平洋，完全是凭着我对股票行为多年的研究，以及我洞察到了某些迹象，我的经验告诉我，这些迹象通常都伴随着大涨出现。我不知道自己到底怎么回事，我想我肯定是在听了哈丁的话之后，得出了这样的结论：我从盘势看到的主动吸筹迹象完全是因为内线人士高明的做盘技巧的误导，故意使盘势表现出并不真实的情形，让我以为该股将会上涨。也可能是艾德·哈丁的好心打动了我，他煞费苦心，阻止我犯下他确定无疑的巨大错误。无论是他的头脑还是动机，都毋庸置疑。我无法告诉你，究竟是什么促使我决定听从他的劝告，但我的确听从了。

我将手里的联合太平洋全部卖出。当然，如果做多不明智，那么不做空也同样不明智。因此，在我出清所有做多的股票之后，反手放空 4000 股，出手的绝大部分股票都在 162 左右成交。

第二天，联合太平洋公司的董事会宣布发放 10% 的红利。刚开始华尔街上没人相信这个消息，这简直就是走投无路的赌徒在做垂死挣扎。所有的报纸都痛斥那些董事。但是，就在华尔街上的精英们还在犹豫要不要采取行动时，市场已经炸开了锅。联合太平洋成了领涨股，以惊人的成交量使股价创下了历史新高。有些场内交易者一个小时之内挣了一大笔财富。我后来听说，一个反应相当迟钝的经纪人操作失误，结果却误打误撞挣了

35 万美元。一个星期之后，这位经纪人卖掉了自己的席位；一个月之后，他变成了一个有身份的农场主。

我一听到消息说董事会宣布发放史无前例的 10％的红利，自然就意识到自己活该倒霉——谁让我不听经验的指挥，反而听信消息人士的话？我竟然因为一个朋友怀疑有人倒货，就把自己清醒的判断丢到一边，就因为他公正无私以及通常情况下不会乱来。

我一看到联合太平洋创出历史新高，就对自己说："这不是我应该放空的股票。"

我的全部家当都放在哈丁公司充当保证金了。意识到这个事实的时候，我既没有感觉松了口气，也没有因此想要顽强抵抗。很显然，我准确解读了盘势，但却愚蠢到让艾德·哈丁动摇了我对自己的判断能力的信心。木已成舟，指责他没有意义，我已经浪费不起一点儿时间。因此，我发出指令，进行回补。我以市价买回 4000 股联合太平洋时股价在 165 美元左右。照这个价格，我将损失三个点。结果，我的经纪人在回补完成时，有一部分的成交价居然是 172～174 美元。当我拿到成交报告单时，发现艾德·哈丁的好心干预让我付出了 4 万美元的代价。这对一个没有勇气坚信自己判断的人来说，算是很小的代价了！这是一堂学费低廉的课。

我并未因为那 4 万美元的损失闷闷不乐，因为盘势显示该股将会继续走高。这是一次异常的波动，董事们的行动也是史无前例的。不过这次我做了我认为自己应该做的。一发出第一份回补 4000 股的指令，我就立刻决定要根据盘势的信号去获取利润。于是，我发出了第二份指令，买入 4000 股，持有到了第二天早晨，然后平仓了结。我不但弥补了之前那 4 万美元的亏损，还另外挣了大概 1.5 万美元。要是艾德·哈丁没有试图帮我省钱的话，我已经挣了一大笔了。不过，他也帮了我一个大忙，因为我坚信正是这次事件的教训，让我完成了作为一个交易者的自我教育。

我并不是说，我需要学习的仅仅是不要听信内幕信息，而要根据自己的判断进行操作。我是说，我增强了对自己的信心，终于能够摆脱过时的交易手法。这次的萨拉托加经历是我最后一次随兴所至、全靠运气进行交易。从那以后，我开始考虑基本的市场状况，而不是个股走势。在这毫无人情可讲的投机学校中，我把自己提升到了更高一个年级。我终于跨越了这漫长而艰难的一步。

第七章　关于趋势

交易者应当首先研究市场状况，然后审慎地制定交易策略，最后按部就班进行操作。

我从来都会毫不迟疑地告诉别人，我是看涨还是看跌。但是，我不会告诉他们具体应该买卖哪只股票。在一轮空头市场当中，所有的股票都会下跌；在一轮多头市场当中，所有的股票都会上涨。当然，我当然不是说，在一轮由战争引起的空头市场中，军火股不会上涨，我说的是一般情况。然而，一般人都不希望别人只是告诉他市场是多头还是空头。他巴不得别人明确告诉他具体应该买入或卖出哪只股票。他想要不劳而获，不想付出任何努力。他甚至希望不必思考。对他来说，要算算从地上捡起来的钱一共有多少他都觉得太麻烦。

哎，我可没那么懒。不过，我发现考虑个股真的比考虑总体市场更简单，因此我们总是习惯考虑个股波动而不是总体趋势。我必须改变这种习惯，而我确实做出了改变。

大家似乎不容易抓住股票交易的基本原理。我经常说，在一轮上涨趋势中买进是最省事的方法。现在我想说的是，关键不在于尽可能以最低的价格买进或是以最高的价格卖出，而在于在正确的时机买进或卖出。当我看空后市卖出股票时，每次卖出的价位都必须比上一次更低。当我买进时，情况则恰好相反，也就是说，我一定会向上买进。我做多时不会向下买进某只股票，只会向上买进。

举例说明，假设我想买进某只股票。我会先以 110 的价位买入 2000 股。如果该股在我买入之后上涨到 111，这说明我的操作是正确的——至少暂时是正确的，因为 111 比我之前的买入价高了一个点，这表明我此时是赢利的。然后，我会因为自己判断正确，再次进场买入另外一笔 2000 股。如果市场继续上涨，我就再买入第三笔 2000 股。假如这时股价涨到了 114，我会认为暂时已经买够了。此时，我已经有了可以操作的基础。我已经持有 6000 股的多头头寸，平均成本为 111¾，而此时的股价为 114。这时我不会再多买，我会先观望一阵。我认为，股票上涨到某个阶段将会出现回调。我想看看回调之后市场将会如何表现。市场很有可能会回调到我买入第三笔时的价位。假如在涨到比 114 更高之后股价跌回到 112¼，然后开始回升。此时，只要市场一回升到 113¾，我立即发出指令买入 4000 股——当然是以市价买入。嗯，如果我这 4000 股全部以 113¾ 的价格成交，我就知道出问题了，然后我会发出一张试探性的单子——也就是说，我会卖出 1000 股，看看市场怎么消化。但是，如果我在股价为 113¾ 时发出的那张买入 4000 股的指令，其中的 2000 股以 114 成交，500 股以以 114½ 成交，剩下的成交价都是逐步上涨的，以至于最后 500 股我付出了 115½ 的成本。那么，我知道我做对了。正是买入这 4000 股的具体成交情况告诉我，在这个特定的时机买入这只特定的股票是否正确——当然，上述操作的前提条件是：我已经对基本市场状况进行了相当完整的研究，并且大势看涨。我从来不想以太低廉的价格或是太容易地买到股票。

我记得我听说过一个关于老手怀特（Deacon S. V. White）的故事，他曾是华尔街股票大大作手之一。怀特是个很好的老人，的确如别人所描述的那个时代最大的股票大作手一样，精明、果敢。从我听到的情况来看，他在他那个时代曾经有过一番了不起的作为。

故事发生在早年，当时糖业股份是市场上最经常出现激情表演的股票之一。H·O·哈维梅尔（H. O. Havemeyer）时任糖业公司总裁，其声势如日中天。我从跟那些老前辈多次的聊天中拼凑出的情况是，H·O·哈维梅尔以及他的跟随者坐拥数不尽的现金，再加上他们老奸巨滑的才智，足以使他们每一次炒作自己的股票时都非常成功。老前辈们告诉我，在糖业股份上修理过的较小的专业交易者，比其他任何内线人士在其他任何股票上修理过的都多。因此，场内交易者在内线人士的炒作过程中，通常起到干扰阻碍的作用大于推波助澜的作用。

有一天，一个认识老手怀特的人冲进营业厅，满脸兴奋地说："老手，你让我得到任何可靠的消息都要第一时间来告诉你，要是你根据我带来的消息进行操作，你也会替我也操作几百股。"他停下来喘口气，同时等待老手的确认。

老手用惯有的沉思的样子打量着他，然后说："我不知道我是不是的确这么跟你说过。不过，我愿意为那些能派上用场的消息付钱。"

"好，我现在就有消息要告诉你。"

"现在？那好啊。"老手说，语气如此温和，以至于那个带消息来的人大受鼓舞，说道：

"是的，先生，老手。"然后他靠近一些以防别人听到，低声说："H·O·哈维梅尔正在买进糖业公司。"

"是吗？"老手相当平静地问道。

老手的反应让这个来通报消息的人急了，于是他加重语气，说道："是的，先生。有多少买多少，老手。"

"朋友，你确定吗？"怀特再追问一句。

"老手，我知道这绝对是事实。那帮长期进行内部炒作的家伙正在全力买进，买进每一张他们能够得着的糖业股。这件事肯定和关税有关，糖业公司的普通股肯定会有一段大涨，其股价将超过优先股。这意味着第一轮它就必将上涨30点。"

"你真这么认为？"这位老人越过看盘时需要戴上的老式银框眼镜的上缘看着他。

"我真这么认为？不，不是我这么认为，是我知道事实就是如此。绝对如此！老手，当H·O·哈维梅尔和他的同伙像现在这样买进糖业公司时，没有净赚40个点以上他们是绝不会罢休的。在他们买够所有想买的股票之前，如果市场在任何时候从他们手中失控暴涨，我都不会感到惊讶。现在，散落在各个经纪公司的筹码已经没有一个月以前那么多了。"

"他正在买进糖业，是吗？"老手心不在焉地附和道。

"什么买进？他是在用最快的速度扫货，并且不限定买入成本。"

"这样啊？"老手就回了这么一句。

但这一句就足以惹恼这个消息提供者了，他说道："是的，先——生！我认为这是非常可靠的消息。绝对可靠！"

"是吗？"

"是的，这消息应该值得进行一笔大额交易。你用还是不用？"

"哦，是的。我会用的。"

"什么时候用？"这位带来消息的人有点儿怀疑地问道。

"马上。"然后老手喊道，"弗兰克！"这是他最精明的经纪人，当时这位经纪人正在隔壁房间。

"来了，先生。"弗兰克回应。

"我要你到交易大厅去帮我卖出1万股糖业公司。"

"卖出？"这位消息提供者惊呼。他的声音如此刺耳，以至于已经开始急忙往外跑的弗兰克又停下了脚。

"是的，怎么了？"老手还是温和地说。

"但我告诉你的是正在买进！"

"朋友，我知道你是这么说的。"老手心平气和，回首对那位经纪人说，"赶紧去，弗兰克！"

经纪人冲出去下单，消息提供者满脸通红。

"我来到这儿，"他怒气冲冲地说，"带上我有史以来得到的最可靠的消息。我把这个消息带给你，因为我认为你是我的朋友，而且正直无私。我还期望你根据消息进行操作。"

"我是在根据消息进行操作啊，"老手用平静的口气打断了他。

"但我告诉你的是H·O·哈维梅尔以及他那帮人在买进！"

"没错，你是这么说的。"

"买进！买进！我说的是买进！"这位消息提供者尖叫着。

"是的，买进！我懂你的意思。"老手再次确认。他正站在自动报价机旁，观看盘势。

"但你正在卖出！"

"是啊，卖出1万股。"老手点着头说。"我当然要卖出。"

然后他不再说话，专心盯着盘势，那个消息提供者靠近一点儿，想看看老手正在看什么，因为这个老人实在是太狡猾了。就在他从老手怀特肩上看过去的时候，他看到一位店员走了进来，手里拿着一张纸。显然，这是弗兰克发来的成交报告单。老手只是扫了一眼报告单，因为他已经从盘面上看到了自己指令的执行情况。

因此，他对那个店员说："告诉他再卖出1万股糖业公司。"

"老手，我向你发誓，他们真的是在买进这只股票！"

"哈维梅尔先生亲口对你说的吗？"老手怀特平静地问道。

"当然不是！他从来不向任何人透露半点儿消息。哪怕只是需要眨眨眼，他都不愿意帮助他最好的朋友挣一分钱。但我知道这次的消息是真的。"

"朋友，别太激动。"老手伸出一只手安慰他。他正观看着盘势。

这位消息人士语带苦涩："早知道你所做的会与我期待的相反，我绝不会浪费你我的时间。但是，当你回补刚刚所卖出的股票，损失惨重时，我也不会幸灾乐祸。我会为你感到惋惜，老手。真的！如果你不介意，我要到别处去，根据我自己的信息进行操作。"

"我真的是在根据你的信息操作。我认为，我对股票市场总算略懂一二。或许赶不上你和你朋友 H·O·哈维梅尔懂得多，但的确是懂一点儿。我现在所做的是我多年的经验告诉我应该做的，根据你带给我的消息，我只有这么做才是明智的。如果有人在华尔街摸爬滚打的时间跟我一样长，他也会像我一样感激任何一个替他感到惋惜的人。冷静点儿吧，朋友。"

那位老兄只是瞪着老手怀特，瞪着这位他一直很敬重其判断和勇气的老手。

很快，刚刚那位店员再次走进来，递给老手一张报告单，老手看着这张单子，说道："现在告诉他买进 3 万股糖业公司。3 万股！"

那位店员匆匆离开，那位消息人士一边咕哝着，一边看着这只老狐狸。

"朋友，"老手亲切地解释道，"因为是你亲眼看到的，所以我并没有怀疑你说的不是事实。但是，即使我听到哈维梅尔亲自告诉你他在买进，我也会像刚才一样进行操作。因为要查明是否真的有人正在买进——以你所说的 H·O·哈维梅尔及其同伙正在买进的方式买进，只有一种方法，那就是像我刚才一样进行操作。虽然我的第一笔 1 万股相当容易就脱手了，但这并不足以说明我的判断是正确的。然而，第二笔 1 万股也被市场吸进去了，而且市场没有停止上涨。这 2 万股被吸进的方式向我表明，的确有人愿意吃进卖方全部的筹码。这种时候，究竟是谁在买进根本不是特别重要。所以，我回补空头头寸，再买进 1 万股做多，我认为，到目前为止，你的消息是可靠的。"

"究竟有多可靠呢？"这位消息人士问道。

"我在这间营业厅替你买进了 500 股，成本价按我那 1 万股的平均成交价计算。"老手对他说，"日安，朋友，下次冷静点儿。"

"对了，老手，"那位消息人士说，"等你卖出你的股票时，可不可替我一起卖掉啊？我其实没有自己想象的那样懂股票。"

故事讲完了。这就是我从不买进太低廉的股票的原因。当然，我总是设法有效地买进，也就是买进的方式必须有利于我所操作的方向。至于卖出股票，很显然，除非有人想要这些股票，不然没人能卖得出去。

如果你的操作规模很大，就必须时刻记住这一点。交易者应当首先研究市场状况，然后审慎地制定交易策略，最后按部就班的进行操作。如果他进行了相当大规模的操作，并且积累了一大笔账面利润，那么，他将不能随心所欲地卖出。你不能指望市场在某只股票上吸纳 5 万股像吃进 100 股那么容易。交易者必须等到市场能够承接时才能卖出。时机总会出现，那时他认为必备的多方力量终于形成。当这样的时机出现时，他必须抓住。通常来说，他必须随时做好准备，等待这一刻的到来。他不得不在他能卖出的时候卖出，而不是在他想卖出的时候卖出。为了掐准时机，他必须密切注视市场，并且对市场进行试探。因此要判断市场何时有能力消化你卖出的大笔头寸一点儿也不难。但是，一轮趋势刚开始就卖出你全部的头寸绝对不明智，除非你确信市场状况完全适合你这样做。记住，股价永远不会太高，高得你不能开始买进；也不会太低，低得你不能开始卖出。然而，在第一笔交易之后，除非第一笔出现利润，否则不要进行第二笔交易，要等待并且观望。此时就是你的解盘能力派上用场的时候，这种能力能让你确定什么时候是再次开始操作的正确时机。意识到这一点的重要性花费了我几年的时间，也让我付出了数十万美元的代价。

别误会，我不是在建议你一直进行金字塔式地加码。当然，交易者可以进行金字塔式加码，这样能挣到只有加码才能挣到的大钱。但我这里想说的是：假设某个交易者的投资极限是 500 股。我认为，他不应该一次性满仓买进，如果他是在进行投机交易的话就不应该这样做。但如果他只是在赌博，那么我必须给他的唯一建议就是——别赌博！

假设他买进了第一笔 100 股，结果马上就出现亏损。那他为什么还要继续操作，买进更多的股票呢？他应该立刻意识到自己做错了，至少暂时做错了。

第八章　用望远镜交易

大钱必然蕴藏于大趋势当中。

1906年夏天，在萨拉托加的联合太平洋事件使我变得比以往任何时候都更加特立独行，更容易不受内幕消息和他人言论的影响，包括他人的观点、推测和臆断。不管他们跟我交情有多深厚，或是他们的个人能力有多强。事实，而非自负，已经向我证明，我有能力比身边绝大多数人都更精确地解读盘势。同时，我在完全摆脱投机偏见这方面也胜过哈丁兄弟公司的一般顾客。对我来说，放空不再比做多更有吸引力，反之亦然。我唯一坚持的"偏见"就是，绝不允许自己犯错。

即使在少年时代，我就总是从自己观察到的事实中得出自己的结论。这是我得出结论的唯一方法。不能别人告诉我应该从某个事实中得出什么结论，我就得出什么结论。这是我的事实，我必须自己得出结论。明白吗？如果我相信某件事，可以肯定的是，那仅仅是因为我必须相信。我之所以做多股票，是因为我对市场状况进行研判之后看涨后市。但是，你会发现，许多被认为很精明的人看涨却只是因为他们手中持有股票。我绝对不会允许自己持有的头寸或是先入为主的观念代替我的思考。这就是我不断强调我从不与盘势争论的原因所在。如果市场走势对你不利，很是出乎意料，甚至是不合理，你便生市场的气，就跟得了肺炎就怪罪自己的肺一样荒谬。

我逐渐深刻意识到，除了解读盘势，股票投机中还蕴含着其他很多的因素。帕里特奇老人强调，在多头市场中始终坚持看涨至关重要。毫无疑问，他的观点使我开始思考，确定当前市场类型比其他任何事情都重要。

我开始意识到，大钱必然蕴藏于大趋势当中。不管是什么因素推动了一轮大趋势最初的上涨，事实则是这轮趋势的继续既不是因为内线集团的炒作也不是因为金融家的阴谋诡计，而是由市场的基本状况决定的。无论谁来阻挡，大趋势都会不可避免地按照它背后的推动力量所决定的幅度、速度以及持续时间来展开。

在萨拉托加事件之后，我开始看得更清楚——或许应该说观点更成熟——既然整个股市都是随着大潮流的方向运动，那么研究在个股上的操作手法或是某只股票的个股行为，就不像我以前所想的那么必要。并且，以大趋势为出发点，交易者在自己的交易规模上就不会受到限制，他可以买卖整个股市。就某些单个股票而言，如果交易者放空的股数超出了总股本的某个比例，放空将是很危险的，而具体的比例取决于该股的筹码分布情况，包括由谁持有、以什么方式持有，以及持有的成本价如何等等。然而，如果针对整个股市操作，他可以卖出 100 万股所有挂牌交易的股票，只要他的成本价不会面临轧空风险。以前，通常每隔一段时间，都会有内线人士利用他们精心培养出的市场对于筹码垄断和轧空的恐惧感而针对卖空者进行轧空，从而挣到一大笔钱。

显然，交易者应该做的就是：在多头市场看多，在空头市场看空。听起来跟没说一样，对吧？但是，我首先必须牢牢记住这个基本原则才能明白：要把这个原则付诸实践，实际上就必须预测市场的各种可能性。我花费很长时间才学会把这个原则运用在实际的交易中。然而，为了对自己公平起见，我必须请你注意到：到那时为止，我一直都没有足够多的资金用这种方式进行投机交易。如果你的操作规模很大，那么大趋势当然意味着大利润，但为了能够进行大规模操作，你必须在你的经纪商账户上有大量的保证金余额。

我总是必须——或者说自认为必须——从股市中赚取日常生活费。这妨碍了我积累足够资金进行长线交易的努力。这种交易法利润比较丰厚，但是获利比较慢，这是一种昂贵的交易方法，相对于摆动交易模式①来说，资金利用率低太多了。

---

① 译注：在西方的交易理念中，Swing 是一个重要的概念，是指相对清晰与完整的一段走势。

现在，不但我对自己的信心增强了，连我的经纪商也不再把我看成偶尔走运的"少年赌客"，他们已经从我这里赚取了大量的佣金。我现在很有可能变成他们的明星顾客，这为他们带来的价值将远超过我实际的交易量为他们带来的价值。一个经常赚钱的顾客对任何经纪公司来说都是一笔资产。

从我停止满足于研究盘势的那一刻起，我就开始不再只关注个股的日常波动。这样一来，我势必得从一个全新的角度来研究这个游戏。我从研究报价回到研究重要原则，从研究日常股价波动回到研究基本市场状况。

当然，长久以来，我也像其他所有的交易者一样，习惯每天阅读各种市场信息。不过，市场上大部分的信息都只是小道消息，其中有一些是有人故意放的错误消息，其余的则纯属作者的个人观点。即使是著名的评论周刊在谈及市场基本状况时所做出的评论，我也不是完全满意。金融编辑的观点通常也都跟我的观点不一致。对他们来说，罗列出他们所了解到的事实，然后得出他们自己的结论，并不是很重要。但这一点对我来说却至关重要。同时，我们对时间因素的考量也存在巨大的差异，对我来说，更重要的是预测未来几周的市场状况，而不是分析过去一周的市场状况。

多年以来，我一直很不幸地同时受到缺乏经验、年轻识浅以及资金不足的困扰。但是现在，我有一种发现新大陆的欢欣雀跃。我对这个游戏全新的理解解释了为什么我之前企图在纽约挣大钱时会屡遭失败。现在，我拥有了足够的资金、经验以及信心，但却因为太急切地想试试这把新钥匙，而忽略了这扇门上还有另一把锁——时间之锁！这样的疏忽再自然不过了。我不得不照例支付学费——每向前一步都要承受一次重击。

我研究了1906年的情势，认为资金前景特别严峻。全世界很多现有的财富都被摧毁了。每一个人肯定迟早都会感到自身经济困难，因此，人人自顾不暇，难以帮助他人。这次困难时期，并不像是用一座价值10000美元的房子去交换了一车皮价值8000美元的赛马那样遭受了一点点损失这么简单；而是房子被大火彻底地摧毁了，赛马因为铁路失事所剩无几。这次是布尔战争期间，好好的现金在大炮的滚滚浓烟中化为灰烬，千百万美元消耗在南非被拿去供养那些再不能从事生产的士兵。这意味着我们不可能还像过去那样，从英国投资者那里得到帮助。并且，这次发生在旧金山的大地震和大火灾，以及其他的自然灾害，波及到了每一个人——制造商、农场主、商人、劳工以及百万富翁。铁路必定遭遇了巨大的损失。我认为，没有任何事情可以阻挡一次大崩跌。在这种情况下，只有一件事情可做——放空股票！

我曾经告诉过你，我已经注意到，在确定了自身的交易方向之后，我在交易之初基本上都是赢利的。所以我决定，既然要放空，那就大肆放空一场。勿庸置疑，我们正进入一轮名副其实的空头市场，所以我确定我将挣到入行以来最大的一笔利润。

市场下跌了，然后反弹，一点一点逐渐拉回，最后开始稳步上涨。我的账面利润消失得无影无踪，账面亏损开始增加。有一天，看起来似乎没有一个空头能够存活下来，讲述一个绝对名副其实的空头市场的故事。我再也无法忍受这样的折磨了，于是进行回补。幸好我这样做了。如果我没有进行回补，我剩下的钱将会连买一张明信片不够。我被剥掉一层皮，但好歹还留下一条命，可以改日再战。

我犯了一个错误。但是究竟错在哪儿呢？我在空头市场看空，这点是明智的；我放空股票，这一点是正确的。但是，我放空得太早了，这一点代价惨重。我的头寸没错，但操作失误。不管怎么样，市场正在一天天接近不可避免的崩盘。因此，我等待下去。当反弹开始踌躇，最终停下来时，我让经纪人在我那大量缩水的保证金允许的范围之内，帮我尽可能多地放空股票。这次我做对了——恰好对了一天，因为接下来的一天，出现了另一次反弹。我被着实咬掉另一大块肉！于是，我研读盘势，回补，之后继续等待。在适当的时候，我再一次放空——再一次，市场先是很有希望地下跌，然后再一次无礼地反弹。

看起来市场似乎存心和我过不去，正在尽最大努力迫使我走回在桶店时那种老式的、简单的交易方法。这是我第一次根据十分具有前瞻性的计划进行操作，并且该计划考虑的是整个市场，而不是一两只股票。我认为，如果我坚持按计划行事，一定会赢利。当然，我当时还没有开发出我那种逐渐加码的操作系统，否则我一定会像上次向你说明的那样，在不断下跌的市场中，逐步挂出空单。那样的话，我就不会亏掉那么多保证金。我可能还是会出错，但错误不至于对我造成实质性的伤害。你看，我观察到了某些事实，但却没有学会将这些事实整合在一起。我不完备的观察结论不但没有帮助我，反而妨碍了我。

我发现，通过研究自己所犯的错误总能从中获益。就这样，我研究之后终于发现，在空头市场中不丧失自己的空头头寸确实非常正确。但是，在交易的整个过程中，应该随时研读盘势，确定进行操作的有利时机。如果能有一个良好的开端，你就不会看到自己已经获利的头寸受到严重威胁；那么，在坚守的过程中就不会经受多少折磨。

当然，到了今天，我已经对自己观察的准确性更有信心了——期望或者某些嗜好都不会再对我的观察产生任何影响——同时，我也拥有了更高明的手段来验证我观察到的事实，也可以从各种角度来测试自己观点的正确性。不过，1906 年那一连串的反弹严重削减了我的保证金。

我当时还不到 27 岁，已经从事这种游戏 12 年。但是，我第一次根据迟早会来临的大崩盘进行交易时却发现，自己一直在使用望远镜进行交易。从我第一次看见暴风云到市场真正开始大幅下跌，其间的时间跨度明显太大了，远远超出了我当初的预计。于是我开始怀疑自己是否确实看到了之前认为自己清晰看到的景象。当时我们已经看到了很多的警告信号，短期利率也在惊人地飙升。不过，一些大金融家还在发表乐观的言论——至少新闻记者是这样发表的——接下来股市发生的一连串反弹，似乎证明那些悲观主义者的看法不过是杞人忧天的谎言。我看空后市究竟从根本就是错误的呢，还是仅仅因为太早开始放空而暂时是错误的？

我断定自己只是开始得太早了，但是我实在忍不住。后来，市场开始下跌，我的机会来了。我全力放空，结果市场再次反弹，反弹到了相当高的水平。

这次我被扫地出门了。

就这样——我判断正确，但却破产了！

听我说，这是一件非常奇异的事情。事情经过是这样的：我在前方看到了一大堆钞票。这一大堆钞票上插着一个牌子，上面用斗大的字写着"请自行取用"。旁边停着一辆货车，货车两侧用油漆刷着"劳伦斯·利文斯通货运公司"。我手里握着一把全新的铁铲。视线可及的范围内看不到任何人，因此我在掘金的过程中将没有竞争对手，这就是比别人先看到钱堆的好处。别的人要是停下来看的话，也可能会看到这堆钞票，但他们此时要么在看棒球赛，要么在开车兜风，也可能是在看房，并且准备用我看到的这堆钞票来支付房款。这是我第一次看到前面有一大堆钞票，自然一开始就全力冲向这堆钞票。然而，就在到达这堆钞票之前，我却被大风刮倒在地。那堆钞票还在，但我已经失去了铁铲，那部货车也不见了。提前冲刺的代价竟然这么昂贵！我太急于向自己证明，我看到的是真金白银，而不是海市蜃楼。我看见了，而且心里清楚自己看见了。但是，我却一门心思只想着好视力将带来的回报，却没有考虑到自己离那堆钞票究竟还有多远的距离。我本该走过去而不是冲过去。情形就是这样，我还没有等到确认时机是否真正来临就全力放空；在我应当借助自己的看盘能力的时候却没有这样做。这个经历让我逐渐学会了：即使在熊市的早期正确地看空后市，也要等到确认市场不会出现反抽风险后，大规模放空才是适合的。

这些年来，我已经在哈丁公司交易了成千上万的股票。此外，公司对我很有信心，我们的关系也一直极为融洽。我想，他们认为过不了多长时间我肯定又会操作正确。他们知道我习惯于全力操作，只需要一笔启动资金，我不仅能扳回损失，还能有所赢利。因此，只要我的信用还很高，要从这里从头开始交易就没有什么问题。

受到一系列打击之后，我不再那么过分自信，或许我应该说不再那么粗心大意。因为我当然知道自己差一点儿就彻底完蛋了。我现在能做的就只有提高警惕，等待时机到来。其实，在先前重仓出击的时候我就应该这样做。我现在这么做并不是为了亡羊补牢，而是必须保证在下次尝试时不再犯错。人如果不犯错误，他可以在一个月之内拥有全世界。但是，如果他不能从自己的错误中吸取教训，迟早会一无所有。

噢，老兄，某一个晴朗的早晨，我来到市中心，我重新感受到了自己的自信。这一次绝对不会错。我在所有报纸上的财经版都看到了同一则广告，这则广告是一个明显的信号，是我先前出击时因为缺乏理智没有等到的信号。这是北太平洋和大北方两家铁路公司增发新股的公告。为了方便股东，新股可以用分期付款的方式进行支付。这样的体贴在华尔街还是头一次。我立即意识到，这绝对不仅仅是不祥的预兆那样简单。

多年以来，大北方铁路优先股的一项经久不衰的利好题材就是宣布切开另一个甜瓜，宣称该甜瓜含权，幸运的股东有权平价认购大北方铁路增发的新股①。这种认购权确实很有价值，因为该股的市价总是远远高于其

---

① 译注：市场公开配股题材。

票面价格。然而，现在货币市场如此紧张，即使本国最有实力的银行都不太能确定，股东们是否有能力拿出现金支付那些便宜货？要知道大北方铁路优先股当时的股价大约为 330 美元！

我一赶到公司，就对艾德·哈丁说："现在，放空的时机到了。我本该这时候才开始放空的。你看看那则广告，你看看吧。"

他已经看过那则广告了。我指出在我看来那些投资银行家们做出让步同意分期付款，实际上意味着什么。但是，他却不太能确定大崩跌已经迫在眉睫。他认为最好等一等再挂出相当大笔的空单，因为市场已经习惯了先进行大幅反弹。等一等，卖空价可能会低一些，但是操作会更安全一些。

"艾德，"我对他说，"崩跌酝酿的时间越久，真正开始后就越剧烈。那则广告简直就是那些投资银行家们签字画押的自白书。他们所担心的恰恰就是我所期待的。这份自白书正是一个信号，告诉我们是时候登上空头旅行车厢了。该等的都等到了。如果我有 1000 万美元，此时此刻我会把每一分钱都押上。"

我不得不费更多唇舌和他理论。对于任何一个神智健全的人都能从那则惊人的广告中能得出的唯一推论他都还不满意，觉得不能仅仅因为这个就开始行动。这个推论对我来说已经足够了，但对公司里的大部分人都还不够。我放空了一点点，真的是放空得太少了。

几天之后，圣保罗铁路也"好心地"发布一则公告，宣布它也计划进行增发，具体是股票还是票据我记不清了。不过，具体是什么并不重要，此时重要的是我一看见这则公告就立即注意到，缴款日安排在前几天已经公布的大北方和北太平洋两个铁路公司的缴款日之前。显然，他们就像是拿着扩音器宣布，庞大而古老的圣保罗铁路公司正力图抢占上风，要比另外两家铁路公司抢先一步争夺华尔街上仅存的一点儿流动资金。圣保罗的投资银行家们显然十分担心，怕仅存的资金不能满足三家公司同时的需要，于是他们先下手为强，根本不想玩什么"你先请，亲爱的兄弟！"如果资金已经这么紧缺——那些投资银行家们当然知道这一点——接下来会发生什么？铁路公司迫切需要资金，资金却没有了，结果会怎么样？

放空铁路！当然要放空！公众只顾紧盯着眼前的市场行情，因此能看到的东西就很少，只看得到一周之内的行情；而精明的股票大作手能看到的东西很多，能看到一年之内的行情。这就是区别。

对我来说，所有的疑虑和犹豫一扫而光。此时此刻，我终于下定决心。就在当天早晨，我按照此后始终遵循的路线，真正打响了我的第一场战役。我告诉哈丁我的想法和立场，他不反对我在 330 美元左右放空大北方铁路优先股，以及放空其他高价股。我从之前犯下的代价高昂的错误当中吸取了经验教训，采取了更明智的放空方式。

顷刻之间，我的信誉和信用就恢复了。这就是在经纪公司里判断正确的好处，无论你是否仅仅碰巧判断正确。不过，我这次正确的判断是在无比冷静的状态下做出的，既不是出自某种预感，也不是由于纯熟的盘势解读技巧，而是因为我对通常会影响整个股市的各种条件进行了分析。我不是在猜测，而是在预测市场不可避免的趋势。现在放空股票不需要任何勇气。除了股价走低之外，我看不到其他任何东西。我不得不放空，不是吗？我还能有什么别的选择吗？

整个股市像稀泥一样疲软。不久，市场有些反弹，于是人们跑来警告我说，下跌行情已经触底了。大户们知道空单的敞口极为庞大，已经决定轧空，要把空头们拥有的东西都轧光等等。如此一来，我们这些悲观的空头们将会吐出好几百万。大户们肯定不会心慈手软。我通常都会感谢这些好心的忠告者，我甚至从不与他们争辩，因为那样做的话他们会觉得我不知好歹，不对他们的警告心怀感激。

那位和我一起去过大西洋城的朋友正纠结不堪。他可以理解我地震发生之前的预感。他不得不相信这种东西的存在，因为我确实因为明智地遵从自己盲目的冲动，放空联合太平洋，获得了 25 万美元的利润。他甚至说那是上帝运用某种神秘的方法，驱使我在他看涨的时候放空股票。同时，他也能理解我在萨拉托加的第二次联合太平洋交易，因为他能理解只涉及到一只股票的任何交易，他相信内幕消息早已提前锁定了单个股票的趋势，不管是涨还是跌。然而，预测所有股票都必定下跌，使他深感困惑。这类的消息会对什么人有好处呢？在这种情况下，究竟该怎么做呢？

我想起老帕里特奇最爱说的一句话——"噢，这是多头市场，你知道的"——好像对于那些足够聪明的人来说，这就算得上十足的内幕消息了，而事实的确如此。但现在，很奇怪的一件事就是有的人已经因为 15～20 个点的市场下跌遭受了惊人的损失，但却还是抱着手里的股票不放，3

个点的反弹就能勾起他们的希望，让他们确信下跌已经触底，彻底的反弹开始了。

一天，一个朋友来找我，他问我："你回补了吗？"

"我为什么要回补？"我说。

"因为世界上最好的理由。"

"什么理由？"

"赚钱。股票已经触底了，之前跌的都得涨回来，不是吗？"

"是，"我回答说，"首先他们得沉到底，然后再浮上来，而且还不会马上就浮上来。他们得规规矩矩地死上好多天。现在还不到那些尸体浮上水面的时候，他们还没完全死透呢。"

一个老前辈听见我说的话了。他是那种很容易触景生情、回忆往事的人。他说，看多的威廉·R·特拉弗斯（William R. Travers）有一次遇到了一位看空的朋友。他们相互交换了对市场的看法，然后他的那位朋友说："你怎么能这么僵硬地看空市场呢？"结果特拉弗斯当即回道："是的！像尸——尸首那——那样僵——僵——僵硬！"特拉弗斯曾经跑去某个公司的办公室，要求看该公司的账目的。当时该公司职员问他："你持有我们公司的股票吗？"特拉弗斯回答道："应——应该说——说是的！我放——放空了两——两——两万股！"

噢，反弹越来越乏力。我乘胜追击，全力放空。我每放空大北方优先股几千股，其价格就下跌几个点。我还在其他地方找出了疲弱的股票，于是让他们帮我放空一些。我放空的所有股票都下跌了，只有一个令人敬佩的例外，就是雷丁公司（Reading）。

其他所有股票都在急剧下跌的时候，雷丁公司却像直布罗陀岩石一样岿然不动。我身边的每个人都说，这只股票已经被人囤积起来了。从它的表现来看，确实像这么回事。他们总是对我说，放空雷丁公司明显就是自杀。现在，公司有很多人也跟我一样，看空整个股市。但是，当有人暗示要放空雷丁公司时，他们都会大叫着喊救命。不过，我自己倒是放空了一些雷丁公司，并且准备稳稳守住空头头寸。同时，比起进攻防守严密的某只特定的股票，我自然还是更愿意到别处去寻找一些疲软的股票。我看盘时发现，其他股票上有更容易挣的钱。

我听说了很多关于雷丁公司多头炒作集团的事情。这个炒作集团实力相当雄厚。朋友们向我透露：首先，他们手上持有大量的低价股，所以他们实际上的平均持股成本低于现在的价格水平。其次，这个炒作集团的主要成员与很多银行都有着最友好、最密切的联系，他们利用那些银行的资金重仓持有雷丁公司的股票。只要该股居高不下，他们与银行家的友谊就是牢靠的、不会动摇的。据说其中一位成员的账面利润高达 300 万美元。这样，即使市场有所下跌，也不会造成大的影响。难怪这只股票价格一直很坚挺，能够对抗那么多的空头。每过一阵子，场内交易者都会看看该股的价格，咂咂嘴，然后继续用一两千股的卖单进行测试。他们的卖单无法引出任何一张股票，于是他们只能进行回补，到别处去看看有没有比较好挣的钱。我每次看到这只股票的时候，都会继续放空一小部分——数量刚够用来说服我自己，表示我确实遵循了自己新的交易原则，不再只操作自己偏爱的股票。

要是在以前，雷丁公司股价坚挺可能已经把我给唬住了，因为盘势一直在说："离它远点儿！"然而，我的理智告诉我不能那样做。我预测的是整个市场普遍的下跌，不可能会有例外——不管有没有炒作集团在背后支撑。

我从来都是独立操作，刚开始在桶店交易时就这样，而且一直保持着这种习惯。这是我头脑施展才能的方式，我必须自己观察、自己思考。但是，在市场开始按照我预期的方式运动之后，我生平第一次感觉到自己有了盟友——世界上最强大和最忠实的盟友——基本情势。它们正在尽全力帮助我。或许有时它们为了动员后备力量会行动迟缓一些，但它们是值得信赖的，只要我不变得过于缺乏耐心。我并不是在拿我的看盘技巧或是我的预感来赌运气。在一系列事件的背后蕴藏着不可抗拒的逻辑，正是它在帮助我获取利润。

我们要做的就是：正确做出判断，牢记自己是正确的，然后采取行动。基本情势——我最忠实的盟友——说："下跌！"雷丁公司却无视这道命令，这对我和我的盟友来说简直就是侮辱。看着雷丁公司的股票始终坚挺，好像什么事都没发生一样，我开始变得有几分生气。该股本应该是整个股市当中最好的放空对象，因为它还没有下跌过，同时，炒作集团重仓持有该股，如果资金吃紧变得更加明显，它将没有能力继续维持。总有一天，跟那些没有银行家朋友的公众相比，这些银行家的朋友也好不到哪去。这只股票一定会和其他股票一样下跌。如果雷丁不下跌，那么我的理论就是错误的，我也是错误的，事实是错误的，内在逻辑也是错误的。

我认为，该股的价格能够坚挺不动，是因为华尔街害怕放空这只股。有一天，我同时向两家经纪商分别下达卖出 4000 股的指令。

你应该看看那只被垄断的股票——那只放空简直就是自杀的股票——在那些有力的空单砸下去的时候直线下跌的情况。我让他们再帮我放空几千股。我开始放空时股价是 111。几分钟之内，我在 92 的价位把所有的空头头寸回补完成。

在那之后，我度过了一段美好的时光。1907 年 2 月，我将所有的空头头寸回补完成。大北方铁路优先股下跌了 60～70 个点，其他股票下跌的幅度跟大北方差不多，我已经赚到了相当大一笔利润。我全部回补的原因是我认为下跌已经放缓，反映了近期的市场前景。我预期市场将出现一次大幅反弹，但我还不至于对市场看好到入市进行反向操作。我不准备完全放弃我的立场，不会认为市场下跌已经触底，市场暂时还不适合我入市做多。我亏掉在桶店挣到的第一笔 1 万美元，就是因为我不顾时节，不管市场状况是否适合交易，我都每天买进卖出。我不会重蹈当年的覆辙。另外，别忘了我不久前才破产了一次，原因就是我过早地预期这次崩跌的到来，在时机未到时就开始放空。现在我有了一大笔利润，我想将这些利润兑现，以便更真切地感觉到我曾经站在正确的一边。之前一连串的反弹令我破产，我不会让下一次的反弹再次将我扫地出门。我没有继续持有头寸，而是去了佛罗里达。我热爱钓鱼，也需要休息一番，在那里我能够一举两得。除此之外，华尔街和棕榈海滩之间设有直接电报线。

第九章　股市之王

　　挣钱的方法就是去做挣钱的交易；挣大钱的方法就是在恰当的时机精准地站在正确的一边。

　　我在佛罗里达外海航行。钓鱼让人感到身心愉悦。我已经出脱了所有的股票。我现在大脑很放松，正享受着美好的时光。有一天，在棕榈滩外海，一些朋友搭着摩托艇来找我，其中一位朋友随身带着一份报纸。我已经有些日子没看报纸了，现在也一点儿不想看。我对报纸上可能刊载的任何新闻都不感兴趣。但我扫了一眼朋友带到我游艇上来的那一份报纸，发现股市已经经历了一轮大幅反弹，幅度有 10 个点甚至更多。

　　我跟朋友们说，我要跟他们一起上岸。现在市场间歇出现适度的反弹是合理的，但是空头市场还没有结束。华尔街、愚蠢的大众，或是绝望的多头力量，竟然无视货币市场的基本情势把股价抬升到合理范围之外，或者纵容别人抬升股价。对我来说这太过分了，我必须得去看看市况。我不知道自己会怎么做，但我知道自己迫切需要看看报价板。

　　我的经纪商哈丁兄弟公司在棕榈滩设有营业厅。当我走进营业厅时，发现那里有很多我认识的人，其中绝大多数人的言论都是看涨的。他们是那种靠着看盘进行交易的类型，喜欢快进快出。这样的交易者不喜欢花心思往前看得太远，因为按照他们的操作方式没有必要这样做。我曾告诉过你，我是如何在纽约的经纪公司里成为颇有名气的"少年赌客"的。当然，人们总是夸大别人的赢利规模和操作规模。这个营业厅里的那些人都听说过我在纽约靠放空整个股市挣了一大笔钱的事，现在他们希望我再次全力放空股市。他们自己认为反弹还会持续相当长时间，却反过来认为对抗回升是我的责任。

我本来是来佛罗里达从事海钓之旅的。我前一阵子一直处于相当紧绷的状态，我需要一次休假。但就在我看到市场反弹了那么大幅度的那一刻便不再觉得需要休假了。刚上岸时我还没想好自己究竟要做什么，但是现在我知道我必须放空股票。我的判断是正确的，我必须用我习以为常的，也是唯一的方法来证明这一点——用我的钞票来证明。放空整个股市将是一种正确的、明智的、有利可图的，甚至可以说是爱国的举动。

我在报价板上第一眼看到的就是安纳康达即将突破 300 大关。该股正在急速回升，显然有一个大力做多的集团在背后支撑。根据我的一个古老的交易理论，一只股票在第一次突破 100、200 或 300 大关时，股价不会在这种整数关卡停下来，而会继续上涨一大段。因此，如果你在该股刚一突破关卡时立即买入，几乎可以肯定的是你一定会赚钱。胆小的人不喜欢在股票创新高时买入，但我知道一些这类股价波动的历史走势，这可以指导我的操作。

安纳康达只是一只 1/4 股票——也就是说，该股的面值只有 25 美元。这只股票的 400 股才相当于其他股票通常的 100 股，其他股票的面值都是 100 美元。我认为，该股突破 300 大关时，应该会继续上涨，或许瞬间就能涨到 340。

请记住，我仍然看空后市，但我也是能看盘交易的人。我知道，如果安纳康达按照我预想的方式走的话将会急速运动。任何急速运动的东西都总是会吸引我。我已经学会了要有耐心，也学会了如何坚持到底，但我个人偏爱急速运动，而安纳康达明显不会偷懒。我之所以在它突破 300 大关时买入该股是受到了内心欲望的驱使，那就是要验证自己的观察是否正确，这种欲望在我身上总是很强烈。

此时盘面显示买盘大于卖盘，因此反弹可能很容易再持续一小段时间，放空之前还是再等一等比较保险。不过，我最好还是为自己的等待发点儿工钱，而这一点可以通过从安纳康达上快速抢进 30 个点的利润来实现。我仍然看空整个股市，但我看涨这一只股票！因此，我买入 3.2 万股安纳康达——相当于整 8000 股。这是一只很好的小盘投机股。不过我很清楚自己的操作前提，我只是想为自己的等待挣点儿工钱，因此不会多逗留在这只股票上，而且我盘算从该股获得的利润，将会为我稍后的放空增加不少的保证金。

第二天，由于北部暴风雪或是其他的什么原因，电报线被切断了。我在哈丁公司等消息。人们都在发牢骚，同时猜测着各种可能发生的情况，股票交易者不能交易时都会这样。然后我们接到了一个报价——当天唯一的报价：安纳康达，292。

有个人跟我坐在一起，他是我在纽约认识的一个经纪商。他知道我做多整8000股。我猜他自己也做多了一些，因为我们接到那个报价时，他显然愣了一下。他不能判断此刻该股是不是又低了10个点。按照安纳康达上涨的样子，就算它一下子跌20点也是很正常的事。不过我对他说："约翰，不用担心，明天就会好了。"我真是这么觉得的。但他看着我，摇了摇头。他觉得自己更清楚，他就是那样的人。所以我大笑作罢，继续在公司里等待，以免错过任何报价。但是，老兄，我们没有再接到任何报价。我们当天接到的唯一报价就是：安纳康达，292。对我来说，这意味着将近10万美元的账面损失。我当时想来个迅速行动。结果，它真的来了。

接下来的一天，电报线恢复，我们能像平常一样获取报价了。安纳康达开盘价为298，然后上涨到302¾，但很快上涨势头就逐渐消失。同时，市场上其他的股票也出现滞涨的情形。我下定决心，如果安纳康达跌回到301，我就必须考虑该股这一轮的行情只是一个假动作。如果它是真的要上涨，股价应该一鼓作气涨到310。如果它不涨反跌，就意味着我观察的那些历史走势无助于我，我现在是错误的。而当一个人犯错的时候，他唯一应该做的就是停止犯错，回到正确的一边。我买了整8000股，期待着它上涨30～40点。如果安纳康达真的跌回到301，这不会是我第一次犯错，也不会是最后一次。

果然，安纳康达跌回到301。就在该股触及到这个数字的那一刻，我悄悄溜到电报操作员旁边——他们和纽约总公司有直接连线——对他说："卖出我所有的安纳康达，整8000股。"我压低嗓门儿，不想让其他任何人知道我在干什么。

他抬头看着我，几乎惊呆了。但我只是点点头，说："全部卖出！"

"是是是，利文斯通先生，你不会是说以市价卖出吧？"他看起来好像是因为粗心的经纪人拙劣的执行能力，他自己即将遭到几百万美元的损失一样。但我只是对他说："卖出！别多问！"

两个布莱克家族的家伙，吉姆和奥利弗也在营业厅里，在听不到我和操作员谈话的地方。他们是出身于芝加哥的大作手，曾经是那里有名的小麦炒家，现在是纽约股票交易所的大作手。他们非常富有，而且挥金如土。

当我离开电报员走回报价板前的座位时，奥利弗·布莱克向我微笑着点点头。

"你会后悔的，拉里。"他说。

我停住脚，问他："你什么意思？"

"明天你会把它买回来。"

"把什么买回来？"我说。除了电报员，我没有告诉任何人。

"安纳康达，"他说，"你会用320的价格把它买回来。对你来说，这次做法可不太高明，拉里。"他再次微笑。

"什么不太高明？"我看起来一脸茫然。

"以市价卖出你那8000股的安纳康达，而且你还一再坚持。"奥利弗·布莱克说道。

我知道他应该非常聪明，并且总是靠内幕消息进行交易。但我不知道他怎么会这么清楚地知道我做的交易。我肯定公司里没有人出卖我。

"奥利弗，你怎么知道这件事的？"我问他。

他大笑，然后告诉我："我从查理·克拉泽那里得来的消息。"他是说那个电报操作员。

"但他都没从他所在的地方挪动过。"我说。

"我听不到你和他嘀嘀咕咕说什么，"他笑着表示，"但是我听到了他替你发到纽约的报文里的每一个字。我几年前因为报文当中的一个错误跟人大吵了一架，之后便学会了发电报。从那时候起，每当我像你刚刚那样办事的时候——向操作员口头传达交易指令的时候——我都要确保操作员确实是按照我的指令进行操作。我可以知道他以我的名义发出的内容。不过卖出安纳康达，你会后悔的。它会涨到500。"

"不是这一波，奥利弗。"我说。

他盯着我，然后说："你相当自信嘛。"

"不是我自信，报价纸带就是这么显示的。"我说。那里没有自动报价机，所以也没有什么报价纸带，但他知道我在说什么。

"我听说过那种家伙,"他说,"他们盯着报价纸带,眼里看到的却不是股票价格,而是股票到站和出站的列车时刻表。不过他们都被关进了四壁装有软垫的精神病院病房里了,这样他们才不至于自残。"

我没再回他半句,因为此时营业厅的小弟送来了成交报告。他们以 299¾ 的价格替我卖出了 5000 股。我知道这里的报价稍稍落后于市场。我向操作员下达卖出指令时,棕榈滩营业厅报价板上的价格是 301。我非常确定,在我下达卖出指令的那一刻,纽约股票交易所场内的报价就已经低于 301。因此只要有人提出愿意以 296 的价格从我手中接过这只股票,我都会心满意足的接受。刚发生的事情表明,我从不进行限价交易是正确的。试想我把卖出价限定在 300 会有什么后果?我将永远不能脱手。永远不能,老兄!当你想离场的时候,一定要离场!

现在,我的成本价大概在 300。他们在 299¾ 的价格又脱手了 500 股——当然,我指的是整股。下一笔是 1000 股,卖出价为 299⅝。然后是 100 股,299½;200 股,299⅜;200 股,299¼。剩下的都在 298¾ 脱手。光脱手最后的 100 股就花了哈丁公司里最精明的场内交易员 15 分钟的时间。他们不想就此把股价打下去。

在接到最后一笔多头头寸的卖出报告单的那一刻,我开始做自己上岸后真正想做的事——放空股票。我不得不这么做。市场在经历了一轮无礼的反弹之后,正在乞求被放空。噢,人们又开始谈论牛市的到来。但是市场的演变过程告诉我,反弹已经走到尽头。现在放空很安全,不需要再多想。

接下来的一天,安纳康达以低于 296 的价格开盘。正在等待进一步反弹的奥利弗·布莱克一早就来到营业厅,想要亲眼目睹股价突破 320。我不知道他到底做了多了多少,当然一股也没有做多也说不定。不过,当他看见开盘价时,他再也笑不出来了,这一天接下来的时间里也都笑不出来了。开盘之后股价下跌更多点位,我们在棕榈滩收到的报告单显示,该股甚至根本就没有任何成交。

当然,对任何人来说,这就是他所需要的全部确认信号。我不断增加的账面利润不断地提醒我——每过一小时就提醒我一次,说我是正确的。我自然放空了更多股票,放空所有股票!这是空头市场,所有的股票都在下跌。再接下来的一天是星期五——华盛顿诞辰日。我不能继续待在佛罗里达钓鱼了，因为对我来说我的空头头寸已经相当大了。纽约需要我。谁需要我？我自己！棕榈滩离纽约实在太远了，这里太偏僻了。来来回回地打电报，浪费了太多宝贵的时间。

我离开棕榈滩，朝纽约进发。星期一为了等火车，我不得不在圣奥古斯丁（St. Augustine）滞留三个小时。那里有一家经纪公司，在等车的空当，我自然得去看看市场表现怎么样。从上个交易日到现在，安纳康达又下跌了几个点。事实上其跌势一直没有停止，直到当年秋季大崩跌之后。

我回到纽约，放空整个股市大概四个月。市场跟以前一样，时常出现反弹，于是我不断回补，然后再放空。严格来说，我并没有始终坚持不动。请记住，我曾经把从旧金山大地震的大崩跌中挣到的30万美元亏得一分不剩。我当时判断正确，却还是破产了。现在，我操作很谨慎，因为一个人在经历过低谷之后会更享受处在高峰的感觉，即使他还没有完全攀到最高峰。挣钱的方法就是去做挣钱的交易；挣大钱的方法就是在恰当的时机精准地站在正确的一边。在这个行业当中，我们必须同时考虑理论和实际。投机客绝不能仅仅是个研究者，他必须同时是研究者和投机客。

我表现得相当不错，虽然现在看来我当时的作战策略还是有一些不足之处。夏天开始的时候，整个市场变得很沉闷。显然，直到今年深秋之前都没有什么大的交易可做。我认识的每个人都已经去了欧洲，或是准备要去欧洲。我想，这对我来说也是个不错的选择。因此，我出清了所有的头寸。当我乘船去欧洲时，我的净资产略微超过75万美元。对我来说，这是一笔不小的财富。

我在艾克斯莱班（Aix-les-Bains，法国东南部城市）尽情享受。这次假期是我挣来的。揣着大把的钞票，与朋友们、熟人们，以及一心一意享受美好时光的人们，待在这样一个地方，实在是太好了。在艾克斯，要得到这样的享受根本不是什么问题。这里远离华尔街，我根本不会去想华尔街上正在发生的事，可以说这一点胜过美国本土的任何一个旅游胜地。在这里，我不必听人谈论股市，也不必进行任何交易。我有足够的钱来维持相当长时间的花销。此外，当我回到华尔街时，我还知道怎样去挣到更多的钞票，比我在这个夏天在欧洲花掉的多得多。

一天，我在《巴黎先驱报》（Paris Herald）上看到一则从纽约发来的报道，斯梅尔特冶炼公司（Smelters）宣布额外增发红利。他们抬高了该股的价格，整个市场相当强劲地反弹。对我来说，这则消息当然会使艾克斯的一切都变得不同，它无疑是在说：那些多头炒作集团还在绝望地对抗基本情势——对抗基本的常识与基本的诚实，因为他们知道即将到来的是什么，但却施展这样的阴谋来拉抬市场，试图在暴风雨袭击他们之前倒出手中的股票。也可能他们真的不觉得危险如我认为的那么严重，那么迫在眉睫。华尔街的大户们总是像那些政客或是普通的傻瓜一样，总是一厢情愿。我自己是绝不会以这种方式思考的。对于投机者来说，一厢情愿的态度是致命的。或许只有那些炮制新证券或是承销新企业证券的投资银行家，才有本钱沉醉在希望的幻觉中。

总之，我知道在这次的空头市场当中，所有的多头操纵注定要失败。我一看到那则报道就知道，只有一件事能让我内心舒坦，那就是放空斯梅尔特冶炼公司。噢，那些内线人士竟然在濒临货币恐慌的时候提高股利率，这无异于跪着求我放空。这就好像少年时代别人挑战你"敢不敢"一样让人愤怒——他们是在挑战我敢不敢放空这只股票。

我打电报发出了一些放空斯梅尔特的指令，同时建议我在纽约的朋友也放空。我收到经纪商发来的成交报告时，看到他们帮我放空的价格，比我在《巴黎先驱报》上看到的报价低了 6 个点。这足以揭示当前的形势。

我原本计划当月底回到巴黎，大概 3 个星期之后航行回纽约，但我一接到经纪商发来的成交报告，就决定立即动身回巴黎。我回到巴黎的当天就去了轮船公司，第二天正好就有一艘快船前往纽约，于是我搭上这趟船赶回纽约。

就这样，我几乎比原计划提前一个月回到纽约，因为这里是最适合放空股市的地方。我拥有超过 50 万美元的现金可以用来充当保证金。我能获得回报并不是因为我看空，而是因为我的行动符合逻辑。

我放空了更多的股票。随着资金面更加吃紧，短期利率进一步飙升，股价更是一路下跌。我已经预见到了这种局面。起初，我的远见曾让我破产，但是现在，我正站在市场正确的一边，利润正在不断地增加。真正令人兴奋的是我意识到，作为一名交易者我终于走上了正确的轨道。我仍然还有很多东西要学习，但我现在知道应该做什么了。再也没有跟跄挣扎，再也没有夹生的交易方法。看盘能力是这门游戏的重要组成部分，在恰当的时机进场同样重要，坚持自己的立场也同样重要。我最大的发现在于，交易者必须研究基本情势，然后评估各种影响因素的大小，这样才能够预测市场所有的可能性。简言之，我认识到必须为自己的钞票付出努力。我不再盲目赌博，或是只关心是否掌握了这门游戏的技巧，而是通过艰苦的研究和清晰的思考来获取自己的成功。同时，我发现没有人能真正免于进行愚蠢操作的风险。交易者如果进行了愚蠢的操作就只能承担愚蠢操作所带来的后果。财神爷很敬业，从来不会忘记给你派发你应得的酬劳。

我的经纪商挣了一大笔钱。我个人的操作极为成功，大家都开始谈论此事，当然免不了夸大其词，我被认为是许多股票崩跌的始作俑者。常常有我不知道名字的人走过来祝贺我。他们全都认为最不可思议的是我挣了那么多钱，却只字不提我第一次跟他们说我看空整个股市时，他们认为我是头疯狂的熊，是股市投机的失意者，满腹牢骚并满怀仇恨。在他们看来，我预见了货币市场即将遭遇困境无足挂齿。我的经纪商的会计员用了三分之一滴的墨水，才在我名下的分类账户的贷方写完我的赢利总额，真是了不起的成就。

朋友们那时候经常对我说，在很多经纪公司里，都有人时常提起哈丁公司的"少年赌客"，称他威胁说要采取各种各样的手段来对付那些多头炒作集团。因为事实早已很明显，市场一定会寻求更低得多的价格水平，但他们却仍然力图抬高许多股票的价格。直到今天，他们还在谈论我对那些炒作集团的突然袭击。

从九月下旬起，货币市场就开始用喇叭向全世界发布警讯。但人们仍然相信会发生奇迹，始终不肯卖出手中剩余的投机头寸。一位经纪人在十月的第一个星期告诉我一则故事，这则故事让我为自己的小儿科感到惭愧。

你应该还记得，资金的借贷过去通常都在交易大厅的资金调度站进行。经纪商在收到银行的偿贷通知之后，就大概知道自己还需要借入多少钱。同时，银行当然也知道自己有多少可贷出的头寸，那些有资金可贷出的银行会把资金发到交易所。这些来自银行的资金通常都交给几个资金经纪商来负责，他们的主营业务就是短期拆借。大约中午的时候，当天最新的拆借利率就会张贴出来。通常这个利率都代表了到当时的所有放贷业务的平均利率。通常来说，上述业务都是以公开的竞买与竞卖来进行，因此每个人都知道当时的资金情势怎么样。在中午12点到下午2点之间，通常

没有太多的资金借贷的业务可做，但是在交割时间——也就是下午 2：15
之后，经纪商们就会确切知道自己当天的现金头寸状况，这样他们便会去
资金调度站，借出盈余的资金头寸，或是借入短缺的资金头寸。他们这种
借入和借出的业务也是公开进行的。

十月初的一天，我说的那位经纪人来到我身边，告诉我事情已经到了
这样的地步，经纪商们有钱借出的时候已经不去资金调度站了。原因在于
几家知名的会员佣金经纪行一直守在那里，随时准备抢光任何人借出的资
金。自然，没有哪个公开借出资金的出借方能拒绝借钱给这些公司。他们
有偿付能力，而且抵押品也足够抵值。但问题是，一旦这些公司借入短期
资金，出借方就再也别想把这些钱收回来。他们只要说没有能力偿还了，
出借方不管愿不愿意，都得将贷款展期。因此，任何股票交易所的会员经
纪商有钱贷给同行时，通常都会越过资金调度站，直接派人到交易大厅去
转悠。这些人会悄悄对其好朋友说："要 100 吗？"意思是"要不要借入 10
万美元？"那些代理银行资金的资金经纪商立即就采用同样的方法，于是
资金调度站那里一片惨淡。想象一下这种情况！

他还告诉我，在十月份的那些日子里，由借入方自行决定利率，已经
成了股票交易所的成规。你知道的，年化拆借利率可以在 $100\%\sim150\%$ 之
间波动。我估计，通过让借入方自行决定利率，出借方可以从某种奇怪的
角度上自我感觉不那么像是冷血的高利贷者了。但可以肯定的是，他获得
的利率一点儿也不会比别的出借方少。借入方做梦也不敢不支付高利率。
他必须公平竞争，别人付多少他就得付多少。他需要的是资金，只要能把
资金拿到手就应该偷着笑了。

情形变得越来越糟。可怕的清算日终于来了，多头们、乐天派们、一
厢情愿者们，以及那些巨大的炒作集团，开始的时候都害怕忍受小额损失
的疼痛，现在却不得不在没有麻醉药的状态下被完全截肢。这一天我永远
不会忘记，1907 年 10 月 24 日。

从那群想借钱的人传出的消息很早就显示，无论借出方要求多高的利
率，他们都只有照单支付的份儿。流动资金严重不足，当天想借钱的人比
平常多太多了。当天下午交割时间到来时，起码有 100 个经纪人围着资金
调度站，每个人都希望借到他们公司迫切需要的资金。要是借不到钱，他
们就必须卖出自己以保证金融资买入的股票——以任何价格在市场上抛

售，而此时市场上的买方就像现在的资金一样稀少——此时此刻，视线所及范围之内看不到一分钱。

我朋友的合伙人跟我一样看空后市，所以他们的公司不用借钱。但是我朋友，就是我刚谈到的那个经纪人，从来没有在资金调度站那里见过那么多憔悴不堪的面孔，所以他跑来找我。他知道我重仓放空整个股市。

他说："天哪，拉里，我不知道会发生什么事。我从来没见过这种情况。这样不可能维持下去，一定要有人做出点儿让步。在我看来，现在每个人都破产了。你不能再放空了，市场上绝对没有半毛钱了。"

"你这话什么意思？"我问他。

他答非所问，继续说："你听过那种课堂实验吗？他们把老鼠放进玻璃罩里，然后开始抽出玻璃罩里的空气，此时你会看到可怜的老鼠呼吸越来越急促，两侧的肋骨像过度做功的风箱一样起伏，它试图从空气越来越稀薄的玻璃罩里吸取足够的氧气。你看着它慢慢地窒息，直到它的眼睛几乎都要从眼眶里爆出来为止，然后痉挛，死亡……这就是我看到资金调度站那群人时所想到的！现在任何地方都没有资金，你没法卖出股票，因为没人要买。如果你问我是什么意思，我会说，此时此刻，整个华尔街都破产了！"

他的话引起了我的思考。我预见了这次大崩跌，但我承认，我确实没想到这会是美国有史以来最严重的一次恐慌。这种情形对任何人都没有好处——如果市场继续恶化下去的话。

最后看来，在资金调度站等待借入资金明显一点儿用都没有。不会有任何资金的。大灾难降临了。

那天晚点儿的时候我听说，股票交易所主席 R・H・汤玛斯先生（Mr. R. H. Thomas）知道华尔街上的每一家经纪公司都即将陷入绝境，于是出去寻求救援。他拜访了本国最富有的国民城市银行（National City Bank，花旗银行前身）董事长詹姆斯・斯蒂尔曼（James Stillman）。该银行曾引以自豪地说过从未以高于 6% 的利率放贷。

斯蒂尔曼听了纽约股票交易所主席不得不说的一番话，说道："汤玛斯先生，我们得去见见摩根先生，听听他的意见。"

两个人希望阻止我国金融史上最惨重的一次大恐慌，于是一起去 J・P・摩根银行（J. P. Morgan & Co）的办公室见摩根先生。汤玛斯先生向他说明了情况。他一说完，摩根先生立即回复道："回到交易所，告诉他们会有钱给他们。"

"钱在哪里？"

"银行！"

在这种关键时期，所有人都对摩根先生有极强的信心，因此汤玛斯一句也没再多问就立即赶回交易大厅，向那些已经被判死刑的会员们宣布缓刑。

接着在下午两点半之前，摩根派范·恩伯里-阿特伯里公司（Van Emburgh & Atterbury）的约翰·T·阿特伯里（John T. Atterbury）来到想借钱的那群人当中。大家都知道范·恩伯里与阿特伯里公司、摩根公司关系很密切。据我一个朋友说，那位老经纪人快速走到资金调度站那里，就像复兴布道会上的布道者一样举起一只手。那群人起初因为汤玛斯主席的宣布稍微平静了一些，现在又开始担心救援计划已经流产，最糟糕的局面还是无法避免。但是，当他们看到阿特伯里先生的面孔、看到他举起手时，立即像石头一样待着不动。

在随后的一片鸦雀无声中，阿特伯里先生宣布："我获得授权，借给你们 1000 万美元。大家别慌！会有足够的资金借给每一个人！"

随后他开始派发。他没有把贷款人的名字告诉每一位借款者，只是记下借款者的名字以及所借金额，并告诉借款者："会通知你在哪里拿钱。"他指的是稍后借款者能够去拿钱的银行的名字。

一两天之后我听说，摩根先生只是放话给纽约那些已经吓坏的银行家们，要他们必须提供股票交易所需的资金。

"但是我们已经没有资金了，我们已经最大限度地放款了。"那些银行抗议道。

"你们还有准备金。"摩根厉声呵道。

"但我们已经低于法定准备金的限度了。"他们哀嚎道。

"拿来用！准备金就是要在这种时候用的！"各家银行听命行事，动用了大约 2000 万美元的准备金。这挽救了股票市场，并且直到第二个星期，银行恐慌也没有发生。他——J·P·摩根，是一位了不起的人物，而那些银行到现在也没什么长进。

在我股票大作手生涯的所有日子里，记忆最深刻的就是这一天。就在这一天，我的赢利超过了 100 万美元。这一天标志着我第一次精心策划的交易大战完美收官。我所预见的已经发生，但比一切都更重要的是：我的狂热梦想实现了。我做了股市之王！

对于这一点，我会做出解释的。在来到纽约两三年之后，我就开始经常绞尽脑汁，试图确定究竟是什么原因导致我在纽约股票交易所会员公司里，不能像我还是 15 岁少年时在波士顿的桶店那样战胜投机游戏。我知道总有一天我会找出究竟是什么地方出了问题，然后停止犯错。到时候我将不再仅仅只有正确操作的决心，还会有正确操作的知识——这将意味着力量。

请别误会。这不是一种自大狂所做的白日梦，或是过度虚荣所生出的妄想。我有一种感觉，这个曾经让我在富尔顿公司和哈丁公司里如此困惑的股票市场，就是这同一个股票市场，总有一天会对我俯首称臣。我就是觉得这一天一定会到来。结果，它真的来了——1907 年 10 月 24 日。

我之所以这么说是因为：那天早晨，一个曾为我所在的经纪公司做过很多业务的经纪人——他知道我重仓放空——和一位华尔街最有名的银行合伙人乘坐同一辆车。我那位朋友告诉那位银行家我交易的规模有多大。我肯定会全力操作；除非你从股市中获得尽可能多的好处，否则光是正确有什么用呢？

或许那位经纪人对我的介绍有点儿夸大其词，好让他的故事听起来很重要；或许我的追随者比我知道的还多；也可能是那位银行家远比我清楚情势有多危急。不管怎么样，反正我朋友对我说："他带着浓厚的兴趣听我介绍——我告诉他你说过，只要再推一两下，真正的抛售就会开始，到时候市场将变得无比惨淡。等我说完时，他说当天晚些时候他可能会请我做些事情。"

当佣金经纪行发现，无论在市场上报出什么价格，都拿不到一分钱的时候，我知道时机到了。我派出若干经纪人到各个人群当中去打探情况。哇哦，有一段时间联合太平洋竟然没有任何一张买单，任何价位上都没有！想想这种情况！其他股票的情况也一样，没有钱可以用来支撑股票，没有人愿意买股票。

我已经拥有巨额的账面利润，并且可以肯定的是，要想使股价进一步暴跌，我唯一需要做的就是继续发出指令，分别卖出 10000 股联合太平洋以及其他六七家分红不错的公司，那么随之而来的将只会是哀鸿遍野的地狱。在我看来，如果我这么做了，将使接下来发生的恐慌如此猛烈、如此震撼，以至于交易所理事会将认为暂时关闭交易所将是明智的选择，就像1914年8月世界大战爆发时一样。

这可能意味着我的账面利润将大幅增加，也可能意味着我无法将已有的账面利润兑换成实际的钞票。不过还有别的事情需要考虑，其中之一就是，进一步的崩跌将延迟我已经开始指望的股价回升，这是市场大放血之后的补偿性改善。此外，这样的恐慌会对整个国家造成普遍性的伤害。

我下定决心，既然继续积极地执行放空策略不明智也令人不愉快，那么再持有空头头寸就不符合逻辑了。所以，我开始转向买进。

在经纪商开始帮我买进之后不久——顺便说一下，我都是以底部价格买进的——那位银行家就派人去找我朋友了。

"我派人去找你，"他说，"是因为我想让你立即去找你的朋友利文斯通，告诉他我们希望他今天不要再继续放空股票了。市场不能再承受更多的压力了。照现在的样子来看，要避免一场毁灭性的恐慌将是一项相当艰巨的任务。去唤起你朋友的爱国主义。在这种情形下，一个人必须为全民利益着想。请让我立即知道他的回话。"

我朋友立即跑来向我转达。他说得很委婉。我估计他觉得，既然我已经打算进一步打压市场，那我肯定会认为他的要求简直相当于让我放弃能挣差不多1000万美元的机会。他知道我痛恨华尔街某些大户，他们明明就像我一样清楚即将出现什么局面，却还是想方设法把股票倒给大众。

实际上，大户是这次崩跌的大倒霉蛋，我在最底部买到的很多都是那些金融界名人名下的股票。我当时并不知道这一点，不过这根本不重要。当这位朋友来找我时，我实际上已经回补了所有的空头头寸，在我看来，当时已有机会买到廉价股票，同时还能协助股价完成所急需的回升——如果没有别人打压市场的话。

因此，我对我的朋友说："回去告诉布兰克先生，我赞同他们的看法。实际上，在他派你来之前我就已经充分意识到了形势的严重性。我今天不但不会再卖出任何股票，反而还会进场尽我所能地买进。"我履行了我的承诺。我当天买进了10万股到我的多头账户。我之后整整九个月都没有再放空任何一只股票。

这就是为什么我会对朋友们说，我的梦想实现了，我做了片刻的股市之王。那天有一段时间，股市确实是完全凭任何想要打压市场的人摆布，并不是我患有自大引起的妄想症。实际上，当我被指控扰乱市场的时候，当我的操作被那些华尔街传闻夸大其词的时候，你应该能体会我的感受。

我毫发无损地脱身出来。报纸上说，"少年赌客"拉里·利文斯通挣了好几百万美元。嗯，那一天收市之后我确实身家过百万。但是我最大的赢利不在于金钱，而是一些无形的东西；我正确了，我向前看，我根据明确的计划操作。我掌握了一个人要挣大钱必须遵守的准则；我永远脱离了赌徒的行列；我终于学会了如何明智地进行大额交易。这是我一生中最重要的日子。

第十章 最大的敌人

先判断最小阻力线的方向，并等待最小阻力线变得清晰的关键时刻，这才是可以开始大干一场的信号。

承认自己的错误不会比研究自己的成功让我们受益更多。不过，所有的人天生都有逃避惩罚的倾向。当知道某些错误必然会被惩罚的时候，谁都不想再有第二次，尤其是在股市上犯下的所有错误都会一次伤到你两个痛处——你的钱袋以及你的虚荣心。然而，让我来告诉你一件奇怪的事：有时候，股票投机者会犯错，而且他知道自己正在犯错。等到犯错之后，他会问自己，为什么当时会犯错。在惩罚的痛楚结束很长一段时间之后，他经过冷静深刻地反思，可能会明白自己当时究竟是怎么犯的错误，错误具体发生在交易过程中的哪一个时点、哪一个地方等都能弄清楚；但是，他始终不明白自己犯错的真正原因。这时，他会咒骂自己，之后这事就不了了之了。

当然，如果某人既聪明又幸运的话，他不会在同一个地方跌倒两次。然而，大同小异的错误实在是太多太多了，他总会犯下其中的一种。错误这个家族如此庞大，以至于当你犯傻想去看看自己能在股市做点儿什么的时候，总会有一个错误在你身边打转。

要告诉你我是如何犯下第一个让我损失 100 万美元的错误，我必须先追溯到我第一次成为百万富翁的时候。在 1907 年 10 月的大崩跌之后，我拥有了 100 万美元。只要我继续进行交易，这就只是意味着拥有更多的准备金而已。更多的钞票不会给交易者带来更多的安慰，因为无论贫穷还是富裕，他都可能会犯错，而犯错从来不会让人感到舒服。当一个百万富翁站在正确的一边时，钞票只不过是他手下众多的仆人之一而已。亏钱从来都不会困扰我。只要我认赔，我会一夜之间就忘了这码事。然而，站在错误的一边——不愿意认赔——才是比亏钱更难过的事。你还记得迪克逊·G·沃茨（Dickson G. Watts）讲的一个故事吧？故事说有个人看起来十分紧张，一个朋友问他怎么回事。

"我睡不着。"那个很紧张的人说。

"为什么睡不着？"他朋友问道。

"我买了太多的棉花，想着这一点我就睡不着。这事弄得我筋疲力尽。我该怎么办？"

"卖出，卖到你能睡着为止。"这位朋友回答说。

通常，人总是会使自己很快适应环境的变化，因此也就很容易丧失了洞察力。他不太能感觉到前后的差异——也就是说，他不太能清晰地记得自己还不是百万富翁时的感觉。他只记得当时很多不能做的事情现在能了。对于一个相当年轻的、正常的人来说，由俭入奢易，由奢入俭难——要丢掉身为穷人时的那些习惯用不了多长时间；但是，要忘记自己曾经富有却需要很长时间。我认为，钞票能够创造需求，或者说钞票鼓励了更多的需求。我的意思是，当一个人从股票市场上挣到了钱之后，他很快就会丧失节俭的习惯。然而，在他亏掉了自己的钱之后，他要花很长时间才能改掉大手大脚的毛病。

1907年10月我回补完空头头寸后就开始做多，之后决定暂时放松一下。我买了一艘游艇，打算到南部海面去航海旅行。我疯狂地热爱钓鱼，并且我早就应该好好享受一下了。我很期待这次出海，预计随时可以出发。但是我没去成，市场不让我去。

我总是兼做商品期货交易和股票交易。我少年时代还在桶店进行交易时就开始这样做。我研究商品期货市场也好几年了，虽然可能不像研究股票市场那样勤勉。实际上，我更喜欢做商品期货而不是股票。毫无疑问可以这么说，商品期货交易更正统一些。跟股票交易比起来，商品期货交易多了几分商业冒险的味道。我们可以像处理任何商业问题一样去对待商品期货交易。交易者或许可以成功运用某些人为的因素去推动或阻碍商品市场的某种趋势，不过成功只会是暂时的，最终胜出的一定会是事实。因此交易者必须跟常规的商业经营一样，依靠研究和观察获得回报。通过观察并评估商品市场的形势，他可以掌握和其他任何人一样多的信息。他不需要提防内部炒作集团。在棉花、小麦或者玉米市场，都不会像股市那样一夜之间出人意料地宣布派发红利或是增发红利。从长远来看，商品价格只受一条法则支配——即供与求的经济法则。商品期货交易者需要做的事，仅仅是收集关于供给与需求的事实，包括现在的以及未来的。他不用像在股票市场一样，沉溺于猜测各种可能发生的事情。因此，商品期货交易一直非常吸引我。

当然，所有的投机市场都是万变不离其宗。报价纸带所传递的信息都是一样的。对于任何一个愿意费心思去思考的人来说，这一点都是非常明显的。你会发现，如果你自己提出问题并推敲基本形势的相关因素，答案自动就会浮现出来。然而，人们从来不愿意费心思去提问题，更别说探求问题的答案了。一般美国人在任何地方、任何时间都不容易上当受骗，唯独当他去经纪公司看盘时例外，不管他看的是股票还是商品期货。所有的游戏当中，唯有这一种游戏真正需要在玩之前进行研究，结果他偏偏就在玩这种游戏时放弃了平常非常明智的预先准备和谨慎戒备的习惯。他将自己一半的财富投在股市上进行冒险的时候，事前的考虑反而还不及他选择一辆中等价位的汽车。

看盘这件事没有表面看起来那么复杂。当然，你需要经验。不过，记住某些基本原则实际上更为重要。看盘不是替自己算命，盘势不会告诉你下一个星期二下午 1 点 35 分你的身价会是多少。看盘的目的是确定：第一，如何交易；第二，何时交易——也就是说，判断买进是否比卖出更明智。无论在股票、棉花、小麦、玉米还是燕麦市场，看盘发挥的作用完全一致。

你观察市场——观察盘势记录的价格轨迹——只有一个目的：确定市场方向，即价格趋势。我们都知道，价格要么向上运动，要么向下运动，这取决于它遇到的阻力。为了便于解释，我们说价格跟其他东西一样，沿着阻力最小的路线运动，它们走最容易走的路。因此，如果上涨的阻力比下跌的阻力小，它们就会上涨；反之亦然。

我们不应该在一轮趋势都已经发展到一定程度了，还没搞清楚市场究竟是多头还是空头。如果某人具备开放的思维和一定的洞见力，当时的趋势对他来说应该是显而易见的；如果他硬是等到趋势开始后，才硬把事实套在自己的理论上，绝对是不明智的。具备开放思维和洞见力的人将会，或者说应该能够，知道市场是多头还是空头。如果知道这一点，也就知道了应该买进还是卖出。因此，交易者必须在一段趋势刚刚开始的时候，就知道到底应该买进还是卖出。

举例说明，假设市场正处于震荡阶段，一如往常地在 10 点的范围内波动，上限为 130，下限为 120。当它处于底部时，可能看上去相当疲软；或者，当它向上摆动时，在上涨了 8～10 个点之后，可能看上去十分坚挺。此时交易者不应该受表面现象的误导而入市交易。他应该耐心等待，等到盘势告诉他"时机已经成熟"。事实上，交易者经常因为股票看起来很便宜而买入，或是看起来很昂贵而卖出，由此遭受的损失不计其数。投机者不是投资者，他的目的不是依靠较高的利率获得稳定的资金收益，而是通过价格的上涨或下跌博取利润——无论他在哪种市场进行投机。因此，投机者进行投机交易时应该先判断最小阻力线的方向；并且他应该等待阻力最小的路线变得清晰时的那个关键时刻，因为这才是他可以开始大干一场的信号。

读盘只能让交易者看出在 130 时卖盘力量大于买盘力量，从逻辑上来讲，接下来价格应该出现回调。然而，当价格上涨到某一个点位，明明是卖盘超过了买盘时，道行浅的盘势研究者却可能会断定价格不上涨到 150 就不可能停下来，因此他们入市做多。等到回调开始时，他们有的抱着不放，有的割肉认赔，有的则转向放空，并开始发表空头言论。结果，当跌到 120 时，股价又获得了强大的支撑。此时，买盘超过卖盘，出现回升，于是空头回补。公众总是这样经常来回拉锯，两面挨耳光，却没有从中吸取教训，真是固执得令人咋舌。

终于，某些事情发生了，增强了市场上涨的力量或是下跌的力量，于是最大阻力位随之上移或是下移——在 130 的价位上，买盘力量首次超过了卖盘力量；或是在 120 的价位上，卖盘力量首次超过了买盘力量。此时，价格将突破之前的界线或是运动极限，继续向前运动。通常情况下，总会有一群交易者在 120 的位置做空，因为此时盘势看上去相当疲软；或是在 130 的位置做多，因为此时盘势看上去如此强劲。结果市场运动却对他们不利。不久之后，他们被迫改变自己的看法，要么转向操作，要么平仓了结。不论他们是转向还是平仓，都会帮助价格的最小阻力线变得更加清晰。因此，精明的交易者会耐心等待，等到判定最小阻力线的方向之后，借助于基本的交易条件，以及那部分恰好猜错了现在必须纠错的人的交易力量，进场交易。这些纠错行为趋向于推动价格沿着最小阻力线运动。

我这里要说的是，虽然我不把以下结论当成是一种数学上的必然性或是投机交易的至理名言。我的经验表明：无论什么时候，只要我的市场头寸是建立在我确定了最小阻力线的基础之上的，那么意外事件——也就是说那些出乎意料的或是未被预见的事件——总会对我的头寸有帮助。你还记得我告诉过你的萨拉托加联合太平洋事件吗？嗯，我做多是因为我发现最小阻力线是方向向上的。我本应该坚持做多，而不是听信经纪商告诉我的内部炒作集团正在卖出股票，就转向卖出。无论董事们脑子里究竟在想什么，对于我根本没有任何区别，那不是我能知道的。但是，我能知道，而且的确也知道，盘势正在说"上涨！"之后就发生了出人意料的分红比率上调，股票大涨 30 点。164 的价位看起来确实相当高了，但正如我之前告诉过你的，股价永远不会高得不能买进，或是低得不能卖出。价格本身的高低与我确立最小阻力线没有任何关系。

你会发现，在实际操作操作中，你若是按照我所说的进行交易，那么在当天收盘和隔天开盘之间发布的任何重大消息，通常都会与最小阻力线协调一致。在消息发布之前，趋势就已经确立，多头市场上的利空消息会被忽略，利多消息会被放大，反之亦然。世界大战爆发前夕，市场处在相当疲软的状态。接着，德国宣布实施无限制潜艇战政策。我当时已经放空股票 15 万股，这并不是因为我知道这条消息即将发布，而是因为我是沿着最小阻力线进行交易的。就我的操作而言，这条消息绝对出乎意料。当然，我那天充分利用这条消息带来的机会，回补了全部空头头寸。

按照我所说的，你需要做的一切就是观察盘势、确定市场阻力位并随时做好准备，一旦判定最小阻力线的方向就立即沿着该线进行交易。这听起来好像很简单，但在实际操作当中，交易者需要对很多事情严加防范，而其中最重要的就是要防范你自己——即提防你的人性弱点。这也是为什么我会说，站在市场正确一边的交易者总有两股力量在帮助他——一是基本市场情势，一是那些站在市场错误一边的交易者。在多头市场上，利空因素总是会被忽略，这就是人性，然而人们往往对此感到很惊讶。人们会告诉你，小麦产量一落千丈，因为有一两个小麦产区的天气非常糟糕，有些农户已经完蛋了。结果等小麦全部收割完毕，所有小麦产区的全部农户都开始把自己的小麦运到货栈的起卸机旁时，多头才开始对天气造成的损害之小感到吃惊。他们会发现，自己不过是帮了空头一个大忙。

当交易者在商品期货市场进行操作时，他绝不能允许自己固执己见，必须保持思维的开放和灵活。不管你对农作物的收成状况以及可能的需求状况持什么样的观点，忽视盘势所传递的信息都是不明智的。我回想起当初自己试图提前利用趋势开始的信号，结果错失了一次大的机会。当时我感觉对基本情势十分确定，以至于我认为没有必要等到最小阻力线变得更清晰再入市交易。我甚至认为自己或许可以帮助趋势提前到来，因为看起来它好像只是需要一点点帮助。

我当时很看好棉花。它一直在 12 美分①附近徘徊，在一个适度的范围内上下震荡。我看得出来，它正处在介于两个价格之间的状态。我知道自己确实应该等待。但是，我居然鬼迷心窍，认为如果我稍微推它一把，它就会突破上面的阻力位。

我买入了 5 万包。果然，它向上移动。同样果然的是，我一停止买入，价格就立即停止上涨，然后开始回跌，一直跌到我开始买入的位置。我平仓离场后，价格又停止下跌。我猜想，现在应该距离趋势开始的信号近得多了吧，于是不久之后，我以为自己又可以启动这轮趋势了，我再次操作。但是同样的事情发生了，我再次将价格抬高，结果又看到它跌回到我买入时的位置。我一直这样重复折腾了四五次，直到最终相当厌恶了才停手。这一通折腾一共让我付出了大概 20 万美元的代价。我彻底放弃了。结果不久之后，棉花开始上涨，一路未停，一直涨到本该使我挣得一大笔利润的价位——如果我当初不那么火急火燎地提前入市的话。

太多的交易者有太多次和我同样的经历，因此我可以定出以下规则：在一个呆滞的市场中，当价格没有到达过任何值得一提的位置，只是一味地在一个狭窄的范围内波动时，试图去预测接下来的大趋势究竟是上涨还是下跌毫无意义。此时我们应该做的只是密切注视市场，判读盘势，确定窄幅盘整区间的价格上下限，然后下定决心，在价格没有突破任何一个方

---

① 译注：这里是口语化的叙述，是指棉花期货价格在 1.12 美元左右，口语中省略了美元数值，是当时业内人士通用的表述方式。

向之前不采取任何行动。投机者必须关注的是从市场上获取利润，绝不能固执地认为盘势走势应该与自己的看法一致。永远不要与盘势争论，或是让盘势给你理由或者解释。对股市进行事后分析是得不到什么分红的。

不久之前，我和一群朋友在一起。他们渐渐开始谈论起小麦。其中一些人看涨，一些人看跌。最后他们问我怎么看。我当时研究市场已经有一段时间了，我知道他们不想听什么数据统计或是关于基本情势的分析，所以我说：“如果你们想从小麦上获取一些利润，我倒是可以告诉你们怎么做。”

他们全都说想挣钱，于是我告诉他们：“如果你们确定自己想从小麦上获利，那就密切观察它。耐心等待，等到它向上突破 1.2 美元的那一刻买进，这样你就能快速地从中获得一笔不错的利润！”

“为什么不现在买呢？现在才 1.14 美元呢。”有位老兄问道。

“因为我还不知道它究竟会不会上涨。”

“那为什么要在 1.20 美元买呢？这个价格看起来相当高了。”

“你是希望凭着对巨额利润的向往而盲目赌博呢，还是愿意明智地投机，然后从中获取一笔数额较小但把握性大很多的利润？”

他们全都说希望获得一笔数额较小但更加有把握的利润，于是我说：“那就照我说的做。如果它向上突破 1.2 美元，买入。”

正如我前面所说，我已经观察小麦很长一段时间了。几个月以来，它一直都在 1.10～1.20 美元之间徘徊，没有什么特别的进展。噢，老兄，有一天小麦收盘价超过了 1.19 美元。我做好准备，果然，它第二天开盘 1.205，于是我买入。它一路上涨到 1.21 美元，1.22 美元，1.23 美元，1.25 美元，随着价格的上涨我一路跟进。

要是当时你要我告诉你究竟发生了什么情况，我肯定说不上来。对于它在幅度有限的波动过程中的行为我无法给出任何解释。我没法判断最终的突破将会向上突破 1.20 美元，还是向下突破 1.10 美元，虽然我当时怀疑它会向上突破，因为世界上的小麦还没有多到足以引发价格大幅下跌的程度。

事实上，好像欧洲一直在悄悄买进实物小麦，而且很多交易者在 1.19 美元附近就已经放空了。由于欧洲人的购买以及其他一些原因，大量小麦从市场上消失了，于是大的趋势终于开始了。价格向上突破了 1.20 美元这个标志性价格。这就是我所需要的一切。我知道，它之所以突破 1.20 美元，是因为它必须这样，上升趋势终于积蓄了足够的力量，可以推动价格突破极限了，这样一来，有些事情必然会发生。换句话说，当小麦价格突破 1.20 美元时，其最小阻力线终于确立了，之后将上演不同的故事了。

我还记得有一天是节假日，我们这里所有的市场都休市了。当天在加拿大的温尼伯（Winnipeg），小麦的开盘价上升了 6 美分每蒲式耳。第二天我们这里的市场开市时，价格也上涨了 6 美分/蒲式耳。价格的确是在沿着最小阻力线演变。

我所告诉你的，都是我的交易体系的精髓，这个体系建立在研究盘势的基础之上。我只需要研究价格最可能沿着哪条路径运动。我通过额外的试探性操作来检验我自己的交易，以便确定关键的心理时刻，而要做到这一点，我需要观察价格在我开始交易之后的演变路径。

我告诉别人，我买入股票做多时，喜欢支付较高的价位，我卖出股票时，则必须以低价卖空，否则我干脆不交易。令人惊讶的是，听到我这些话时，相当多有经验的交易者看起来都不太相信。如果交易者始终紧握自己的投机武器——等待最小阻力线变得更加清晰，然后仅仅在盘势说上涨时开始买，说下跌时开始卖，那么要获取利润根本就是难事。交易者应该在价格上涨的途中不断加码，例如他可以先买入全部额度的 1/5。如果第一次买入无利可图，他就不应该再增仓，因为他明显一开始就错了——至少他暂时是错误的，而任何时候站在错误的一边都不会有赢利。盘势还是之前说上涨的那个盘势，如果它此时显示无利可图，未必就说明它在撒谎，因为它现在只不过是在说"时候未到"。

在棉花市场上，我的交易在很长时间里一直非常成功。对于棉花交易，我有自己的一套理论，并且总是绝对遵照自己的理论进行交易。举例来说，假设我决定投入的全部额度是 4～5 万包。那么，我会像我所告诉你的那样，先研究盘势，等待买卖时机。假如预计最小阻力线显示将有一轮上升趋势。那么，我将先买入 1 万包。在完成这一次的买入之后，如果市场上涨了 10 个点，我将再次买入 1 万包。同样的，如果我能获得每包 20 点的利润，或者说每包 1 美元的利润，我将再次买入 2 万包。这样，我就完成了自己的全部额度——我的交易基础。但是，如果我买入最初的 1 万包或 2 万包之后，出现了亏损，我将立即离场。这说明我错了，或许我只是暂时错了。但正如我前面所说，无论做什么交易，如果一开始就错了，将不会有利可图。

通过始终坚持自己的交易体系，我所取得的成就是：在每一轮真正的趋势当中我都持有棉花头寸。在积累全部筹码的过程中，我可能会因为自己的试探性操作损失5～6万美元。看起来这样的试探成本好像太高，其实不然。在一轮真正的趋势开始之后，要弥补我为了保证自己在正确的时机开始建仓而投下的那5万美元，要花多长时间呢？根本花不了多少时间！一个人在正确的时机站在正确的一边，总会获得回报的。

我想我之前也说过，以上的介绍描述了我或许可以称之为"我的下注体系"的东西。可以这样说，能赚钱的时候要持有重仓，亏损时只是很小的试探性赌注。要证明这一点是明智的，不过是一个简单的算术问题而已。如果交易者按照我所描述的方式进行交易，他将会总是处在有利可图的位置上，总能在下注大赌时兑现自己的利润。

专业交易者总是会有这样那样的交易体系，这些体系以他们自己的经验为基础，以他们对投机的态度或是内心的欲望为主导。我还记得我在棕榈滩遇到的一位老先生，他的名字我记不住了，或是一下子想不起来了。我了解到他在华尔街摸爬滚打了很多年，早在内战时期就已经来这里了。有人告诉我说，他是个相当精明的怪老头儿，经历了太多的繁荣与恐慌，因此他总说太阳底下没有新鲜事，股票市场上尤其这样。

这位老先生问了我很多问题。当我说完我在交易中通常的做法时，他点点头，说："很好！很好！你是正确的。你加码的方式，思考的方式，都使你的交易体系非常适合你。对你来说，要将你自己所宣扬的理论付诸实践很容易，因为你投下的资金很少，对此不会很在意。我想起帕特·赫恩（Pat Hearne）。你听说过他吗？他是一个非常有名的赌客，在我们这里开过户。这个家伙非常聪明，也很有勇气。他在股市上挣了钱，于是人们要他提供交易建议，可他从来都不肯说。如果人们直截了当地问他觉得他们手中的交易头寸是否明智，他就会引用他自己特别喜欢的一句赛马格言回答道：'不下注，怎会知输赢。'他在我们营业厅进行交易。他一般都会先买进某只活跃股的100股，当股价上涨，或者说如果股价上涨1%，他就再买入100股。再上涨1%，再买入100股，依此类推。他经常说他玩这个游戏不是为了替别人挣钱，所以他会在自己最后一笔买单的成交价以下一个点的位置设置止损指令。当价格继续上涨时，他就随之将止损点上移。这样，只要有一个点的回调，他就会被迫离场。他宣称自己看不出有什么道理让损失超过一个点，不管这个损失是侵蚀他的原始保证金，还是侵蚀他的账面利润。

"你知道的，一个专业赌徒不追求挣大钱的长线交易，只追求有把握的钞票。当然，如果时机来了，做长线也不错。在股票市场上，帕特既不追逐内幕消息，也不指望抓住一星期上涨20点的大趋势，而是挣有把握的钞票，数额只要能让他过得不错就行。我在华尔街遇到的成千上万的外来交易者当中，帕特·赫恩是唯一一个把股票投机看做纯粹靠运气的游戏，就像法罗牌或轮盘赌一样。不过，他却很理智，能够坚持一套相当可靠的下注方式。

"帕特去世之后，我们这里一位以前总是和帕特一起交易的顾客，运用帕特的交易体系在拉克万纳钢铁公司（Lackawanna）上赢利超过了10万美元。之后他转做某只别的股票，他因为自己已经挣得了一大笔资金，就认为没有必要再坚持帕特的交易方法了。回调发生时，他没有采取止损措施，而是听任亏损疯狂地增长，好像亏损不是亏损而是利润一样。自然，他的每一分钱都赔掉了。最终离场时，他还欠我们几千美元。

"他后来还在我们这里晃荡了两三年。在资金赔光之后的很长一段时间里，他都保持着对交易的狂热，但只要他规规矩矩，我们也懒得反对。我还记得，他经常坦白承认，自己当初没有坚持帕特·赫恩的操作风格真是愚蠢至极。噢，有一天他非常兴奋地跑来找我，请求我允许他在我们营业厅放空某只股票。他人很不错，当年风光时也是我们这里的一位好客户，因此我对他说，我个人愿意为他的账户担保，让他放空100股。

"他放空了100股莱克肖尔矿产公司（Lake Shore）。当时正是比尔·特拉弗斯（Bill Travers）猛砸市场的时候，1875年。我这位朋友罗伯茨确实选择了正确的时机放空莱克肖尔，并且他坚持一路向下持续加码，正如他在以前那些成功的日子里习惯做的一样——那时他还没有放弃帕特·赫恩的交易体系，没有让盲目的希望主导一切。

"哦，老兄，罗伯茨在接连4天中成功实施了金字塔式的加码，其账户上出现了1.5万美元的利润。当我注意到他没有设置止损指令时，提醒他注意这个问题。结果他却跟我说，崩盘还没有真正开始，他不会因为随随便便一个点的回调就被逐出市场的。这事发生在八月份。九月中旬不到，他为了给自己的第四个孩子买一辆婴儿车，从我这里借了10美元。他居然连自己验证过的成功交易体系都没有坚持，这是绝大多数交易者的问题所在。"说完这位老先生对着我摇了摇头。

他说得对。我有时会想，投机交易肯定是一项不近人情的事业。因为我发现，一般的投机者都要对抗自己的天性。所有人都容易有的弱点对投机交易的成功来说是致命的——通常恰恰就是这些弱点使他能够受到伙伴们的青睐；在他进行股票交易或商品期货交易的冒险活动中，距离危险如此之近，他需要特别防备的恰恰也是这些弱点。

投机者最大的敌人总是来自于自己的内心。希望和恐惧是无法与人性分离的。在投机交易中，当市场对你不利时，你希望每一天都是最后一天——如果你只是一味抱着自己的希望而不采取止损措施的话，你只会损失得更多——而对于那些帝国建立者的开国功臣以及大大小小的拓荒者来说，"希望"这种同样的天性却能成为他们强有力的盟友。当市场按照你的意愿运动时，你又开始恐惧，害怕第二天市场会把你已有的利润夺走，于是你平仓离场——过早地离场了。恐惧让你挣不到你应该挣的那么多钱。成功的交易者必须对抗这两种根深蒂固的自我本能。他必须对抗一种你可以称之为"天性冲动"的东西。在天性告诉他应该希望时，他必须恐惧警惕；在天性告诉他应该恐惧时，他必须满怀希望。他必须担心自己的损失可能会发展到更大得多的数额；希望自己的赢利可以变成更大一笔财富。一般人在股市投机的方法是绝对错误的。

我从14岁起就一直从事投机事业，这是我多年以来从事过的唯一行业。我想我知道自己在说什么。经过将近30年持续不断的交易——其中包括本金微不足道的时候，也包括以数百万美元做后盾的时候，我得出以下结论：某人或许某一次可以战胜一只股票甚至一类股票，但没有哪个活人能打败整个股票市场！某人或许能从棉花或谷物的某一次交易中获利，但没有人能打败棉花市场或是谷物市场。这就像赛马一样，某人或许可以在一次马赛取胜，但他不可能打败整个马赛游戏。

如果我知道怎样才能使以上陈述听起来更加有说服力，语气更加强烈，我一定会那么做。不管什么人有什么反对意见，都不会对此有任何影响。我坚信我这么说是正确的，我的这些陈述是不容置疑的。

第十一章　"偶然"的机会

　　他立即看出，这个消息实际上为他打响空头大战提供了大量的优质弹药。

　　现在我要追溯到 1907 年 10 月。当时我买了一艘游艇，做好了所有的准备打算离开纽约去南部海域航行。我确实是疯狂地热爱钓鱼，而这次恰好是一个很好的时机，我可以在自己的游艇上尽情地钓鱼，可以想去哪儿就去哪儿，想什么时候去就什么时候去。万事俱备。我已经在股票上大赚了一笔，然而就在出发前的最后一刻，玉米让我没法脱身离开。

　　我必须解释一下，在那场让我挣得自己第一个 100 万的货币恐慌[①]之前，我就开始一直在芝加哥进行谷物交易。我放空了 1000 万蒲式耳小麦和 1000 万蒲式耳玉米。放空之前我对谷物市场研究了很长一段时间，我看空股票市场的同时，也看空玉米市场和小麦市场。

　　这两个市场都已经开始下跌，可是就在小麦持续下跌时，芝加哥最大的大作手之一——我叫他斯特顿吧——突然决定要囤积玉米。我出清股票之后本来准备驾着我的游艇去南部海域，结果却发现，虽然小麦让我挣得了一笔相当可观的利润，但在玉米上，由于斯特顿抬升了价格，使我遭受了一笔相当大的损失。

　　我知道，国内的玉米实际上比其价格所显示的多得多。供需法则还是和平时一样在发挥作用。但问题是此时的需求主要来自于斯特顿，而供给却根本还没出现，因为在玉米的运输过程中出现了严重的交通堵塞。我记

[①]　译注：这里指前面提到的现金缺乏导致的恐慌。

得我当时总是祈祷来一场寒潮把不能通行的道路冻上，好让农户们把玉米运到市场上来。当然，我没有这么幸运。

这就是我面临的情况，一方面兴冲冲盼着计划已久的垂钓之旅，一方面却被玉米上的损失牵绊住。我是不可能在这种市场状况下离开的。斯特顿自然会相当密切地注意空头的一举一动。他知道他逮住我了，而我自己跟他一样清楚这一点。不过，正如我前面所说，我当时正盼着自己或许可以说服老天爷，让它赶紧动手帮帮我的忙。然而，我发现无论是天气还是其他好心创造奇迹的人，都没有注意我的需求，于是我只能自己研究如何依靠自己的努力摆脱困境。

我平掉我所有的小麦头寸获得了一笔可观的利润，但玉米的问题的确很棘手。如果我可以按照当时的市场价格回补我那1000万蒲式耳，我会非常乐于立即这么做，尽管这样我将遭受巨大的损失。但是，一旦我开始回补玉米，斯特顿自然会"尽职尽责"，立即会成为轧空我的主力。我当然不愿意因为自己的买入而一路抬高价格，这无异于搬起石头砸自己的脚。

尽管玉米市场很强劲，但我想去钓鱼的欲望更加强烈，因此我必须立即找出解决之道。我必须实施一场战略大撤退。我必须买回我放空的1000万蒲式耳，与此同时还要尽我所能地降低损失。

说来也巧，斯特顿当时也在燕麦市场进行交易，而且把燕麦市场控制得相当好。我一直在留意所有的谷物市场，包括关注收成信息以及小道消息，我当时听说强大的阿莫尔利益集团（Armour interests）在市场方面对斯特顿不是很友善。我清楚地知道斯特顿不会让我买到我所需要的玉米，除非我以他规定的价格买入。听到阿莫尔集团正在跟斯特顿对着干的传言，我就立即想到，或许我可以向那些芝加哥的交易者寻求帮助。他们有可能帮到我的唯一方式就是，卖给我斯特顿不愿意卖给我的玉米。其余的都好办。

首先，我发出指令，每向下⅛美分买进一笔玉米，每笔50万蒲式耳。在这些单子进入市场之后，我又同时向四家经纪商分别发出一份指令，每份指令以市价卖出5万蒲式耳燕麦。我设想，这应该会使燕麦市场急剧下跌。我知道交易者们脑子里会怎么想，他们一定会立即认为阿莫尔集团向斯特顿宣战了。他们看到燕麦市场被攻破了，自然就会认定下一个下跌的就是玉米市场，他们自然就会开始卖空玉米。因为一旦玉米市场的垄断被打破，一定可以轻易获得惊人的利润。

我对芝加哥交易者的心理揣摩绝对正确。当他们看到从四面八方涌入的卖单攻破燕麦市场时，立即跳入玉米市场，带着极大的热情放空玉米。在接下来的 10 分钟之内我就买到了 600 万蒲式耳的玉米。我发现他们停止卖出玉米时，干脆立即以市价买入另外 400 万蒲式耳。这自然会促使玉米价格再次上升，不过我这个操作策略的最终结果是，我回补了 1000 万蒲式耳的全部空头头寸，回补最后一笔时的成交价与我趁交易者卖出玉米开始回补时的市场价差距在 0.5 美分之内。我放空那 20 万蒲式耳的燕麦，是为了诱导交易者卖出玉米，而我回补燕麦时仅仅亏损了 3000 美元。这算是成本相当低廉的空头诱饵了。我在小麦上获得的利润弥补了我在玉米上的大部分亏损，这样我那次在谷物交易上的总体亏损仅为 2.5 万美元。之后，玉米上涨了 25 美分每蒲式耳。毫无疑问，斯特顿曾有机会对我任意宰割。如果我没有费心考虑价格成本就直接开始买入 1000 万蒲式耳的玉米，很难以想象我会付出什么样的代价。

一个人在某件事情上花费了多年的时间后，不可能还没有对此事形成一种习惯性的态度，这种态度和一般新手对此事的态度有很大差别。正是这种差别将专业人员和外行人士区分开来。交易者看待事物的方式使其在投机市场上挣钱或是赔钱。公众对待自己事业的观点往往都是一种外行人士的观点。他们总是让自我意识不适当地参与进来，因此他们考虑事情不会太深刻，也不会太全面。专业人员会关心如何把事情做对，而不是一心只想着挣钱，因为他们知道，如果他们把其他事情都安排妥当了，利润自然会来。交易者玩这个游戏时，应该像专业的台球运动员一样——也就是说，他应该看到前面好几步，而不是只考虑眼前这一杆。我们要在自己从事的领域形成职业本能。

我记得听说过一则关于艾迪生·柯马克（Addison Cammack）的故事，这则故事正好可以十分贴切地阐明我想要表达的观点。从我所听到的一切来看，我倾向于认为柯马克是华尔街有史以来最出色的股票大作手之一。他并不是像很多人认为的那样习惯做空头，他只是觉得进行空头交易以及利用希望和恐惧这两大人性因素来达到自己的目的更有吸引力。据说以下警句是他原创的："当升势未止时不要卖出股票！"老前辈们告诉我，他最大的几次赢利都是靠做多挣来的，因此他明显不是根据自己的偏见而是根据基本情势进行操作。不管怎么样，他是一位完美的交易者。好像有一次——那是很久以前在一轮多头市场的末端——柯马克看跌，而健谈的财经撰稿人 J·亚瑟·约瑟夫（J. Arthur Joseph）知道这一点。然而，当时市场由于受到多头领导人与报纸上乐观报道的刺激，不仅仍然十分坚挺，而且还在上涨。约瑟夫知道利空消息对于像柯马克这样的交易者来说具有多大的利用价值。于是有一天，他带着好消息匆匆赶到柯马克的办公室。

"柯马克先生，我有一位非常要好的朋友在圣保罗公司担任交割员，他刚刚告诉我一些事情，我认为你应该知道。"

"什么事？"柯马克冷淡地问。

"你已经掉转方向了，对吧？你现在是看跌吧？"约瑟夫问道，想要确认一下。如果柯马克对他的消息不感兴趣，他才不想浪费宝贵的子弹。

"是啊。到底是什么精彩的消息？"

"今天我到圣保罗办公室转了转——我一个礼拜要去那儿进行两三次新闻采访。我那里的朋友告诉我'老头子正在卖出股票'，他是指威廉·洛克菲勒（William Rockefeller）[①]。'他真的在卖出吗，吉米？'我认真问他，然后他回答说'他每上涨⅜美分卖出一笔，一笔1500股，我替他交割股票已经有两三天了。'我一刻也没耽搁，就立即跑到这儿来告诉你。"

柯马克不是轻易兴奋的人。此外，他已经非常习惯于各种各样的人疯狂地冲到他的办公室，带来各种各样的消息：小道消息、传言、内幕消息以及谎言，因此他已经变得对所有人带来的消息持怀疑态度。他当时只是说："你确定你没听错吗，约瑟夫？"

"我确定吗？我当然确定！你以为我是聋子吗？"约瑟夫说道。

"你那位朋友可靠吗？"

"当然！"约瑟夫强调。"我已经认识他好多年了。他从来没对我撒过谎。他不会对我撒谎的！不成问题！我知道他绝对可靠，我敢用性命担保他跟我说的话。我对他的了解比对这个世界上任何一个人的了解都深——似乎比你了解我的程度深多了，尽管你我认识这么多年。"

"对他有把握？"柯马克再次看着约瑟夫。然后他说道："噢，你应该

---

① 译注：J·D·洛克菲勒的父亲。

了解他的。"他叫来了他的经纪人 W·B·惠勒（W. B. Wheeler）。约瑟夫期待听到他发出至少放空 5 万股圣保罗的指令。威廉·洛克菲勒正在利用市场的强劲势头，处理掉他手中持有的圣保罗。洛克菲勒手中持有的股票究竟是投资性质还是投机性质根本不重要，唯一重要的是，标准石油（Standard Oil）那伙人当中最优秀的交易者正在出脱手中的圣保罗。一般人要是从可靠的消息来源处听到这个消息会做什么？根本不用问。

然而，柯马克——他那个时代最出色的空头交易者，当时对市场看跌，却对自己的经纪人说："比利，到大厅去买入圣保罗，每上涨⅜美分买入一笔，一笔 1500 股。"这只股票当时的价格为 90 多美元。

"你是说放空吧？"约瑟夫急忙插嘴问道。他绝不是华尔街上的新手，但他是站在一个新闻记者的角度来看待市场的。顺便提一下，这正是一般大众看待市场的角度。从内线人士卖出的消息来看，股价肯定应该下跌。并且没有任何内线人士的卖出能够比威廉·洛克菲勒先生这样的内线人士的卖出更具有说服力。标准石油正在出脱，而柯马克却正在买入！不可能啊！

"不，"柯马克说，"我是说买入。"

"难道你不相信我？"

"相信！"

"难道你不相信我带来的信息？"

"相信。"

"你不是看跌吗？"

"是。"

"那么，所以？"

"这就是我买入的原因。现在听我说，你和你那位可靠的朋友保持联系，他那边一停止大规模卖出，你立刻通知我。立刻！明白了吗？"

"明白。"约瑟夫答道，然后告辞离开，他不太明白柯马克买入威廉·洛克菲勒卖出的股票的动机是什么。正是因为他知道柯马克对整个市场看跌，所以更难理解他这次的操作策略。不过，约瑟夫还是去见了他那位担任交割员的朋友，告诉他在老头子停止卖出时暗中通知他。约瑟夫固定每天两次去拜访他的朋友，向他探听消息。

有一天，那位交割员告诉他："老头子那边没有任何股票过来了。"约瑟夫向他道谢之后，赶紧带着消息跑到柯马克的办公室。

柯马克专心致志地听他说完，然后转向惠勒问道："比利，我们公司已经买入了多少圣保罗？"惠勒查看了一下，然后汇报说已经收集了大概 6 万股。

柯马克是对整个市场看跌的，早在开始买入圣保罗之前，他就已经开始放空农业股和其他各种股票。现在，他准备重仓放空整个市场。他立即命令惠勒卖出他们手中买进的 6 万股圣保罗，此外还放空了一些。他把自己手中持有的多头头寸当做打压整个市场的武器，使其大大有利于自己的空头操作。

在这轮趋势中圣保罗一口气跌到了 44 美元，柯马克从中大赚了一笔。他利用完美的技巧进行操作，并且从中获利。我想强调的是他对于交易的习惯性态度。他根本想都不用想，就立即看出远比在那一只股票上获利更重要的是什么。他看出了这简直是天赐良机，让他不仅能在恰当的时机开始大规模的空头操作，而且能在操作前进行适当的最初推动。听到关于圣保罗的内幕消息，他不但没有卖出，反而买入，因为他立即看出，这个消息实际上为他打响空头大战提供了大量的优质弹药。

现在回头说我自己。我平仓了结小麦和玉米之后，驾着游艇去了南方。我在佛罗里达海域到处游弋，度过了一段美好的时光。钓鱼太棒了，一切都令人心情愉悦。在这个世界上，没有什么值得我操心的事，我也不想自寻烦恼。

一天，我在棕榈滩上岸。我上岸之后碰到了很多来自华尔街的朋友以及其他一些熟人。他们全都在谈论当时最引人注目的棉花投机者。一篇来自纽约的报道称，帕西·托马斯（Percy Thomas）亏得一分不剩。这不是一篇关于商业破产的报道，只是一则关于这位世界著名的大作手在棉花市场遭遇了第二次滑铁卢的传闻。

我一直很景仰他。我第一次听说他是在报纸上，当时的报道是，股票交易所会员经纪公司谢尔顿－托马斯公司（Sheldon & Thomas）倒闭，而当时托马斯正在力图垄断棉花市场。谢尔顿缺少他合伙人一样的眼界以及勇气，就在他们濒临成功时临阵退缩了。至少当时华尔街上是这么说的。不管怎么样，反正最后他们不但没有大赚一笔，反而制造了多年以来最为轰动的倒闭事件。我忘了他们当时损失了几百万。他们的公司被清盘了，于是托马斯开始自己单独操作。他全身心地投入棉花市场，不久之后便东山再起。他连本带利偿还了全部的债务——从法律上来看他已经没有义务偿还这些债务——此外，自己还剩下了100万美元。他在棉花市场上卷土重来的震撼，丝毫不逊色老手怀特那次非常著名的股市壮举，怀特在一年之内还清了100万美元的债务。托马斯的勇气与头脑令我对他无比景仰。

棕榈滩的每个人都在议论托马斯在3月棉花交易上的失败。你知道的，这类议论总是越传越开，越传越变味儿，等你听到时，已经夹杂了各种错误信息、夸大其词以及添油加醋的成分。我就曾经听过一则关于我自己的传言，在它传来传去的过程中已经增加了太多新鲜的、多姿多彩的细节，变得面目全非，以至于等它24小时之内传回始作俑者那里时连他自己都认不出来了。

帕西·托马斯最近一次不幸失败的消息，将我的心思从钓鱼上拉回到了棉花市场。我买了一堆行业性报纸仔细研读，希望可以找到一些关于基本情势的线索。回到纽约之后，我一门心思研究市场。每个人都看跌，每个人都在放空7月棉花。你知道大众是什么样的。我把这看成是"羊群效应"的一个典型范例，它使得某个人仅仅因为自己身边的人都在做同一件事，自己就跟着去做。或许这就是群居本能在某个阶段的具体表现，或是群居本能变异后的某种表现。无论如何，在成百上千的交易者看来，放空7月棉花是明智的，正确的——并且也是安全的！你不能将这种普遍的放空行为称之为鲁莽，因为即使是这个词都太保守了，根本不足以形容他们的轻率。那些交易者只看到了市场的一个侧面，眼里只有大笔的利润。他们确定不疑地预期价格即将暴跌。

我自然把这一切都看在眼里，然后我突然想到，那些放空的家伙将几乎没有时间进行回补。我越研究当时的形势，越清晰地看出这一点，于是我最终决定买进7月棉花。我开始行动后很快就买到10万包。我轻而易举就买到了这么多的棉花，因为实在有太多人在卖出。在我看来，即使我悬赏100万美元捉拿一个没有放空7月棉花的交易者——不管是死是活——都没有人敢来领赏。

应该说当时是五月的下半月。我不断地买进，他们不断地卖给我，直到我最终收进了所有的流动合约，一共12万包。就在我买进最后一批两三天之后，市场开始上涨。市场一旦开始上涨，就对我十分亲善，表现一直相当良好——也就是说，它一天上涨 40～50 点。

某个星期六——大概是在我开始操作后的第 10 天——价格开始慢慢爬升。我当时不知道市面上还有没有更多的 7 月棉花卖出，这得靠我自己去查明，于是我耐心等到收盘之前的最后 10 分钟。我知道那些人一般都在这个时候放空，如果当天市场收盘上涨，他们肯定就会被套牢。因此，我同时给 4 家经纪商发出指令，每张指令都以市价买进 5000 包。这促使价格上升了 30 点，空头们使尽浑身解数力图脱困。当天市场以最高价收盘。请记住，我所做的一切就是买光了最后的 2 万包。

接下来是星期天。到了星期一，利物浦应该高 10 点，才能与纽约的上涨持平。结果，它竟然高开了 50 点。这意味着利物浦的涨幅比我们这里高了 100%。那里的市场上涨和我没有任何关系。这向我表明，我的推断是合理的，同时我确实是在沿着最小阻力线进行交易。与此同时，我并没有忽略一个事实，我有一笔异常庞大的头寸需要处理。市场或许可以急剧上涨或是逐渐上涨，但是没有能力吸纳超过一定数量的卖单。

毫无疑问，利物浦发来的海底电报促使国内的市场疯狂起来。不过我注意到，市场越往上走，市面上的 7 月棉花似乎越稀少。我自己没有释放任何棉花头寸。总而言之，对于空头们来说，那个星期一是刺激但不那么愉快的一天。尽管如此，我却没有发现任何即将发生空头恐慌的迹象，没有人开始疯狂地涌入市场进行回补。倒是我自己，必须为 14 万包的多头头寸找到市场。

星期二早上，当我正往办公室走的时候，在大楼入口处碰到了一位朋友。

"今天早上《世界报》上的报道太精彩了。"他微笑着说道。

"什么报道?"我问他。

"什么? 你是说你还没有看到报道吗?"

"我从来不看《世界报》。"我说，"报道什么了?"

"噢，全是关于你的。报道称你垄断了 7 月棉花。"

"我没看到啊。"我告诉他之后就离开了。我不知道他是不是相信。他很可能会认为我实在是太不够意思了，居然不告诉他那个报道究竟是不是真的。

我到办公室后，派人去买了一份报纸。果然，还真的是，报纸的头版，硕大的标题:

拉里·利文斯通垄断7月棉花

我立刻就明白了，这样的报道当然会把市场完全搞乱。即使我刻意地绞尽脑汁去想能用什么方式以及手段去处理我那14万包的头寸，按最好的情况，我也想不出一个更好的计划，不可能想出更好的计划。全国上下的人都阅读了在那种关键时刻出现的那篇报道，要么从《世界报》上，要么从其他引述《世界报》说法的报纸上。从利物浦的价格表现上明显可以看出，这篇报道也以电报的形式发到了欧洲，那里的市场简直疯了。有这样的报道，也难怪会这样。

我当然知道纽约会有什么样的反应，我也清楚自己应该做什么。国内的市场10点开盘，10点10分时我手里就没有任何棉花头寸了。我把自己手里的14万包全部卖给了别人，一包不剩。事后证明我大部分的头寸都是在当天的最高价脱手的。交易者们为我创造了市场。我真正所做的一切，不过就是看出了出脱手中所有棉花的天赐良机。我抓住了这个机会，因为形势已经不是我能控制的了。除此之外，我还能做什么呢？

我很清楚，这个问题一定会花费我大量的心血才能解决，结果竟然因为这样一个意外就解决了。如果《世界报》没有刊登那篇报道，我绝不可能在不牺牲我较大一部分涨面利润的前提下，处理掉我手中的头寸。要在不压低价格的情况下，卖出14万包7月棉花，简直是我力所不能及的一种特技。然而，《世界报》的报道却非常漂亮地替我表演了。

我没法告诉你《世界报》为什么会刊登这篇报道。我绝不知情。我估计是棉花市场上的某个朋友向那位撰稿人透露了消息，那位撰稿人以为自己能够推出独家新闻。我没有见过他，也没有见过《世界报》的其他任何人。我也是直到那天早上9点之后才知道有这篇报道。要不是朋友提醒我，我直到那时都不会知道这件事。

没有这篇报道，不可能有足够大的市场供我出脱手中的头寸。这就是进行大规模交易的问题之一。你不能像做小额交易那样偷偷地离场。你不能总是在自己想卖出或是认为卖出比较明智时卖出。你必须在你能够离场时离场，在市场大到足以吸纳你全部的头寸时离场。没有抓住离场的时机可能会让你付出几百万的代价。你不能犹豫，机会稍纵即逝。你也不能要花招，比如你不能运用具有竞争性的买入与空头竞争从而抬升价格，因为你可能会因此降低市场的吸纳能力。同时，我还想告诉你，察觉时机并不像听起来那么简单。交易者必须随时保持高度警惕，以便机遇在他门口探头时，立即抓住。

当然，并不是每个人都知道我这次幸运的意外收获。在华尔街上，任何促使某人挣了大钱的意外事件都会被人用怀疑的眼光看待，而且就这件事来说，在其他任何一个地方都会让人觉得大有可疑。当意外事件没有给你带来好处时，从来不会有人把它看成是一种意外，而是因为你的贪婪和自负咎由自取。但是，当意外给你带来好处时，他们就会把这叫做掠夺，还说什么"狂妄自大有好报，保守正派没好报"。

那些因为自己的轻率鲁莽而受到惩罚的空头们，在痛苦之余便指责我故意策划了这次意外。不只是他们，其他人也这么认为。

一两天之后，世界上最大的棉花交易者之一遇见我时说："利文斯通，这次绝对是你所做过的交易中干得最漂亮的一次。我当时还在想，当你把所有的头寸卖到市场上时，将会遭受多大的损失。你知道的，在不引发大量廉价抛售的情况下，这个市场不可能大到足以吸纳超过五六千包的棉花，我开始好奇，你怎么能在不损失所有账面利润的情况下卖出手中剩下的头寸。我没想到你还有这招，这招的确很高明。"

"我跟这件事无关。"我尽可能真诚地向他保证。

但他所做的仅仅是重复着："朋友，很高明的计划！太高明了！不要这么谦虚！"

就是在这次交易之后，一些报纸开始称呼我为"棉花之王"。但正如我所说，我真的没有资格戴上这顶王冠。根本不用说你也知道，即使拿来整个美国的资金都不够买下纽约《世界报》的专栏，也没有哪个人的个人影响力能确保他们出版这样的报道。那个时候，这则报道给我带来了一个绝对名不副实的名声。

然而，我告诉你这则故事，并不是想从道德角度来使偶然被戴在的交易者头上的那些名不副实王冠合理化，也不是想强调抓住时机的必要性，不管这种时机什么时候出现的，怎么出现的。我只不过想说明从 7 月棉花合约交易之后大批报纸给我扣上恶名的原因。如果不是那些报纸，我可能永远也见不到那位伟大的交易者——帕西·托马斯。

第十二章　再次破产

一个人或许拥有了创造性思维，并且终身保持独立思考的习惯，但当他面对一个非常有说服力的人物时同样容易受到影响。

在比预期更成功地平掉7月棉花之后不久，我就收到一封要求拜访我的信件。信中的落款是帕西·托马斯。我当然立即回信说他任何时候想来，我都很乐意在我的办公室接见他。第二天他就来了。

我对他景仰已久。无论在哪里，只要是有人对种植或买卖棉花感兴趣的地方，他的名字都是家喻户晓。无论是在欧洲还是美国各地，人们和我交谈时都会引用帕西·托马斯的观点。我记得有一次在瑞士的一个旅游胜地，和一位开罗的银行家交谈，他当时有兴趣和现在已故的欧内斯特·卡塞尔爵士（Sir Ernest Cassel）合作在埃及种植棉花。当他听说我来自纽约，立即向我打听帕西·托马斯，他始终定期收到托马斯的市场报告，并且确实认真拜读。

我一直认为，托马斯是按照科学的方法从事自己的事业。他是一个真正的投机者，一个拥有梦想家的眼界和斗士的勇气的思想家，一个见多识广的博学者，精通棉花交易的理论和实际。他喜欢倾听和表达各种观点、理论和抽象概念。同时，在棉花市场的实际操作和棉花交易者心理方面，他不了解的东西少之又少，因为他已经在棉花市场交易了很多年，既有大赚的时候，也有大赔的时候。

在他原有的股票交易所会员公司——谢尔顿和托马斯公司倒闭之后，他就自己独立操作。两年之内，他传奇般的东山再起。我记得在《太阳报》上看到过，他在财务上站稳脚跟之后，所做的第一件事就是全额清偿以前债主的债务，第二件事则是雇用一名专家替他研究确定如何将剩下的100万美元进行最好的投资。那位专家考察了房地产行业，分析了几家公司的财务报告，建议他买进德拉瓦尔和哈德逊公司（Delaware & Hudson）的股票。

托马斯损失了几百万美元破产之后东山再起，并赚到了更多的钱；之后又因为在3月棉花上的交易失败再次被市场扫地出门。他来见我时，几乎没有浪费什么时间就直奔主题，建议我们组成一个操作联盟。他获取的任何消息在向公众发布之前，都会先立即转交给我。我所扮演的角色就是进行实际的交易，因为他说我具备一种他不具备的特殊天赋。

由于各种原因，他的建议对我来说没有太大的吸引力。我坦白告诉他，我不认为自己可以跑双人马车，也不是很渴望学习这样做。但他坚持说我们两人将是一个完美的组合。于是我直截了当地说，我不想让自己所做的任何事影响别人的交易。

"如果我自己犯傻，"我对他说，"受损害的只是我自己，我会立即为此买单，既没有长期拖欠的付款，也没有意料之外的烦恼。独立操作是我自己选择的，并且这也是最明智、成本最低的交易方式。我从与其他交易者斗智的过程中能得到乐趣。那些交易者我从来没有见过，没有交谈过，没有建议他们买入或卖出过，我也一点儿都不期待见到他们或是认识他们。如果我挣钱，那是因为我坚持自己的观点。我不会贩卖自己的观点，也不会花钱去买别人的观点。如果我靠别的方式挣到了钱，我会感觉那些钱不是靠我自己的努力挣来的。我对你的提议不是很感兴趣，因为我之所以对这个游戏感兴趣，唯一的原因就是，我可以运用自己的方式进行独立操作。"

对于我的想法，他表示很遗憾，然后试图说服我，说我拒绝他的计划是错误的；而我则坚持自己的立场。接下来，我们聊得很愉快。我告诉他，我知道他一定会东山再起的，同时如果他愿意让我在财务上为他提供帮助的话，那将是我的荣幸。不过，他说他不能接受我的任何贷款。然后他问起我在7月棉花上的交易，我毫无保留地告诉他所有细节，包括我是如何开始的，我买了多少棉花，成交价是多少，以及其他的细节。之后我们还谈了一些别的，他便告辞了。

　　不久之前我说过，投机者有一大堆敌人，其中很多都是来自于自身，它们能成功地从他的内部进行破坏，当时我脑海中就浮现出了许多自己曾经犯下的错误。我已经认识到，一个人或许拥有了创造性的思维，并且终身保持独立思考的习惯，但当他面对一个非常有说服力的人物时同样容易受到影响。我对于一般的投机者的毛病已经具有相当强的免疫力，比如贪婪、恐惧和希望。但是作为一个普通人，我发现自己仍然很容易犯错。

　　在这种特定的交易时期我本该保持高度警惕，不让任何人来打扰我，因为不久前我的一次经历才证明了：一个人有多容易被说服，去做背离自己的判断，甚至是违背自己意愿的事。那件事发生在哈丁公司。我受到相当好的关照，我当时有一间算得上私人的办公室——一个他们让我独自享用的房间——没有我的允许，没有人能在市场交易时段来找我。我不希望被打扰，因为我当时一直进行大规模交易，我的账户给他们带来了相当多的利润。

　　一天，市场刚刚收市，我就听到有人说："下午好，利文斯通先生。"

　　我转身看到一个完全陌生的家伙，大概30～35岁。我不明白他怎么进来的，但他确实已经站在我面前了。我断定他们让他进来是因为他有生意要和我做。不过我什么也没说。我只是看着他，很快他便开口了："我来找您，是想和您谈谈沃尔特·斯科特。"然后他开始滔滔不绝。

　　他是一位图书代理人。事实上，他没有什么令人愉悦的风度，讲话也没有什么技巧，并且外表看起来也不是特别有吸引力。但是，他明显很有个性。他口若悬河，我当时以为自己在听他说，但我现在都不清楚他当时说的是什么。我想我从来没搞清楚他说的是什么，甚至在当时都没搞清楚。他说完长篇大论之后，先递给我一支钢笔，然后递给我一张空白表格，然后我就在表格上签字了。那是一份以500美元购买一套斯科特著作的合同。

　　一签完字我就立即回过神来了，但他已经把合同稳稳当当地放到自己口袋里了。我根本不想买这些书，我连放书的地方都没有。这些书对我来说一点儿用处都没有，也没有人可以送。但是我居然同意以500美元买下这套书。

　　赔钱对我来说太平常了，因此我从来不会首先想到错误本身给我带来了什么样的损失。我总是会先反思操作本身，以及犯错的原因。首先，我希望知道自身的局限性和思维习惯。其次，我不希望在一个地方跌倒两次。一个人只有从自己的错误中汲取教训，让它为随后的获利提供帮助，才能原谅自己的错误。

噢，我犯了一个 500 美元的错误，但却不知道问题出在哪里。于是，我首先盯着眼前这个家伙，对他仔细打量一番。要是他没有对着我微笑——一抹会心的、浅浅的微笑，我宁愿被绞死。他似乎读懂了我的心思。我也莫名其妙地感觉无须向他解释什么，觉得不用我说他也知道。所以，我跳过多余的解释和开场白，直接问他："那张 500 美元的单子你可以拿到多少佣金？"

他立即摇头，说道："我不能这么做！抱歉！"

"你能拿到多少？"我坚持。

"三分之一。但我不能这么做！"他说道。

"500 美元的 1/3 就是 166 美元 66 美分。要是你把那张签了字的合同还给我的话，我给你 200 美元现金。"为了证明我说的是真的，我从口袋里把钱掏出来。

"我说过了，我不能这么做！"他说。

"你所有的客户都会向你提出这样的条件吗？"我问道。

"不是。"他回答。

"那你为什么那么确定我会提出这样的条件？"

"这是由您所从事的职业决定的。您是一流的输家，而正是这一点使您能成为一流的生意人。我非常感激您，但我真的不能这么做。"

"那么你告诉我，你为什么不想挣到比佣金更多的钱？"

"准确来说，不完全是这样，"他说，"但我工作不仅仅是为了佣金。"

"那你工作是为了什么？"

"为了佣金和创造记录。"他回答说。

"什么记录？"

"我自己的记录。"

"你这话什么意思？"

"您工作就只是为了钱吗？"他反问我。

"对啊。"我说道。

"不，"他摇头，"不，您不是。您不可能仅仅从金钱上得到足够的乐趣。您工作当然不只是为了往自己的银行账户上多加一些钱而已，您待在华尔街并不是因为您喜欢容易到手的钱。您一定是因为能从其他方面中到乐趣。我也一样。"

我没有反驳，只是问他："那么你是怎么获得乐趣的？"

他坦白说："我们所有人都有一个弱点。"

"那么你的弱点是？"

"虚荣心。"他说道。

"嗯，"我对他说，"你成功地说服我签了合同。现在我想取消合约，而且我会付你200美元，作为你这10分钟工作的报酬。这还不足以使你感到自豪？"

"是的，"他回答说，"您看，我们这群人中其他所有的人都已经在华尔街上努力工作好几个月了，结果挣的钱连自己花销都不够。他们都说是产品不对路，地区没选好。所以，公司派我来证明是他们销售能力的问题，而不是这些书或是这个地区的问题。他们挣的是25%的佣金。我在克利夫兰时两个星期卖了82套。我来这里一定要卖出一定的数量，不仅要卖给那些没有从别的代理人手中购买的人，甚至还要卖给那些他们根本见都见不到的人。这就是他们付我33.33%的原因。"

"我现在还不太明白你是如何把那套书卖给我的。"

"嗨，"他安慰我说，"我还卖了一套给J·P·摩根呢。"

"不，不可能。"我说道。

他并没有因此而生气，只是简单地说道："说实话，我真卖给他一套。"

"卖一套沃尔特·斯科特的著作给J·P·摩根？他可是不仅有一些精装版，而且还很可能有一些小说的原稿呢。"

"噢，这是他的亲笔签名。"他立即掏出有J·P·摩根亲笔签名的合同在我眼前晃了晃。或许那根本就不是摩根先生的签名，但我当时根本没有想到这一点，所以也没有怀疑。他不是还有一份我签过名的合同在他口袋里吗？我只是非常好奇，所以我问他："你是怎么通过图书管理员那一关的？"

"我没看见什么图书管理员啊。我只看见老头子自己一个人在办公室啊。"

"你太夸张了！"我说道。每个人都知道，空着手进摩根先生的私人办公室，都比拿着一个像闹钟一样滴答作响的包裹进白宫还要困难。

但他却宣称："但我进去了。"

"你是怎么进到他的办公室的？"

"那我是怎么进到您的办公室的呢？"他反问我。

"我不知道，你来告诉我。"我说。

"嗯，我进摩根办公室的方法和我进您办公室的方法一样。我只是跟那个不让我进来的看门人谈话。我让摩根签字的方法也和让您签字的方法一样。您不是在签一份购买一套书的合同，您只是拿起我给您的钢笔，做了我让您做的事。没有什么区别，他跟您一样。"

"那个真是摩根的签名？"大概三分钟之后，我带着怀疑的语气问他。

"当然！他还是小孩子的时候就知道怎么写自己的名字了。"

"这就是所有的经过？就这么简单？"

"就这么简单，"他回答道，"我完全清楚自己在做什么。这就是其中的秘密。我非常感激您。日安，利文斯通先生。"说完他就开始往外走。

"等等，"我说，"我应该让你从我这里赚到整200美元的。"然后我递给他35美元。

他摇摇头，然后说："不，"他说道，"我不能那么做。但是，我可以这样做！"他从口袋里拿出那份合同，撕成两半，然后把撕毁的合同递给我。

我数出200美元，递到他面前，但他再次摇摇头。

"你不是这个意思吗？"我说。

"不是。"

"那你为什么撕毁那份合同？"

"因为您没有抱怨，而是接受了事实。如果我是您，我也会像您一样接受的。"

"可我自愿给你200美元啊。"我说道。

"我知道，但钱不代表一切。"

他的语音有某种东西促使我说："对，钱不代表一切。那你现在实际上希望我为你做什么？"

"您真的很敏感，不是吗？"他说，"您真的想为我做点儿什么吗？"

"嗯，"我告诉他，"真的。不过我能不能帮上忙还得看你想让我为你做什么。"

"带我进艾德·哈丁的办公室，并且告诉他让我和他谈三分钟，然后就让我单独和他谈。"

我摇摇头，说："他是我的好朋友。"

"但他已经 50 岁了，何况还是个股票经纪商。"这位图书代理人说道。

他说的的确是事实，所以我把他带到了哈丁的办公室。之后我没有再从那个图书代理人那里听到任何消息了，也没听到关于他的任何消息。然而，几个星期之后的一天傍晚，我回家时在第六大道的 L 线火车上偶然碰到了他。他非常礼貌地举起帽子向我致意，我点点头回敬。他走过来问我："您好，利文斯通先生。哈丁先生最近怎么样？"

"他很好啊。为什么这么问？"我感觉他话里有话。

"您带我去见他的那天，我卖给他价值 2000 美元的书籍。"

"他从来没跟我提起半个字。"我说道

"对，那种人是不会把这种事拿出来说的。"

"哪种人？"

"那种知道犯错不是什么好事就决不会犯错的人。那种人总是知道自己想要什么，没人能改变他的想法。正是这种人，替我孩子交学费，让我太太心情舒畅。您帮了我一个大忙，利文斯通先生。当我放弃您十分急切地想要给我的那 200 美元时，我就预料到了这种结果。"

"要是哈丁先生没有跟你签单呢？"

"噢，我知道他会的。我已经发现他是哪种人了。要搞定他太简单了。"

"你这么说没错。但如果他没有购买任何书籍呢？"我坚持问道。

"我会回到您那里，卖给您一些东西。日安，利文斯通先生。现在我要去见见市长。"当火车在公园广场站停车时，他站起身。

"预祝你卖给他 10 套。"我说道。市长阁下属于坦慕尼派人物。

"我也是共和党人。"他回道，然后向外走去，不慌不忙，悠然自得，确信火车会等他下去之后再开走，结果确实是这样。

我之所以这么详细地告诉你这则故事，是因为这与一个非常出色的人有关，这个人让我买了自己根本不想买的东西。他是第一个让我这样做的人。照理说本不该有第二个人才对，但是，真的有第二个。千万不要指望这个世界上只有一个出色的推销人员，也不要认为自己能对别人的影响力完全免疫。

在我委婉但坚决地拒绝加入帕西·托马斯所说的操作联盟之后，他离开了我的办公室，我敢发誓说我们的商业道路绝不会再有交集。我不太确定是否还能再次见到他。但是，就在我们见面后的第二天，他就给我写了一封信，感谢我主动为他提供帮助，并且邀请我去看他。我回信说我会去，然后他再次写信来，于是我去拜访他。

我逐渐经常去见他。我总是非常乐意听他说话，他知识渊博，表达起来又十分风趣。我认为他是我见过的最有吸引力的人。

我们谈到了很多事情，因为他博览群书，在很多方面都有着令人惊奇的见解，并且拥有非凡的天赋，能够风趣地进行概括。他的谈话中所蕴含的智慧相当令人钦佩。在能言善辩方面他更是无人能及。我曾听许多人指责过帕西·托马斯的很多事情，包括说他不真诚。不过我有时猜想，他之所以能有这么出色的雄辩能力，绝不仅仅是由于他首先彻底说服自己从而大大增强说服别人的能力这个原因。

当然，我们也详细地讨论了市场。我不看好棉花，但他看好。我完全看不出有什么利多的一面，但他能看出。他举出了大量的事实和数据，那些事实和数据应该足以动摇我的，但是我没有。我没法反驳，因为我无法否认它们的真实性，但它们无法撼动我，我仍然对自己所研究到的信息有信心。然而，他一直坚持自己看涨的观点，直到我不再那么确信自己从商业报纸上和各种日报上收集到的信息。这意味着我无法再用自己的观点看待市场。你不可能说服一个人违背自己的信念，但可以说服他进入一种不确定的、犹豫不决的状态，这反而比违背自己的信念更糟糕，因为这意味着他将无法自信、轻松地进行交易。

准确来说，我并不是完全混乱了，但我丧失了自信，或者更准确地说，我不再进行独立思考。我无法详细告诉你，我究竟是怎么一步一步进入这种事后证明代价极其高昂的思维状态的。我想，可能是由于他对于自己数据的准确性很有把握，因为那些数据都是他专有的，而我却认为自己的资料不可靠，因为这些资料不是我专有的，而是公共财产。他不停地说他派到南方各地的 10000 名市场信息员绝对可靠，这是由时间一再验证过的。最终，我对基本情势的判读变得跟他一样，因为我们两个人一起阅读同一本书的同一页，书由他拿着，放在我们两人眼前。他逻辑性很强。一旦我采用他的事实进行判断，那我得出的结论自然会与他的结论相同，因为我的结论来源于他的事实。

他刚开始和谈论棉花市场状况时，我不仅是看空的，而且已经放空棉花市场。逐渐地，随着我慢慢采用他的事实和数据，我开始担心我之前的头寸都是建立在错误信息之上的。我当然不可能有了这样的想法还不进行回补。一旦由于托马斯的原因导致我认为自己是错误的而进行回补，我接下来肯定会做多。这是我的思维方式。你知道的，除了进行股票和商品期货交易，我这辈子还没做过别的事情。我理所当然地认为，如果看跌是错误的，那看涨肯定就是正确的。如果看涨是正确的，那必定就应该立即买入。正如我在棕榈滩的一个老朋友告诉我的，帕特·赫恩曾说过："不下注，怎会知输赢！"我必须证明自己对市场的看法是否正确，而证据只会出现在月底经纪商交给我的对账单上。

我开始进场买入棉花，并且很快就持有了和平常差不多规模的头寸——大概6万包。这是我交易生涯中最愚蠢的一次操作。我并不是在依靠自己的观察和推断进行操作，只是在这个游戏中按照别人的观点进行交易。我活该受到惩罚，因此我的愚蠢操作不会就此轻易结束。我不仅在自己完全没有看涨时买入，而且还没有根据经验的提示逐渐加码。我没有运用正确的方式交易。由于听信了别人的意见，我迷失了自我。

市场没有按照我选择的方向运动。当我对自己的头寸有把握时，从来不会感到害怕或是不耐烦。然而，如果托马斯的观点是正确的，那么市场就不该像现在这样表现。由于第一步就走错了，所以我第二步、第三步都走错了，结果当然会把自己完全搞乱。我竟然允许自己受到别人的影响，不仅不采取止损措施，不认赔，而且还试图加仓以抬高市场。这样的操作风格完全不符合我的本性，同时违背了我的交易原则和理论。即使少年时代在桶店交易时，我脑子都比现在清楚。我已经不是我自己了，我变成了另外一个人——托马斯的追随者。

我不仅做多棉花，而且还重仓持有小麦多头头寸。小麦的表现非常令我满意，让我获得了一笔可观的账面利润。因为愚蠢地试图支撑棉花市场，我的棉花头寸增加到了大概15万包。或许我可以告诉你，大致就在这个时候，我感觉身体不是很舒服。我这么说并不是想为自己愚蠢的错误找借口，只是想陈述一件相关的事实。我记得我当时去纽约长岛的贝肖尔休息了一阵子。

在那里休息时，我进行了一些思考。在我看来，我的投机数量似乎过于庞大了。通常情况下，我并不会胆怯，但这次我开始感到紧张不安，于是我决定减仓。要做到这一点，我就必须要么出清棉花，要么出清小麦。

听起来似乎让人难以置信，像我这么了解这个游戏的人，并且拥有12~14年的股票和商品期货投机经验，竟然恰好做出了一个完全错误的抉择。棉花使我账面上出现了亏损，我继续持有；小麦使我账面上获得了利润，我却卖出。这绝对是一次愚蠢的操作，如果要让自己好过一点儿的话，我只能说这不算是我的交易，而是托马斯的。在所有愚蠢的错误当中，很少有比试图摊平损失更愚蠢的。不久之后，我的棉花交易最大限度地证明了这一点。一定要始终坚持平掉出现账面损失的交易，继续持有出现账面利润的交易。显然，这才是明智之举，而且我自己十分清楚这一点，以至于我甚至到现在还对自己当时违背常理的操作感到惊讶。

于是，我卖掉手中的小麦，这相当于刻意缩减了我在小麦上的利润。我卖出小麦之后，其价格一口气上涨了20美分每蒲式耳。如果我继续持有的话，可能已经获得了大概800万美元的利润。我已经决定要继续从事那桩亏本生意，因此我买进了更多的棉花。

我非常清晰地记得，我当时是如何日复一日地买进棉花，买进更多的棉花。你觉得我为什么要买呢？为了防止价格下跌！如果这都不算一种超级愚蠢的操作，那什么才算？我就这么搭进去越来越多的资金——越来越多最终都将亏损的资金。我的经纪商们和非常要好的朋友们都无法理解我的做法，直到现在他们都不理解。当然，如果这次交易的结果不同的话，我将是一个奇迹创造者。不只一次有人警告过我，不要太信赖帕西·托马斯杰出的市场分析。然而，他们的警告我根本就听不进去，我继续买进棉花，防止它下跌。我甚至还到利物浦买进。在我已经积累了45万包之后，我突然意识到自己在做什么，但这已经太迟了。于是，我卖光所有的头寸。

我几乎亏光了所有在其他股票和商品期货交易中挣到的钱。虽然没有亏个精光，但只剩下区区几十万美元了，这和我见到我杰出的朋友帕西·托马斯之前的几百万美元相比，实在少太多了。在所有人当中，偏偏是我自己违背了所有经验教导我必须遵守的成功法则，这绝对不是用愚蠢这样一个词就足以形容的。

这一次的经历让我认识到，一个人可能会毫无理由地进行愚蠢的操作，这是很有价值的一课。我付出了几百万美元的代价才认识到，交易者另外一个危险的敌人是：容易受到一位有吸引力的人物以聪慧的头脑，合理表达出来的似乎正确的观念的影响。然而，我一直认为，要是付出的代价只有100万美元，我或许也可以从中汲取足够的教训。但命运女神总是不会让你自己决定交多少学费。为了教育你，她先痛打你一顿，然后开出她自己决定的费用清单。她知道你必须支付，不管金额是多少。了解到自己能愚蠢到什么程度之后，我为这次特殊事件画上了句号。帕西·托马斯就此从我的生活中消失了。

我的情况就是这样，超过90％的资金——正如吉姆·费斯克经常挂在嘴边的——无可挽回——化为乌有。我做百万富翁的日子还不到一年。那几百万美元都是我靠着自己的头脑、借助于自身的运气挣来的，但我却因为自己的逆势操作把这些钱亏掉了。我卖掉自己的两艘游艇，生活方式明显不如以前奢侈。

但是，这一次打击还不够。幸运之神故意和我作对。我先是染病在床，然后又迫切需要20万美元的现金。几个月之前，这笔钱对我来说根本不算什么。但是现在，这几乎相当于我飞速消失的财富中剩余的全部家当。我必须拿出这笔钱，但问题是，我上哪儿弄到这笔钱？我不想从我的经纪人账户余额中取出这笔钱，因为如果我这样做了，那么我用来交易的保证金将所剩无几，并且如果我想迅速赢回我那几百万，我就比以往任何时候都需要交易本金。因此现在看来，我只有一种选择，那就是从股市中挣出这20万美元。

想想看！如果你对一般佣金经纪行里的一般顾客了解够多的话，你就会同意我以下的说法，即，希望股市为你支付账单是华尔街上最常见的亏损原因之一。如果你根据这样的决定行事，你会慢慢亏掉自己所拥有的一切。

噢，有一年冬天，哈丁公司里一小伙自命不凡的人为了一件大衣耗费了 3～4 万美元——他们当中却没有一个人能有幸穿上它。情形是这样的，一名杰出的场内交易人——他后来一年只是象征性地领取 1 美元，并因此世界闻名——穿着一件内衬海獭毛皮的裘皮大衣来到交易所。当时，皮草还没涨到天价，那件大衣也不过 1 万美元。然后，哈丁公司里的这伙人之一，鲍勃·基翁，决定买一件内衬俄国黑貂皮的大衣。他在上城区打听了一下价格，跟那件大衣差不多，也是 1 万美元。

"那真他妈的太贵了。"其中一个家伙反对道。

"噢，还好！还好！"鲍勃·基翁温和地承认，"大概也就是一个星期的工资——除非你们这些家伙中有人愿意把它赠送给我，以示你们对这个公司里最出色的人一点儿微薄而真诚的敬意。有人要发表赠送演说吗？没有？很好。那我只有让股市替我买下它了！"

"你为什么想要一件黑貂大衣呢？"艾德·哈丁问道。

"那种大衣穿在我这种身材的人身上特别合适。"鲍勃挺直了身子回答道。

"你刚说你要怎么支付这件大衣的钱来着？"吉姆·摩菲问道，他是哈丁公司里出了名的喜欢追逐内幕消息的人。

"靠一次精明的短线品种投资，詹姆斯。这就是我的支付方式。"鲍勃回答道，他知道摩菲不过是想知道其中的内幕消息。

果然，吉米问道："你准备买哪只股票？"

"老兄，你又猜错了，这次可不是买进什么股票。我打算放空 5000 股美国钢铁。这只股票应该至少会下跌 10 点。我准备净赚 2.5 个点就够了，这样很保守了，对吧？"

"你听到了这只股票的什么消息？"摩菲急切地问。他又高又瘦，一头黑发、面黄肌瘦，因为他从来不出去吃午餐，害怕错过盘势上的任何信息。

"我听到别人说，在我曾经想买的大衣中，那件是最好看的。"他转向哈丁说道，"哈丁，以市价放空 5000 股美国钢铁普通股。现在，老哥！"

他是一个赌徒，我是说鲍勃，他喜欢没完没了地说笑逗乐。这是他让全世界都知道他具有钢铁般的意志的方法。他放空了 5000 股美国钢铁，结果该股立即上涨。还好鲍勃一点儿也不像谈笑时看起来那么白痴，他在遭受了 1.5 个点的损失时采取了止损措施，然后向公司的人解释说，纽约的气候太温和了，不适合穿裘皮大衣。裘皮大衣不利于健康，而且太招摇。其他人都嘲笑他。然而，没过多久，他们那伙人的其中一个却买进了一些联合太平洋，也想从中赚取皮大衣的钱。损失了 1800 美元之后又说，黑貂皮更适合女性穿在大衣的外面，不适合一个谦逊而聪明的男性穿在衣服的里面。

从那之后，那群人一个接一个想尽各种办法试图让市场替他们支付那件大衣的钱。一天，我说为了避免公司破产，我要买下那件大衣。但他们全都说我这样做太没道德了，如果我是想为自己买下那件大衣，我应该让市场替我买。不过哈丁倒是强烈赞成我的想法，于是当天下午我就去到毛皮商那里，准备买下它。结果我发现一个来自芝加哥的人一个星期之前就把那件大衣买走了。

这不过是其中一个例子。在华尔街上，试图让市场替他付款买汽车、手镯、摩托艇，或是油画的人当中，没有一个不赔钱的。吝啬的市场拒绝为生日礼物付款，这些生日礼物的钱加起来都可以建一家大医院了。事实上，我认为在华尔街所有的扫把星当中，那种试图让股市扮演乐善好施的仙女教母的扫把星是最多的，也是最固执的。

像其他所有十足的扫把星一样，这种扫把星也是有其存在理由的。当一个人打算让股市为他突如其来的开支付款时，他会做什么？噢，他只会期待，只会冒险赌博。因此，在这种情况下，他承受的风险将远远大于明智投机时的风险。进行明智投机时，他会在对基本情势进行冷静地研究之后得出合乎逻辑的观点或意见，并据此进行交易。现在，首先，他追求的是快速的利润，他等不起。即使市场真有心对他友善一点儿，也必须立即对他友善。他自己安慰自己，认为自己不会要求更多，不过是成败机会各一半地赌一把而已。因为他是准备快进快出的——例如，当他所希望的仅仅是挣两点就停手时，那他一定会在亏了两点时立即采取止损措施——他始终荒谬地认为，自己不过是在进行一次成功与失败几率各一半的投机。噢，我认识一些人，他们之所以损失了无数的钞票，就是因为进行这样的交易，尤其是恰恰在一次中等规模的回调发生之前的多头市场的最高点买进。进行交易时决不可这样。

这是我股票大作手生涯中最愚蠢的一次操作，也是我无法承受的最后一击。这次操作击败了我。我亏光了棉花交易之后仅剩的一点儿钱。同时伤害变得愈发严重，因为我亏光之后还继续交易——因此继续亏损。我执意认为自己最终一定会从股市上挣到钱。但唯一出现的结果却是我的资金亏得精光。我债台高筑，不仅对我的主要经纪商欠下债务，还对其他经纪行欠下债务，因为其他经纪行在我不能缴纳足额保证金的情况下仍然允许我交易。我不仅当时负债累累，而且从此之后一直处于债务缠身的状态。

第十三章　离奇的经历

盘势并没有骑士风度。此外，它也不会奖励你的忠诚。

这就是我的情况，再次破产，这太糟糕了，而且更糟糕的是我的交易方式大错特错。我身体有病、精神紧张、心烦意乱，无法冷静地推理思考。也就是说，我陷入一种任何投机者在交易时都不应该有的精神状态。我感觉哪儿都不对劲。实际上，我开始觉得自己再也无法恢复以前的判断力。由于已经习惯了进行大规模操作——比如一次操作某只股票10万股以上——我担心自己进行小额交易时无法表现出良好的判断力。当你所持有的股票总共才100股时，判断正确似乎也没有什么价值。因为已经习惯了靠大规模交易博取大笔的利润，我不确定自己在进行小额交易时，是否知道何时应该获利了结。我无法向你描述我当时有多无助。

再次破产，丧失了霸道的强势攻击力。债台高筑，错误连连！我受到了各种错误的锤炼，这些错误本该为我更大的成功铺平道路，但我现在的情况却比刚开始在桶店交易时更糟糕。我学到了很多关于股票投机游戏的东西，但却没有学到足够的关于人性的弱点如何起作用的东西。没有任何人的大脑会像机器一样运转，因此你不能指望它一直以同样的效率发挥作用。我因此认识到，我不应该相信自己能在任何时候都不受他人或者不幸的影响。

金钱上的损失从来不会让我感到丝毫的焦虑不安。但是其他的问题会使我感到不安，并且确实使我感到不安了。我仔细研究了这次的惨败，自然很轻易地就看出了自己具体是在什么地方犯傻的。我找出了犯错的确切时间和地点。如果一个人想在投机市场交易中有一个良好的表现，他必须对自己有一个彻底的了解。要搞清楚我到底都能做出什么愚蠢的事，是一个很漫长的教育历程。我有时会想，对于投机者来说为了弄清楚究竟什么东西能阻止自己变得骄傲自大，付出多高的代价都不为过。大量杰出人物的破产都可以直接归咎于骄傲自大——任何人在任何地方都可能会出现的代价高昂的弊病，对华尔街上的投机者来说尤其如此。

由于当时的精神状态，我待在纽约很不开心。我不想交易，因为我并没有处在一个良好的交易情绪当中。我决定离开，去别的地方挣点儿本金。我更觉得换一下环境能帮助我找回自我。因此，在被投机游戏打败之后，我再一次离开纽约。我当时的情形比破产还糟糕，因为我欠各个经纪商的钱加起来超过了 10 万美元。

我去了芝加哥，在那里挣到了一些本钱，数额不是很大，但这不过意味着我需要稍微长一点儿的时间才能赢回自己的财富而已。一家曾经接受过我业务的经纪行对我的交易能力有信心，他们乐于通过允许我在他们公司进行小额的交易来证明他们的眼光。

我开始很保守地交易。我不知道如果我一直待在那里，会有什么样的结果。不过我的交易生涯中最不同寻常的一次经历缩短了我在芝加哥停留的时间。这个故事说起来几乎令人难以置信。

我收到一封卢修斯·塔克（Lucius Tucker）发来的电报。我认识他时，他还是一家股票交易所会员公司的业务经理，那时我偶尔会在他们公司进行交易。不过后来我跟他失去联系了。电报上写着：

立即返回纽约。

L·塔克

我知道他从我们一些共同的朋友那里了解到了我现在的处境，所以他肯定有什么计划。与此同时，我也没有钱可以浪费在一次不必要的纽约之行上。因此，我没有按他说的做，而是和他通了一个长途电话。

"我收到你的电报了。"我说，"什么意思？"

"意思是纽约有一位大银行家想见你。"他回答道。

"哪个银行家？"我问他。我想象不出可能是谁。

"等你到纽约了我会告诉你的。否则告诉你也没什么用。"

"你说他想见我？"

"对。"

"为什么想见我？"

"如果你给他一次机会，他会亲自告诉你的。"卢修斯说道。

"你不能写信告诉我吗？"

"不能。"

"那你说明白点儿。"我说道。

"我不想在电话里谈。"

"听我说，卢修斯，"我说，"至少告诉我，这一趟会白走吗？"

"当然不会。你来了对你有好处。"

"你就不能给我点儿暗示？"

"不行，"他说，"这对他不公平。而且，我也不知道他到底打算为你做到什么程度。不过听我的话，回来吧，赶紧回来。"

"你确定他想见的是我？"

"除了你不会有别人。我告诉你，你最好回来。给我发电报，告诉我你坐哪趟列车，我去火车站接你。"

"那好吧。"我回道，然后挂断电话。

我不太喜欢他们搞得这么神秘，不过我知道卢修斯对我很友好，并且他那样讲话肯定有很充分的理由。同时，我在芝加哥的生活还没有奢侈到离开那里会让我心碎的地步。照我在那里的交易速度，要花很长时间才能积累足够的资金，恢复我之前的操作规模。

我回到纽约，不知道即将发生什么事情。事实上，我在火车上不只一次担心我此行可能是竹篮打水一场空，结果既要搭进去来回的车票钱，还要浪费时间。我没想到我即将开始我这辈子最离奇的一次经历。

卢修斯到火车站接我，一见面便开门见山，说他叫我回来是应丹尼尔·威廉姆森先生（Daniel Williamson）的紧急要求，他指的是著名的股票交易所会员经纪公司威廉姆森-布朗公司（Williamson & Brown）的威廉姆森。威廉姆森先生让卢修斯告诉我，他要跟我谈谈一个生意上的建议。他确定我会接受他的提议，因为这桩生意对我来说大有好处。卢修斯发誓说他不知道提议究竟是什么。不过那家公司的声誉是一个很好的保证，保证他不会要求我做什么不恰当的事情。

丹尼尔·威廉姆森是这家公司的高级成员，该公司早在 19 世纪 70 年代由埃格伯特·威廉姆森（Egbert Williamson）创立。公司里根本没有一个叫布朗的人，这么多年以来一直没有。在丹尼尔的父亲那个时代，该公司非常显耀。丹尼尔继承了相当大一笔财产，根本用不着去外面找太多的业务。他们拥有一位价值 100 个普通客户的大客户，阿尔文·马奎德（Alvin Marquand），威廉姆森的姐夫。他除了是十几家银行和信托公司的股东之外，还是庞大的切萨皮克—大西洋铁路系统（Chesapeake and Atlantic Railroad system）的总裁。在铁路世界里，他是继詹姆斯·J·希尔（James J. Hill）之后最突出的人物。同时，他还是一个非常有势力的金融小集团的发言人和主要成员，该集团被称为福特·道森帮（Fort Dawson gang）。他的身价在 5000 万至 5 亿美元之间，究竟是多少得看评估人的承受能力了。当他去世时，人们发现他身价为 2.5 亿美元，全都是从华尔街挣的，由此你可以看出他是一位多么了不得的客户。

卢修斯告诉我，他刚接受了威廉姆森—布朗公司的一个职位——一个特别为他设置的职位。他应该是某种流动的、四处争取一般业务的人员。该公司正在从事一些一般的经纪业务，并且卢修斯已经说服威廉姆森先生开设几家分公司，其中一家将设在上城区的一家大酒店里，其他的设在芝加哥。这使得我自然推测，他们应该会在芝加哥的某个分公司里给我安排一个职位，或许会是业务经理，而这样的安排我是不会接受的。我没有当即责备卢修斯，因为我想还是等到提议正式出来之后再拒绝比较好。

卢修斯把我带进威廉姆森先生的私人办公室，把我介绍给他的老板，然后赶紧离开了办公室，似乎要避免在他同时认识双方的情况下，被当成见证人。我准备好洗耳恭听，然后说不。

威廉姆森先生很友善。他绝对是一位绅士，举止文雅、笑容亲切。我可以看出他很容易就能交到朋友，并且能维持友谊。可不是吗？他身体健康，自然心情也不错。他有大把大把的金钱，因此不会有人怀疑他会有卑鄙的动机。这些优势再加上他的学历和社会历练，使得他很容易做到不仅有礼貌，而且很友善；不仅很友善，而且很乐于助人。

我什么也没说。我没什么可说的，此外，我总是会等别人说完之后我再开口。有人告诉过我，已故的国民城市银行的董事长詹姆斯·斯蒂尔曼——顺便说一下，他是威廉姆森的一位至交——习惯于在任何人带来提议时，都先面无表情地静静聆听对方的叙述。等对方说完之后，斯蒂尔曼先生继续盯着对方，好像对方还没有把话说完一样。因此对方便会觉得必须再说点儿什么，于是接着说下去。只是简单地靠着凝视和聆听，斯蒂尔曼通常就能使对方最终自己主动提出对他的银行更有利的条件，比刚开始讲话时打算提供的条件优惠得多。

我保持沉默并不是因为我想诱导别人提供更优惠的条件，而是因为我喜欢了解事情的全部情况。让对方全部说完，你就能立即做出决定，这样可以大大节省时间。这样可以避免争执，避免最终也不会有什么进展的漫长的讨论。就我所参与过的生意上的建议来看，几乎所有别人向我提出的建议，我最终都能用一句"行"或"不行"来解决。但如果对方没有把整个提议完整地交代清楚，我就没法立即说"行"还是"不行"。

丹尼尔·威廉姆森说着，我听着。他告诉我，他听说了很多关于我在股市操作的事情，他很遗憾我跨出自己的领域进行操作，以至于在棉花市场遭遇惨败。不过也正是因为我运气不好，他才有幸能与我当面交谈。他认为我的特长是在股市进行交易，我就是为股市而生的，我不应该偏离股市进行交易。

"这就是原因，利文斯通先生，"他愉快地总结道，"这就是我们希望和你做生意的原因。"

"和我做什么生意？"我问他。

"充当你的经纪商，"他说道，"我们公司想让你在这里进行股票交易。"

"我很想在你们这里进行交易，"我说，"但是我不能。"

"为什么？"他问我。

"我没什么钱了。"我回答道。

"这好办，"他带着友善的微笑说，"我会为你提供的。"他拿出一个袖珍的支票簿，开出一张 2.5 万美元的支票，抬头写上我的名字，然后递给我。

"这是干嘛？"我问道。

"给你的，你可以把它存在你自己的银行户头上，然后你可以自己签支票。我想让你在我们公司进行交易。我不在乎你是赢还是输。如果这笔钱没了，我会再给你开一张个人支票。所以你拿着这笔钱不必特别小心翼翼地操作。明白？"

我知道，这家公司太有钱了，生意太兴旺了，根本不缺少任何人的业务，更不用说送某人一笔钱让他拿去充当保证金了，而且他这事也做得太好心了！他不是给我一笔在他公司的信用额度，而是直接给我一笔真金白银，这样就只有他一个人知道我这笔钱从何而来，而他这样做唯一的附加条件就是，我通过他的公司进行交易。此外，他还承诺，如果这笔钱没了，他还会给我更多！不管怎么样，这里一定有原因。

"这是什么意思？"我问他。

"意思很简单，我们希望在自己的公司里，有一个出了名的交易很活跃的大客户。人人都知道你经常大规模做空，这是我特别喜欢你的一点。你是有名的豪赌客。"

"我还是没明白你的意思。"我说道。

"坦白跟你说吧，利文斯通先生。我们有两三个非常富有的客户，他们通常都会大规模地买卖股票。我不想我们每次卖出任何一只股票的一两万股时，华尔街都怀疑他们。如果华尔街知道你在我们公司进行交易，它就不会知道突然出现在市场上的空单，究竟是你在放空，还是其他客户在卖出他们原来做多的股票。"

我立刻就明白了。他想利用我豪赌客的名声来掩护他姐夫的操作。碰巧我一年半之前才因为放空挣了我有史以来最大的一笔利润，因此华尔街上那些传播小道消息的人以及那些愚蠢的谣言传播者自然就形成了一种习惯，每次股价下跌都归咎于我。直到今天，当市场非常疲软时，他们都说是我在打压市场。

我根本不用多想，一眼就看出丹尼尔·威廉姆森正在给我提供一个机会，让我能够东山再起，并且是迅速地东山再起。我收下支票，把它存入银行，然后在他们公司开立了账户，开始交易。此时的市场相当活跃，活跃到交易者根本不必死守着一两只股票。正如我告诉过你的，我之前还开始担心自己已经丧失了正确操作的本领，但现在看来我好像没有。三个星期之内，我凭着丹尼尔·威廉姆森借给我的那2.5万美元，挣到了11.2万美元的利润。

我去找他，对他说："我来是要还你那2.5万美元。"

"不不不！"他说着，连连摆手，活像我拿给他的是掺了蓖麻油的鸡尾酒。"不不不，老弟。等你账户上的金额达到一定程度再说吧。先不用想着还我。你才挣了一点儿零花钱而已。"

就是在这个时候，我犯下了自己在华尔街交易生涯中所犯过的最让我后悔的错误。它是我之后漫长、阴郁、痛苦岁月的根源。我应该坚持让他收下这笔钱的。我正向着比我亏掉的更大的一笔财富迈进，而且步伐相当快。三个星期以来，我的平均收益率达到了每周150％。从此之后，我的交易规模将稳步增长。但是，我没有让自己从所有的负债中解脱出来，反而让他自主行事，没有坚持让他收下那2.5万美元。自然，由于他没有抽回预支给我的那2.5万美元，我感觉自己也不太好完全抽出自己的利润。我非常感激他，但是我天生不喜欢欠人钱财或是欠人人情。我可以用钱财来偿还欠别人的钱财，但是其中的恩惠和好意，我必须以好意来偿还——你会很容易就发现，这种道义上的负债有时候的代价是相当高昂的。此外，这种负债还没有诉讼时效的限制。

我把这笔钱放在一边不动，重新开始我的交易。我进展得非常顺利。我正慢慢地恢复自信，我非常确信自己不久之后就会回到1907年那种意气风发的状态。一旦我恢复了当年的状态，我所要求的不过是市场能够维持得稍微久一点儿，好让我挣回比我损失掉的更多的钱。不过此时我倒不是太纠结于究竟能不能挣到钱。真正令我高兴的是，我丢掉了犯错以及迷失自我的毛病。这个毛病曾经使我陷入了好几个月的混乱状态，现在我已经从中汲取了教训。

大概就在此时，我转向看空，开始放空几只铁路股，其中包括切萨皮克-大西洋铁路系统。我想我当时挂出了该股的一张空单，大概8000股。

一天早上，我去市中心时，丹尼尔·威廉姆森在开市之前把我叫进他的私人办公室，对我说："拉里，眼下不要在切萨皮克-大西洋铁路上采取任何行动。你这样操作不太好，我是指放空8000股。我今天早上已经在伦敦替你回补，并且转向做多了。"

我确定切萨皮克-大西洋铁路会下跌。盘势相当明确地告诉了我这一点，而且我已经看空整个市场，虽然算不上强烈或是疯狂地看空，但看空的程度足以让我放心地持有中等规模的空头头寸。我对你威廉姆森说："你为什么那么做？我现在看空整个市场，所有股票都会下跌。"

但他却只是摇摇头，说："我那么做是因为，我碰巧知道一些你不知道的关于切萨皮克-大西洋铁路的信息。我给你的建议是，在我告诉你能够安全放空这只股票之前，不要放空它。"

我还能做什么？这不是一条愚蠢的内幕消息，而是来自董事会主席的小舅子的建议。丹尼尔不仅是阿尔文·马奎德最亲近的朋友，而且还对我很友善，很慷慨。他曾表明了自己对我个人的信心以及对我言辞的信任。我没法不对他感激涕零。因此，我的情感再一次战胜了我的判断，我做出了让步。使我自己的判断服从于他的意愿是我毁灭的原因。感激之情是一个有教养的人会情不自禁流露出的，但他不应该让自己被这种情感完全牵绊住。结果，我所知道的第一件事就是，我不仅亏掉了所有的账面利润，另外还欠了公司 15 万美元。我对此感到相当懊悔，但丹尼尔告诉我说不用担心。

"我会帮你摆脱这种困境，"他承诺道，"我保证。不过只有你配合我，我才能做到。你必须停止自己进行交易。不能我在努力为你操作，然后却让你的操作毁掉我为你所做的全部努力。你就暂时把市场放一边，给我一个机会，让我为你挣些钱。可以吗，拉里？"

我再一次问你：我能怎么做？我想到他的好意，不可能做出任何可能被理解为不知感恩的举动。我已经慢慢喜欢上他了。他令人感到舒适，而且很友善。我记得自己从他那里得到的全是鼓励。他不断地使我相信，一切都会好转。一天，大概是在 6 个月之后，他来找我，脸上挂满愉悦的笑容，递给我几张存款单。

"我说过会帮你摆脱困境的，"他说，"我做到了。"然后我发现，他不仅已经帮我摆平了所有的负债，还另外为我留下了一小笔余额。

我认为自己可以不必太费力就让这笔钱迅速增加，因为此时的市场很对路，但他却对我说："我已经替你买入了 1 万股南大西洋铁路（Southern Atlantic）。"这是他姐夫阿尔文·马奎德控制的另一个铁路公司，同时阿尔文操控着该股的市场命运。

要是有人像丹尼尔·威廉姆森对待我一样对待你，你除了"谢谢"之外，还能说什么——无论你对市场的看法是什么样的。或许你确定你的看法是正确的，但正如帕特·赫恩所说："不下注，怎会知输赢！"而丹尼尔·威廉姆森已经替我下注了——用他自己的钱。

噢，南大西洋铁路下跌了，然后一直在低位运行，我又亏损了。我忘了那 1 万股亏了多少钱，最后丹尼尔帮我全部卖出。我欠他的比以前更多了。然而，你在生活中绝对没见过这么好心、这么不纠缠的债主。他从来不会抱怨，相反，他还会不断地鼓励你，劝你不要担心。最后，他仍然以同样慷慨而神秘的方式帮我把亏损补齐。

他没有跟我说过任何细节。他给我的全是仅以数字编号的存款账户。丹尼尔·威廉姆森只是简单地对我说："我们已经用其他交易的利润弥补了你在南大西洋上的亏损。"他还会告诉我，他如何替我放空了 7500 股其他的某只股票，从中获取了不少的利润。老实说，对于那些挂在我名下的交易，我绝对不知道任何一点儿细节，直到我被告知债务已经摆平了。

在发生了好几次这样的事情之后，我开始思考，开始换一个角度来看待我遇到的情况。最后，我恍然大悟。显然，我被丹尼尔·威廉姆森利用了。想到这一点，我非常气愤，但更让我气愤的是，我竟然没有早一点儿发现这件事。我把整件事在我脑子里过了一遍，然后立即去找丹尼尔·威廉姆森，告诉他我和这家公司的关系结束了，然后就离开了威廉姆森—布朗公司。我对他和他的同伙无话可说。说再多能对我有什么好处呢？但是我承认，我对自己和对威廉姆森—布朗公司一样感到痛心。

金钱上的损失并没有让我感到烦恼。每次我在股市上赔钱时，我都认为自己因此学到了一些东西，认为自己赔钱的同时肯定从中获得了一些经验，所以那些钱实际上是拿来做学费了。人必须有一些经验，而要获得经验，他就必须付出代价。然而，我这次在丹尼尔·威廉姆森公司的经历却只对我造成了巨大的伤害，害得我错过了一次大好的时机。损失金钱根本不算什么，还可以把它挣回来。但是，像我当时所遇到的那种市场机会并不是每天都有的。

你看，当时的市场非常适合交易。我是正确的，我的意思是我对市场的研读是正确的。赚取几百万美元的机会就在眼前。但是，我却让自己的感激之情干扰了自己的操作。是我自己绑住了自己的双手，认为自己必须按照丹尼尔·威廉姆森好心希望我做的去做。总之，这比和亲友做生意还更令人不满意。这绝对是一桩差劲的生意！

错过这次机会还不是最糟糕的。最糟糕的是，从那以后，我几乎一直都没有机会可以赚大钱。市场变得很平静。我的情形每况愈下。我不仅赔掉所有的资金，而且再次债台高筑——债务比以往任何时候都沉重。1911

年，1912 年，1913 年，一直到 1914 年，这些年是一段漫长而艰难的时期，市场上根本无钱可赚。此时机会已经不再，因此我那些年的处境比以往任何时候都糟糕。

如果事前没有清晰地看出市场上即将发生什么，那么亏损还情有可原，不会让人觉得那么不舒服。正是这一点使我耿耿于怀、挥之不去，这样一来我自然就更加的心神不宁。我明白，投机者容易犯的弱点几乎是数不胜数。作为一个正常的人来说，我在丹尼尔·威廉姆森公司里的表现是合理的；但作为一个投机者来说，我允许自己受到任何考虑的影响而做出有悖于自身判断的举动，都是不合理的。贵人理应品行高尚——但在股市上这一套却行不通，因为盘势并没有骑士风度。此外，它也不会奖励你的忠诚。我意识到，即使自己当初意识到了这一点，表现也不会有什么不同。我不会仅仅因为想在股市进行交易，就改变自己的本性。然而，生意总归是生意，而作为一个投机者，我的事业要始终依赖自己的判断。

这是一次非常离奇的经历。让我来告诉你，我认为到底是怎么回事。丹尼尔·威廉姆森第一次见到我时所说的话绝对很诚恳。每次当他的公司买入或卖出几千股什么股票的时候，华尔街都会立即断定是阿尔文·马奎德正在进行买卖。的确，他是这家公司的大型交易商，而且他把所有的生意都给了这家公司。他是人们在华尔街上见过的最优秀的、最大的作手之一。我被当成了烟雾弹，负责掩护马奎德的卖出。

在我入市之后不久，阿尔文·马奎德就病倒了。他的病早就被诊断为不治之症，丹尼尔·威廉姆森当然早在马奎德本人知道之前就知道了实情。这就是丹尼尔回补我的切萨皮克-大西洋股票的原因。那时他已经开始出清他姐夫手中持有的投机股，包括那只股票和其他一些股票。

马奎德去世之后，他的遗产管理人自然必须出清他手中的投机和半投机头寸，到那时我们已经进入了空头市场。丹尼尔通过他那种方式将我捆绑起来，帮了遗产管理人一个大忙。我说自己是进行大额交易的交易者，并且我当时对股票市场的看法完全正确，并不是在吹牛。我知道威廉姆森还记得我在 1907 年的空头市场中的成功操作，他承担不起让我重仓操作的风险。为什么？因为如果我保持当时的赢利速度，将获得一笔相当庞大的利润，这样一来，等到他试图出清阿尔文·马奎德的遗产时，我已经能交易数十万股了。作为一位活跃的空头交易者，我将对马奎德的遗产继承人造成数千万美元的损失，而阿尔文留下的遗产不过两三亿多一点儿而已。

对他们来说，先让我负债，然后再帮我偿还债务，比起让我在其他经纪公司里大肆进行空头操作，成本低多了。我本来就准备大肆放空的，要不是因为我的感激之情，我决不可能让自己受制于丹尼尔·威廉姆森。

我一直认为，在我的股票大作手生涯中，这一次的经历是所有经历里面最有趣，同时也是最不幸的一次。单就作为一次教训来说，这次的代价过于高昂，它将我东山再起的时间延后了好几年。我足够年轻，可以耐心等待损失的那几百万美元重新回到自己手中。然而，对一个穷困的人来说，5年实在是很漫长的一段时间；不管是年轻还是年老，这都不是滋味。没有游艇我还可以忍受，但没有市场可以让我东山再起，那简直太难熬了。一生中最大的机会正拿着我丢失的钱包在我面前晃，我却无法伸手去拿。那个丹尼尔·威廉姆森真是个厉害的角色。他像大家所描绘的一样狡猾且有远见，足智多谋且有气魄。他是一位思想家，很有想象力，能察觉出任何人的弱点，并且能通过冷静的计划来打击这个弱点。他先对我进行判断，然后很快琢磨出究竟应该怎么对付我，以削弱我的能力，使我在市场上完全丧失攻击性。实际上他对付我并不是出于金钱的目的。相反，从表面看来，他在这方面对我极其慷慨。他爱他的姐姐——马奎德夫人，他只是对她尽了他自己认为应尽的责任。

第十四章　东山再起

挣钱是摆脱困境的唯一方式。

　　我一直难以释怀的是，我离开威廉姆森-布朗公司之后，市场最美好的时光已经逝去。我们进入了一段漫长的无钱可挣的时期，整整 4 年根本无利可图，市场上一个子儿也挣不着。正如比利·亨里克兹曾经所说："这是一个臭鼬都放不出臭味来的市场。"

　　看来我好像命中注定要受穷。或许这是上帝计划用来惩罚我的，然而，我实际上并没有骄傲自大到需要栽这样大的跟头。在处于亏损状态的交易者常犯的投机罪过中，我没有犯过其中任何一项。我没有进行过典型的傻瓜似的操作行为。我曾做过的，或者说我曾避免不做的，在四十二街以外的地方都应该受到赞扬而不是谴责。在华尔街上，我的做法却是荒谬的并且代价高昂。不过，到现在为止，最糟糕的一点却是，这次的经历让人不免开始怀疑，在股票市场上你好像应该使自己的人情味稍微淡薄一些。

　　我离开了威廉姆森的公司，到其他一些经纪公司的营业厅去试了试。每到一家我都赔钱。我活该这样，因为我试图强迫市场给我一些它根本没有义务给我的东西——挣钱的机会。对我来说，要获得信用额度根本不是什么问题，因为那些知道我的人都对我有信心。要是我告诉你，当我最终停止依靠信用额度进行交易时，我的负债远超过 100 万美元，你就知道他们对我的信心有多强了。

　　问题并不在于我是否丧失了把控市场的能力，而在于那 4 年凄惨的日子当中，挣钱的机会根本就不存在。尽管如此，我为了生活仍然拼命工作，力图挣些钱，结果不过是增加了我的负债而已。由于我不能再欠朋友更多钱，我停止按照自己的意愿进行交易，之后我便靠代别人操作来谋生，那些人认为以我对这个游戏的了解，即使在一个萧条的市场中我也能击败它。我从利润中提取一定的百分比作为自己的服务报酬——如果有利润的话。这就是我当时的生活手段，嗨，或者说我维持生计的方法。

当然，我也并不总是亏损，不过我从来没有赚到足够的钱，使我的负债得到实质性的减少。终于，随着情形越变越坏，我生平第一次开始感到气馁。

对我来说，似乎每件事都不对劲。我没有因为自己从百万家财和拥有游艇的生活一下子跌落到负债累累的简朴生活而到处哭诉。我并不享受当时的处境，但我也没有自哀自怜。我没打算耐心地等待时间和上帝来终止我的痛苦。因此，我认真研究了自己的问题。显然，我摆脱困境的唯一方式还是挣钱。而要挣钱，我不过是需要交易成功。我过去成功地交易过，我必须再成功一次。过去我不止一次将微不足道的本金滚动到数十万美元。市场迟早会再给我这样的机会。

我确信，千错万错都是我自己的错，与市场无关。那么我究竟错在哪里呢？我秉持着自己在各个阶段研究自身交易问题的一贯态度，问我自己这样一个问题。我对此进行了冷静地思考，最终得出结论，认为我主要的问题来源于担心自己欠下的债务。我一直纠结于债务而心神不宁。我必须向你解释，这不仅仅是时常意识到自己有债务缠身而已。任何商人在正常的商业经营过程中都会有负债的时候。实际上我大部分的债务不过是商业负债，是由不利的商业环境造成的，这并没有比某位商人遭受的比如异常持久的一段反常的天气更糟糕。

随着时间的推移，我还是没能偿还债务，我开始不那么达观地看待自己的债务。让我解释一下：我欠下的债务超过了 100 万美元——请记住，这些全都是在股市上亏损的。我大部分的债权人都很好，不会来打扰我，但是其中有两位确实让我感觉备受折磨。他们经常跟在我身边。每一次我赢了一点儿钱，他们两个都必定会在场，想知道我赢利的全部情况，并坚持要立即拿到他们那一份。其中一位，我欠他 800 美元，他竟威胁说要起诉我，查封我的家具，诸如此类。我想不通他为什么会认为我隐匿了资产，除非我看起来还不太像舞台上演的那种即将死于穷困的流浪汉。

随着我对这个问题的深入研究，我发现，这不是要求研读盘势的问题，而是要求我认清自我的问题。我在相当冷静的情况下得出以下结论：只要我还处在忧虑不安的状态，我就永远不可能完成任何有益于我东山再起的事情；而同样明显的是，只要我还有负债，我就会焦虑不安。我的意思是，只要任何债权人有权力来骚扰我，或是在我积累一大笔本金之前，坚持让我还钱，以此干扰我东山再起的进程，我就会感到不安。这一点明显是事实，因此我对自己说："我必须申请破产保护。"除此之外还有什么能减轻我的精神负担呢？

这听起来既简单又明智，对吧？然而，我可以告诉你，这何止是让人感到不快，我简直痛恨这么做。我痛恨让自己陷于一种被误解、被错判的境地。我自己从来没有很在乎金钱，从来没有把金钱看得重要到值得为此说谎的地步。但我知道并不是每个人都会这么想。当然我也知道，如果我再次站稳脚跟，我会偿付每一个债权人，因为这种义务仍然存在。但是，除非我能够以过去的方式进行交易，否则我永远不可能偿还那100万。

我鼓足勇气，去见我的债权人。这对我来说是一件相当艰难的事情，虽然他们大部分都是我的私交与老相识。

我十分坦诚地向他们说明了我目前的处境。我说："我打算采取这种措施并不是因为我不想还钱给你们，而是因为，为了对你们和我公平起见，我必须使自己处于一种能挣钱的状态。这两年多来，我时不时地考虑过这种解决方法，但我就是没有勇气站出来，像现在这样坦诚地对你们交代。如果我这么做了，对我们所有人都有无限的好处。归根结底就是这样：当我因为这些债务而受到骚扰或感觉心烦意乱的时候，我断然无法做回原来的自己。我现在决定做我一年前就应该做的事。我这么做，除了刚刚向你们交代的理由之外，没有其他理由。"

第一个说话的债权人所说的实际上代表了所有债权人的心声。他代表他的公司讲了以下这番话。

"利文斯通，"他说，"我们理解。我们完全能明白你现在的处境。让我来告诉你我们的决定：我们会让你解脱的。让你的律师准备一份你想要的随便什么形式的文件，我们都会签署的。"

这基本上就是我所有大的债权人所说的话。这也是华尔街对你有利的一面。他们的决定并不只是随随便便的好意或是讲求公平的运动员精神，同时也是一种相当明智的决定，这么做明显是正确的生意之道。我很感激他们的好意和商业气度。

这些债权人让我卸下了总共超过 100 万美元的债务。但是还有两位小债权人不肯签字了结，其中一位就是我跟你说过的我欠他 800 美元的那个人。我还欠一家已经破产的经纪公司 6 万美元，其破产受益人完全不知道我姓甚名谁，从早到晚一直缠着我。虽然他们被迫遵循我最大的债权人立下的榜样，但我想法院不会让他们签字了结。不管怎么样，我的破产明细表上总共只剩下大约 10 万美元的债务，前面我说过，我的债务实际上超过 100 万美元。

当我看到刊登在报纸上的报道，心里极不是滋味。我以前总是会全额偿还自己的债务，这次新的体验让我感到非常羞愧。我知道自己有生之年总有一天会清偿所有人的债务，但每一个看到这篇报道的人并不知道这一点。看到报纸上的报道之后，我出门都感觉耻辱。不久之后，这种感觉就完全消失了。当我得知自己将不再受人烦扰——那些人根本不知道，如果一个交易者想在股票投机中取得成功，他必须将全部身心都投入到自己的事业当中——那种如释重负的感觉甚至强烈到无法用言语来表达。

现在，我身心得到解放，不再遭受债务的困扰，我可以带着几分成功的前景去从事交易了，下一步便是筹集到另一笔本金。1914 年 7 月 31 号到 9 月中旬，股票交易所关闭，华尔街一直萎靡不振。有很长一段时间，根本没有交易可做。我欠我所有朋友的钱，而正是因为他们曾经对我如此宽容和友善，我实在不太好意思再让他们帮助我，我知道此时没有任何人还有能力为别人提供太多的帮助。

此时要获取一笔像样的本金，真的是一项相当艰巨的任务，因为在股票交易所关闭的情况下，我不可能让任何经纪商为我做任何交易。我到两三个地方试了试，根本毫无用处。

最后，我去见了丹尼尔·威廉姆森。当时是 1915 年的 2 月。我告诉他，我已经让自己摆脱了债务给我带来的沉重的精神负担，准备照过去一样进行交易。你应该还记得，当他需要我时，主动为我提供了 2.5 万美元，并且我在动用这笔钱时无须经过他的同意。

现在轮到我需要他了。他对我说："你要是看准了什么合适的，想买入 500 股的话，你就去买，没问题。"

我向他道谢之后就离开了。他曾经阻止我大赚一笔，而且他们公司从我这儿挣取过大量的佣金。我承认，想到威廉姆森-布朗公司没有给我一笔像样的本金，我有点儿生气。我打算开始时保守地交易。如果我刚开始的操作规模能比 500 股多一点儿，我应该会更容易、更迅速地恢复财力。然而不管怎么样我还是意识到，即使只有这些，我毕竟还是有了一次东山再起的机会。

我离开丹尼尔·威廉姆森的办公室之后，仔细研究了基本情势，尤其仔细地研究了我自身的问题。此时是多头市场，对我和千千万万的交易者来说，这都是显而易见的。然而，我的本金不过是允许我操作 500 股的一个承诺，也就是说我受到了本金的限制，根本没有回旋的余地。刚开始时，哪怕只是非常轻微的回调，我都承担不起。我必须依靠最初的操作来增加我的本金。我最初买入的 500 股必须获利，我必须大赚一笔。我很清楚，除非拥有充足的交易资金，否则我不可能有良好的判断力。没用足够的保证金，就不可能以冷静、客观的态度来对待这个游戏，而这种态度来源于能够先承担一些较小数额的损失，正如我经常在投下大笔赌注之前用来探测市场时所遭受的损失一样。

我想，此时我完全意识到了自己正处在大作手生涯中最关键的时期。如果我这次失败了，即使还有机会，也不知道在什么地方和什么时候，我才能获得另一笔资金进行另一次尝试。很明显，我必须准确无误地等待关键心理时刻的到来。

我没有靠近威廉姆森-布朗公司。我的意思是，在长达 6 个星期的时间内我都刻意避开他们，好让自己安心地研读盘势。我担心自己一旦走进他们公司，知道自己可以买入 500 股，或许就会受不了诱惑，以至于选择在错误的时机或是错误的股票进行交易。一个交易者，除了应该研究基本情势、牢记市场先例、考虑公众参与者的心理状态和经纪商的局限性之外，还必须认清自我并预防自身的弱点。我们没有必要对自己身为人类而感到恼火。我已经认识到，知道怎么研读自己跟知道怎么研读盘势具有同等的必要性。我已经研究并估算过自己对于某些特定的冲动以及活跃市场上不可避免的诱惑会做出什么样的反应，并且这种研究和估算所带有的心境和精神状态，跟我在斟酌产量状况或是分析收益报告时是一样的。

因此，虽然一文不名，并且急切地想要恢复交易，我仍然在另一家我一股都不能买卖的经纪公司营业厅里，日复一日地坐在报价板前研究市场，不错过盘势上出现的任何一笔交易，密切观察着关键心理时刻发出让我全力冲刺的信号。

在1915年初那些关键的日子里，根据全世界都知道的基本情势，我最看好的股票是伯利恒钢铁。我非常确信该股会上涨，但为了确保我最初的操作赢利——因为我必须赢利——我决定等到该股的价格超过面值时再采取行动。

我想我曾告诉过你，根据我的经验，无论某只股票在什么时候第一次突破100、200或300大关，它几乎都会继续上涨30～50点——而在突破300之后会比突破100或200之后上涨得更快。我第一次大的意外斩获是在安纳康达上，我当时在它突破200时买入，一天之后以260的价格卖出。我这种在股票刚好突破面值时买进的习惯可以追溯到我早年在桶店进行操作的日子。这是一条历经市场检验过的古老交易原则①。

你应该能想象我有多渴望像以前一样进行大规模的交易。我如此渴望赶紧开始行动，以至于除此之外脑子里根本容不下任何别的事情。不过，我还是抑制住了自己。我眼睁睁地看着伯利恒钢铁一天天地攀升，升得越来越高，正如我所确信的一样。然而，我抑制住了自己冲到威廉姆森-布朗公司买入500股的冲动。我知道，我必须在人力所能及的范围之内，尽可能地使我的初始操作稳操胜券。

该股每上涨一个点，就意味着500美元我没有挣到手。最初10个点的上涨意味着我本可以进行金字塔式的加仓，这样我现在持有的就不仅仅是500股，而是每上涨一个点就可以为我挣得1000美元的1000股。即使这样，我仍然坚持不动，我没有听从希望的大喊大叫或是信念的大声疾呼，而只是听从经验平静的声音和常识的忠告。一旦我积累了一笔像样的本金，我就能承担冒险所带来的成本了。然而，在没有本金的情况下，冒险，哪怕只是一点点风险，都是完全超出我能力范围的一种奢侈的行为。6个星期的耐心等待——不过还好，最终还是常识战胜了贪婪和希望！

当该股上涨到90时，我真的开始动摇了，我的心在滴血。想想看，我如此看好市场却没有买入，我错过了多少利润。噢，当它涨到98时，我对

---

① 译注：这是本书奉献给读者一个很实用的交易技巧。

自己说："伯利恒即将突破 100，如果它真的突破了 100，显然会飞速上涨！"报价纸带何止是明显地显示了这一点，实际上它是在用扩音器向我宣布这一点。我可以告诉你，当自动报价机刚打出 98 时，我已经从纸带上看到 100 了。同时我知道，这并不是我一厢情愿的希望或是我的欲望所产生的幻觉，而是我研读盘势的直觉所断言的。于是，我对自己说："我不能等到它突破 100 再行动。我必须现在就买入。这实际上已经相当于在它突破面值之后再买入了。"

我匆匆赶到威廉姆森-布朗公司，提交指令，买入 500 股伯利恒。当时市场上的价格是 98，我以 98～99 的价格买到了这 500 股。我买入之后该股立即飞速上涨，我想当天晚的收盘价应该是 114 或 115。我再次买进500 股。

第二天伯利恒涨到了 145。我有自己的本金了，但这是我辛苦挣来的。等待正确时机到来的那 6 个星期，是我曾度过的最艰难、最折磨人的 6 个星期。不过我得到了回报，因为我现在有了足够的资金，可以进行大规模的交易了。光靠那 500 股，我绝不会取得任何成就。

良好的开端是成功的一半，不管你从事的是哪个行业都是如此。伯利恒钢铁交易之后，我的表现一直相当出色——实际上，出色到你都不会相信这是同一个人在进行交易。事实上，我确实已经不是以前的自己了，以前我精疲力竭、频频犯错；而现在我却身心放松、正确无误。没有债权人来烦我，也没有资金短缺的问题干扰我的思考，或是干扰我倾听经验诚实的声音，因此我不断地赢利。

突然，正当我向着确定无疑的财富迈进时，我们遭遇了"卢西塔尼亚号"事件①，市场下跌。每隔一段时间，你就会遭受一次这样的意外打击，并且打击直指心窝，或许只有这样才能提醒你一个可悲的事实，即没有任何人对市场的看法可以始终相当正确，以至于能够避免受到不利事件的影响。我听人们说，专业投机者不一定会因为卢西塔尼亚号被鱼雷击沉而受到沉重的打击。他们还说，早在华尔街知道这个消息之前，专业投机者就知道了。是我自己不够聪明，没能提前预知消息以幸免于难。我唯一可以告诉你的是，由于卢西塔尼亚号造成的股价下跌给我带来的损失，以及其

---

①　译注：卢西塔尼亚号，英国远洋客轮，1915 年被德国潜艇击沉。

他一两次因为我不够聪明而没有预见到的回调，到 1915 年底时，我发现我经纪商账户上的余额仅剩大概 14 万美元。这些实际上都是我挣来的，因为我当年大部分的时间对市场的看法都是正确的。

接下来的一年，我的表现好多了。我非常幸运，在一轮狂野的多头市场中强烈看涨。形势对我相当有利，因此除了挣钱，没有别的事情可做。这使我想起了标准石油公司已故的 H·H·罗杰斯（H. H. Rogers）的一句名言，大致意思是：时机来临时，钞票挡也挡不住，就好比不打雨伞，跑到暴风雨中，想不被淋湿也很难。市场进入了有史以来最明确的多头行情。每个人都可以很明显看到，协约国从美国购买各种各样的物资，把美国变成了世界上最繁荣的国家。我们拥有任何别的国家都没有的各种各样的物资可以用来出售，因此我们正在飞速地获得世界上所有的现金。我的意思是，全世界的黄金正像洪流般涌进我们这个国家。通货膨胀无可避免。自然，这意味着一切东西的价格都在上涨。

所有这一切从一开始就如此明显，以至于根本不需要任何多头操纵。这就是为什么与其他的多头市场相比，这次的多头市场需要的前期准备工作少得多。这一次不仅比其他所有时期都更容易发展成"战争新娘"繁荣景象。事实证明，这次的繁荣史无前例地惠及到了普通民众。换言之，1915 年期间的股市获利的分布情况，比华尔街历史上任何其他时期的繁荣景象都更广泛。不管是公众没有将所有的账面利润兑换成真金白银，还是他们没有将实际到手的利润保留很长时间，都不过是历史在重演。其他任何一个地方都不会像在华尔街上一样，历史如此频繁、如此前后一致地重复。如果你阅读今日的关于繁荣与恐慌的报道，有一点一定会让你非常震惊，那就是今天的股票投机或股票投机者与昨天的股票投机或股票投机者相比，差别竟是如此之小。这个游戏从来没有改变，人性也从来没有改变。

1916 年，我一路追随着涨势进行操作。我跟一般人一样看涨后市，但我当然同时睁大双眼。我知道，其他所有人也都知道，凡事总有走到尽头的时候，因此我密切注视着警告信号。对于猜测会从什么地方传出什么内幕消息，我并不是特别感兴趣，因此我不会始终只盯着一个点。我不会，而且我感觉自己从来也没有与市场的一边或另一边结下不解之缘。我认为，不管是某一轮多头市场使我银行账户上的存款增加，还是某一轮空头市场对我特别慷慨，都不能成为充分的理由使我收到离场信号后还坚持站在多头一边或空头一边。交易者不必宣誓说要永远效忠于多头一边或是空头一边。他所关心的始终应该是站在正确的一边。

还需要记住的一点是：市场不会以一片盛大的烈焰宣告一轮趋势已经终结，也不会以一种突然的反转形态终结一轮趋势。市场可能，而且确实经常在价格普遍开始下跌之前很久就已经不再是多头市场了。我注意到，那些一直领涨市场的股票，一个接一个地在其顶部出现了好几个点的回调，好几个月以来第一次出现这种情况，并且没有再涨回去——我守候已久的警告信号终于出现了。显然，它们的赛程已经跑完，这无疑向我表明，我必须改变自己的交易策略了。

道理再简单不过了。在一轮多头市场中，价格趋势毫无疑问是明确上升的。因此，无论什么时候，当某只股票的走势违背了总体趋势，你都有理由假设这只特定的股票一定有什么地方出了问题。对于一个富有经验的交易者来说，这点就足以使他认识到整个市场有什么地方不对劲了。他不能指望盘势会扮演一名讲师，亲自告诉他这一点。他应该做的是，仔细倾听盘势说："离场！"，而不是等着它提交一份法律文件，等待它的批准。

正如我之前所说，我注意到一直在这轮令人惊叹的涨势中充当领头羊的那些股票，已经停止上涨了。它们回调了6~7个点之后，便一直停留在回调后的水平。同时，在新的领涨股的带领之下，市场上其他股票继续上涨。既然这些公司本身没有出什么问题，就得从别的地方寻找原因。那些股票已经随着大流运行了好几个月。虽然多头潮流仍在强势运行，但那些股票已经停止追随潮流，这意味着针对于那些特定的股票，多头市场已经结束。而对于市场上其他股票来说，趋势仍然是明确朝上的。

没有必要感到困惑，并因此不采取任何行动，这种现象其实并不矛盾。我此时并没有转向看空整个市场，因为盘势没有告诉我这么做。多头市场还没有结束，尽管这已经近在咫尺。直到多头市场结束为止，看涨仍然有钱可赚。情况就是这样，我只是转向对那些已经停止上涨的股票看跌，而市场上其他的股票背后仍然还有上涨的动力，因此我既买入也卖出。

我卖出那些不再是领头羊的股票，并且挂出空单，每只放空5000股，然后做多新的领涨股。我放空的那些股票没什么大的动作，不过我做多的股票都继续上涨。当最终轮到这些股票停止上涨时，我全部卖出并反手放空——每只放空 5000 股。到了这个时候，我已经更加偏向于看跌而不是看涨了，因为下一笔巨额利润明显要从下跌的一边才能挣到。尽管我确信在多头市场真正结束之前，空头市场实际上就已经开始了，但我知道还不到疯狂放空的时候。皇帝不急太监急，这是完全没有道理的，尤其是在时机还未成熟的时候。盘势不过是在说，空方主力军派出的侦察兵已经开始行动，现在还只是做准备的时候。

我继续既买入又卖出，这样交易大概一个月以后，我的空头头寸达到了 6 万股——在 12 只不同的股票上，每只放空了 5000 股，这些股票当年早些时候都是大众的最爱，因为它们曾一直是这轮大的多头市场的领军者。这笔头寸仓位并不算太重，但别忘了，市场还不属于明确的空头市场。

后来有一天，整个市场变得相当疲软，所有股票的价格都开始下滑，当我放空的那 12 只股票每只都获利至少 4 个点时，我知道我的判断是正确的。盘势告诉我，现在看空已经安全了，因此我立即将筹码翻倍。

我现在有了自己的头寸。我在市场上放空股票，而现在已经明显是空头市场了。我没有任何必要去推动局势发展。市场一定会朝着对我有利的方向发展，明确这一点之后我便承受得起等待。加码一倍之后，我很长一段时间都没有再做任何交易。在我满仓大概 7 个星期之后，我们遇到了著名的"泄密事件"，股价因此急剧下跌。据说是有人提前从华盛顿得知了消息，知道威尔逊总统即将发表声明，该声明可能立即让欧洲恢复和平。显然，"战争新娘"繁荣景象的开始和持续发展都是托世界大战的福，那么恢复和平便成了一项利空消息。一位最聪明的场内交易者被指责利用事先获取的消息谋取利益，但他却只是说，他放空股票并不是因为事前得到了任何消息，而是由于他认为多头市场已经走到尽头。而我自己则在 7 个星期之前，就将我的空头头寸翻倍了。

市场因为这个消息急剧下跌，我自然利用这个机会进行了回补。这是当时唯一合理的操作。若有什么超出你计划范围的事情发生，你理应好好利用命运女神好心提供给你的机会。首先一点，在这样剧烈的下跌行情中，你拥有一个庞大的市场可以让你掉头，这正是你将自己的账面利润兑换成真金白银的时候。即使在一轮空头市场中，交易者也不能总是在不抬高股价的情况下回补 12 万股。他必须等待，等到市场允许他在不伤害自己已有的账面利润的情况下，才能买入这么多股票。

这里我还想指出，我并没有指望在这特定的时间点、由这一特定的原因引发这场特定的下跌行情。然而，正如我以前告诉过你的，我 30 年的交易经验告诉我，这样的意外事件发挥作用的方向通常都会与最小阻力线的方向保持一致，而我正是根据最小阻力线建立我的市场头寸的。还有一点需要牢记的是：永远不要试图在顶部卖出，这是不明智的。要等市场回调后，如果没有回升再卖出。

因为在多头市场持续时看涨，在空头市场开始时看跌，我于 1916 年一举斩获了 300 万美元的利润。正如我之前所说，交易者不必与市场的某一边永结同心，至死方休。

当年冬天，我像平常度假时一样，去了南方的棕榈滩，我实在是非常热爱海钓。我当时放空了股票和小麦，这两笔头寸都获得了很可观的利润。此时没有任何事情让我烦恼，我玩得很高兴。当然，除非我去欧洲，否则我不可能真正地脱离股票市场或是商品期货市场。举例来说，在纽约的阿迪朗达克斯（Adirondacks），我有线路直接从经纪商那里通到我的寓所。

在棕榈滩，我通常都会定期到经纪商的分公司去一趟。我注意到，我原本并不感兴趣的棉花此时正在强劲上涨。大概就在这个时候——这时是在 1917 年——我听说了很多关于威尔逊总统正在努力谋求和平的消息。消息来自华盛顿，其中既有新闻报道，也有同在棕榈滩的朋友私下给出的建议。这就是为什么有一天我会观察到，很多市场的行为都反映了大家对威尔逊先生成功谋求和平很有信心。既然和平可能已经近在咫尺，股票和小麦就应该下跌，而棉花则应该上涨。在股票和小麦上，我都已经准备就绪，但我已经有一段时间没在棉花上采取任何行动了。

当天下午 2：20 时我手里还没有一包棉花，但到了下午 2：25，由于相信和平已经近在咫尺，我买入了 1.5 万包作为一个开端。我打算跟随我熟悉的交易体系进行操作——即按照逐步加仓的方法买入我的全部头寸——我已经向你描述过这种交易体系。

就在当天下午收市之后，我们收到德国"无限制战争"的通牒①。除了等待市场第二天开盘，我们别无他法。我记得，当晚在格瑞德利俱乐部（Gridley's）里，一名本国最大的工业界巨头提议，以低于当天下午收盘价5个点的价位，卖出不限数量的美国钢铁。其中有几名从匹兹堡来的百万富翁也听到了他的提议。然而没有任何人采纳他的建议。大家都知道，次日开盘时一定会出现异常惊人的下跌。

果然，第二天早上股票市场和商品期货市场陷入一片混乱，你应该能想象出。某些股票以低于前一晚收盘价8个点的价位开盘。对我来说，这真是天赐良机，让我可以回补空头头寸兑现利润。正如我之前所说，如果在一轮空头市场中突然出现了全面混乱的状况，进行回补始终是明智之举。如果你持有大量的头寸，要想迅速且在不遭受利润缩减的情况下将巨额的账面利润兑换成真金白银，这是唯一的选择。举例来说，光是美国钢铁，我持有的空头头寸就有5000股。当然我还放空了其他股票。当我看到市场给我机会回补时，我立即回补。我获得的利润总共大约为150万美元。这种机会不容错过。

我持有了1.5万包的棉花多头头寸，这是我在前一天下午交易的最后半小时买入的，结果今天开盘就下跌了500点。真是不得了的下跌！这意味着一夜之间我就亏损了37.5万美元。尽管我非常确定，在股票和小麦上唯一明智的操作就是利用下跌的机会进行回补，但在棉花上应该采取什么行动我就不是太确定了。有很多因素需要考虑，虽然我总是会在意识到自己错误的那一刻立即认赔，但那天早上我却不想就此认赔。后来我又寻思，我是来南方享受一段垂钓的美好时光的，不是来使自己被棉花市场的行为纠缠不清的。更何况我已经在小麦和股票市场获取了那么大一笔利润，因此我决定在棉花上认赔算了。我就当我的利润只是略微超过了100万，而不是超过了150万。这不过就是记账方法的问题，就像每当你问太多时簿记员经常敷衍你的那样。

如果我前一天没有在收市之前买进那些棉花，我就能省下那40万美元了。这件事向你表明，即使只是持有一笔中等规模的头寸交易者也可能迅速地损失掉一大笔资金。我主要的头寸都是绝对正确的，并且我因为一次

---

① 译注：1917年2月1日，德国开始实施无限制潜艇战。同日向各国发出海上封锁通牒。

意外事件获益。这次事件的性质与我当初放空股票和小麦时所做的考虑是完全相反的。请注意观察，投机交易的最小阻力线再一次证明了它对交易者的价值。尽管德国的通牒引发了意料之外的市场因素，价格仍然按照我所预期的方向运行。如果形势按照我所预期的发展，我这三笔头寸都会是100％正确的，因为如果欧洲恢复和平，股票和小麦将下跌，而棉花将会飞速上涨。这样，这三笔头寸都会让我大捞一笔。不论是和平还是战争，我在股票和小麦上的头寸都是正确的，这就是意外事件为我带来了意外之喜的原因。在棉花上，我的操作建立在预计可能发生超出市场范围的某件事情的基础之上——即我赌威尔逊先生的和平谈判会取得成功。是德国军方领导人让我在棉花上赌输了。

1917 年初我回到纽约，清偿了我所欠下的所有债务，一共是 100 多万美元。对我来说，能够偿还自己的债务是一件令人愉快的事。我本来可以早几个月偿还的，但我没有这么做，理由很简单。我当时的交易很活跃，也很成功，我需要我所有的资金。无论是对我自己还是对那些我看做是债主的人，我都有责任好好利用 1915 年和 1916 年这种令人惊叹的市场所提供的每一次机会。我知道自己一定会挣到一大笔资金，我也没有因为要让他们再多等几个月而感觉不安。事实上，他们当中很多人根本就没期待还能把钱拿回去。我不想零星地偿还债务，也不想一次偿付一个人，而是打算一次性全额偿还。因此，只要市场还在尽其所能地协助我，我便继续按照我的财力所允许的最大规模进行交易。

我本来打算支付利息，但所有曾经签字放弃债权的人，都坚决拒绝接受。我最后偿付的人，就是那个我只欠了他 800 美元的家伙，他曾给我的生活加重了负担，让我心烦到没法交易。我让他等着，直到他听说我已经偿还了其他所有人，他才拿回了他的钱。我想给他上一课，让他下次善解人意一点儿，要是有人只欠他几百美元的话。

就这样，我东山再起。

我全额偿还债务之后，拨出相当大一笔资金存入年金。我下定决心，再也不要身无分文，再也不要穷困潦倒，再也不要负债累累。当然，我结婚之后也拨出一些资金为妻子成立了信托，在儿子出生以后又拨出了一些资金为他成立了信托。

我这么做，不仅仅是因为担心股票市场可能再一次将我的资金卷走，也因为我知道一个人可以将他能伸手拿到的钱全部花光。我这么做了以后，我的妻子和孩子就能有保障，不会受到我的干扰。

我所认识的人当中，不止一位采取过同样的措施，但后来当他需要钱时却哄骗妻子签字放弃信托，最后把这笔钱也亏掉了。不过，我已经安排妥当了，不论是我还是我妻子想干什么，这笔信托都会安然无恙。无论我们俩人中的哪一位采取什么样的措施，它都是绝对安全的；不管我有什么样的市场需要，即使是深爱我的妻子要为我主动放弃，它都是安全的。我不冒任何风险！

第十五章　咖啡事件

公众有一种贪得无厌的需求，想为每一次操作和每一次价格运动寻找理由。他们需要满足这种需求。

在各种各样的投机风险当中，意外事件——或许我甚至可以说根本无法预料的事件——排在前列。尽管如此，有些特定的风险，即使最谨慎的人也应该主动去承担——如果他希望自己不是商业懦夫，他就必须去承担这些风险。一般的商业风险并不会比某人出门上街或是坐火车旅行所冒的风险更大。如果我因为任何人都无法预见的事件亏钱，我不会对此感到非常怨恨，就像我从不会抱怨一场不合时宜的暴风雨一样。从摇篮到坟墓，生活本身不过就是一场赌博。我会遭遇某件事，是因为我没有天生的预见能力，能够使我始终保持不受干扰的状态。然而，在我的投机生涯中确实有好几次，我的判断是正确的，操作方法也很公平，但却被那些不光明正大的对手利用卑鄙的手段骗走了我的利润。

通过提防骗子、懦夫和群氓的卑劣行径，思维敏捷或是有远见的生意人可以自我保护。我从未遇到过什么明显不诚实的行为，除了在一两家桶店里。即使在这种地方，诚实也是最好的经营策略。赚大钱靠的是公平公正而不是坑蒙拐骗。如果在某个地方进行某种交易时，需要随时留意交易员，以防他在无人监视的情况下使诈，那我绝不会认为这是一个做生意的好地方。不过，正派的人碰到那些用哀怨哭诉把自己包装起来的骗子，还真是无能为力。公平竞争就是公平竞争。我可以给你举出一堆例子，说明我曾经因为相信一言既出、驷马难追，或是相信君子协定不可违背而沦为了受害者。不过我不会一一举出，因为这起不到任何实际的作用。

　　小说家、宗教界人士和妇女们喜欢暗示股票交易所交易大厅是江湖骗子的战场，至于华尔街的日常业务则是一种战争。这种说法相当具有戏剧性，但完全是在误导公众。我不认为我的交易是一种斗争或者竞赛。我从来不与任何个人或是投机小集团作斗争，我和他们只是在看法上有所不同——也就是说，我们只是对基本情势的看法有所不同。剧作家们所说的商业战争并不是指人与人之间的战争，只是指商业洞察力上的较量。我力图忠于事实，并且只忠于事实，并且让事实来支配自己的行为。这是伯纳德·M·巴鲁克（Bernard M. Baruch）成功获取财富的秘诀。有时我不能足够清晰或是尽早地看清事实——所有的事实，有时我不能进行合理地推理。无论什么时候，只要出现了这样的情况我都会赔钱。因为我错了，错了总是要损失钱财。

　　没有任何一个通情达理的人会拒绝为自己的错误买单。在犯错问题上没有人是优先债权人，无一例外，无人豁免。但当我正确的时候，我拒绝赔钱。我并不是指那些由于个别交易所的交易规则突然发生改变而导致我亏钱的交易。我指的是某些投机风险，它们总是时不时地提醒交易者，在你把利润存进银行账户之前，这些利润都算不上安全。

　　大战在欧洲爆发之后，商品价格开始上涨，这是意料之中的事。预见这一点就和预见战争会引起通货膨胀一样容易。随着战争的持续，普遍的物价上涨也会继续下去。你应该还记得，1915 年我正忙着东山再起。当时股市繁荣，我有责任利用这大好的机会。当时最安全、最轻松、获利最迅速的大规模操作就存在于股票市场当中，而且我运气不错，你知道的。

　　到了 1917 年 7 月，我不仅有能力全额偿还我的负债，而且还另外剩下了很大一笔资金。这意味着我现在有时间、有资金，同时也有意愿同时在商品期货市场和股票市场进行交易。多年以来，我已经习惯于同时研究各种各样的市场。与战前水平相比，各种商品的价格上涨了 1～4 倍不等。其中只有一件商品例外，那就是咖啡。当然，这种现象背后肯定有原因。战争的爆发意味着欧洲市场关闭，因此大量的咖啡被运往我国，这里是唯一巨大的咖啡市场。这最终导致了我国生咖啡大量过剩，从而促使其价格在低位运行。我刚开始考虑咖啡是否具有投机可能性时，其价格实际上比战前还低。如果说导致这种异常情况的原因很明显的话，那么同样明显的是，德国和奥地利积极且效率越来越高的潜艇战，意味着可供商用的货船数量必将出现惊人的减少，这最终将导致我国咖啡的进口数量减少。进口数量减少而消费数量却不变，剩余的库存必然会被逐步消化掉。到了那个时候，咖啡价格一定会和其他所有商品的价格一样大幅上涨。

要摸清这样的情况并不需要大侦探福尔摩斯出马。我无法告诉你，为什么没有一个人在买入咖啡。我决定买入时并没有把这看成是一种投机，这实际上更像是一种投资。我知道需要很长时间才能兑现利润；我同时也知道，咖啡一定会给我带来一笔很可观的利润。这一点使得这次的操作更像是一种保守的投资行为——一种银行家的行为，而不是赌徒的行为。

1917年冬，我开始进行买入操作。我买进了相当多的咖啡，市场却没有什么值得一提的表现。咖啡市场一直不太活跃，而价格也没有照我预期的那样上涨。结果就是，我白白持有自己的头寸时间长达9个月。之后，我的合约到期，我卖出了手中所有期权合约。这笔交易让我蒙受了异常巨大的损失，但是我仍然确信自己的看法是正确的。我明显是选择了错误的时机。不过我还是有把握，咖啡一定会像其他所有商品一样上涨。因此，我平掉手中所有的头寸之后，又立即开始重新买入。这次买入的数量是我之前那令人失望的9个月中所持有的、没有给我带来任何利润的数量的三倍。当然，我这次买入的是延期期权合约——拿到的是我所能拿到的最长期限。

这一次我没有错得那么离谱了。我刚吸进三倍数量的头寸，市场便立即开始攀升。每个地方的人似乎都突然意识到了咖啡市场上必将发生什么。从苗头来看，我的投资似乎即将为我带来相当高的回报率。

我持有的期权合约的卖方是咖啡烘焙者，其中绝大部分都是德国商家和一些德国企业的附属机构。他们在巴西买到了咖啡，信心十足地期待着把这些咖啡运到国内，结果却没有货船可以用来运输。不久之后，他们便发现自己处于不那么令人愉快的境地——咖啡源源不断地流入他们那边的仓库，他们却在这边重仓放空给我。

请记住，我最初看涨咖啡时其价格实际上处于战前水平；同时也别忘了，我买入之后持有了大半年的时间，结果却蒙受了一笔巨大的损失。错误的惩罚就是赔钱，正确的奖赏就是赚钱。我绝对正确，并且持有了一大笔头寸，因此我有理由期待获得巨额利润。价格不用上涨太多，就可以让我获得一笔令人满意的利润，因为我持有了几十万包。我不太喜欢用数字来描述我的操作规模，因为有时这些数字听起来相当惊人，人们或许会认为我在吹牛。实际上，我总是会根据自己的财力来交易，总会为自己留下一段安全的空间。在这次的操作中，我已经够保守了。我之所以这么毫无顾忌地买入期权合约，是因为我看不出有什么道理会发生亏损。现在的情势对我有利。我曾经被迫苦等了整整一年。现在，我将获得回报，不仅为自己的等待，还为自己的判断正确。我可以看见利润正向我走来——迅速地。要看出这一点，根本不需要有多聪明，只要不是瞎子就行。

那几百万美元的利润，正迈着坚定而迅速的步伐向我走来！但是它却一直没有走到我身边。不，不是因为情势突然转变使得那些钞票被转移，市场没有突然反转，咖啡也没有涌入我国。那么到底发生了什么事情？发生了根本无法预料的事情！这样的事情任何人都没有经历过，这样的事情我根本没有理由要预防。我往自己那份长长的投机风险清单上添加了一个新的名目，这张清单我必须始终放在眼前。事实很简单，那些放空咖啡给我的家伙，知道他们即将面临的是什么，于是奋力想从这种自作自受的困境中解脱出来，最终想出了一种新的赖账方法。他们跑到华盛顿去寻求帮助，结果如愿以偿。

你或许还记得，政府制订出了各种各样的计划，以防止投机商进一步利用生活必需品牟取暴利。你应该知道这些计划大多数会起到什么样的作用。那些博爱的咖啡空头跑到战时工业局（War Industries Board）的限价委员会（Price Fixing Committee）——我想这就是其官方名称吧——向那些机关表达爱国诉求，呼吁保护美国所有要吃早餐的人。他们声称，一位名叫拉里·利文斯通的专业投机者，已经囤积垄断了，或是准备囤积垄断咖啡。如果他的投机计划得逞，他将充分利用战争创造的条件，美国民众将被迫为每天饮用的咖啡支付天价。那些当初卖给我大量的咖啡却找不到货船运输的"爱国者"现在宣称，让一亿美国人向那些没良心的投机者进贡，不管多少都太过分了。他们说自己代表的是咖啡贸易而不是咖啡赌徒，他们很乐意帮助政府抑制投机倒把，不管是已经出现的，还是可能出现的。

现在，我陷入了被一大堆人抱怨的惨状，我这么说并不是想暗示限价委员会没有最大限度地抑制真正的牟取暴利的行为和各种浪费行为。但这并不妨碍我表达自己的观点，我想该委员会可能没有十分深入地调查过咖啡市场的具体状况。他们限定了生咖啡的最高价格，同时为现有合约设定了最后的平仓期限。当然，这一决定意味着，咖啡交易所将必须歇业。此时我只有一件事可做，并且我确实这么做了，即卖出手中所有的合约。我原以为和我所挣过的每一笔利润一样确定会到手的几百万美元的利润，最终完全化为泡影。不管是过去还是现在，我都和任何人一样强烈反对利用生活必需品牟取暴利，但当限价委员会规定咖啡的价格时，其他所有商品的价格均都高于战前 2.5～4 倍，而生咖啡的价格实际上却低于战前好几年的平均价格。我看不出由谁持有咖啡会有什么实质性的差别。咖啡的价格一定会上涨，这不是因为没良心的投机者的操作，而是因为进口数量的减少将导致咖啡过剩逐渐减少，而影响这些的唯一因素就是世界上被德国潜艇摧毁的货船数量惊人。限价委员会甚至没等咖啡开始上涨，就一脚猛踩刹车。

作为一项政策和权宜之计，恰好在那种时候迫使咖啡交易所关门是一个错误。如果限价委员会不进行干涉，咖啡的价格必定会上涨，其原因我已经陈述过，而这些原因与任何所谓的囤积垄断都毫无关系。但是，上涨之后的高价——还不一定是天价——将会成为诱因，把供给吸引到这个市场上来。我听伯纳德·M·巴鲁克先生说过，战时工业局在限定价格时，实际上考虑了这项因素——即关于如何确保供给的问题，因此对于某些商品的限价令的抱怨是不公平的。当咖啡交易所后来重新开业时，咖啡卖到了 23 美分。美国人民之所以付出这么高的价格购买咖啡是因为其供给量很少，而供给量很少则是因为在那些博爱的空头的建议下，价格被限定在了过低的水平，低到不能支付昂贵的海运费以确保咖啡持续进口。

我一直认为，在我做过的所有商品期货交易里，这次的咖啡交易是最合法的一次。我更多的是把这次交易当成一次投资而不是投机。我持有咖啡头寸超过了一年的时间。如果说这里存在任何赌博成分的话，赌博的也是那些"爱国的"、拥有德国姓氏和德国血统的咖啡烘焙业者。他们在巴西买进了咖啡，在纽约卖空给我。限价委员会限定的是唯一没有上涨的商品的价格。他们在牟取暴利行为根本还没开始时，就宣称要保护公众不受该行为影响，但却没有保护公众不受随后的无法避免的更高价格的影响。不仅如此，更有甚者，当生咖啡在 9 美分每磅徘徊时，烘焙咖啡随着其他所有商品一起上涨，这使得咖啡烘焙业者成为唯一的受益者。哪怕生咖啡价格上涨2～3美分每磅，对我也意味着几百万美元的利润，而且公众支付的价格也不会像后来上涨以后让他们支付的价格那么高。

对投机交易的事后分析不过是浪费时间，这不会给你带来任何帮助。但是，这次的交易具有某种教育价值。交易本身和我以前做过的交易一样漂亮。我对涨势如此有把握，上涨如此符合逻辑，以至于我认为自己简直没法不挣个几百万美元。结果，我没有。

另外还有两次，我遭受损失是因为交易所理事会在毫无预警的情况下做出裁决，宣布更改交易规则。在那两次当中，虽然我的头寸从技术上来讲是正确的，但在商业意义上却不如我这次的咖啡交易完备。在投机操作中，你不可能对任何事绝对肯定。正是我刚刚跟你说的这次经历，促使我往自己的意外风险清单上添加了一项"不可预料事件"。

这次咖啡事件之后，我在其他商品期货交易上的操作极为成功，同时在股市上放空，因此我开始受到各种荒谬的流言的困扰。华尔街上一些专业人士与一些报纸的撰稿人习惯于把无可避免的价格崩跌归咎于我，指责我在进行所谓的市场打压。有时，我的卖空甚至被称为没有爱国精神——不管我是不是真的在卖空。我想，他们夸大我的操作规模和后果是因为公众有一种贪得无厌的需求，想为每一次操作和每一次价格运动寻找理由。他们需要满足这种需求。

我已经说过无数次，没有任何操纵可以打压股价，并使股价始终维持在低位运行。关于这一点没有什么难以理解的。原因很简单，任何人都能想明白，只要他愿意花半分钟的时间去思考。假设某位大作手袭击某只股票——也就是说把股价压到低于其实际价值的水平——那么必将发生什么？袭击者将立即面临最精明的内线人士买进。当某只股票卖价偏低，有便宜可占时，那些清楚该股真正价值的人总会买进的。如果内线人士无法买进，那是因为总体形势使得他们无法自由调配自己的资金，而这种形势不属于看涨形势。当人们谈及市场打压时，其隐含的意思是这种打压是不合理的，甚至几乎是犯罪的。然而，把股票打压到其价格远远低于实际价值是一种十分危险的行为。你最好记住，某只股票被打压下去之后没有出现回升，说明没有内线人士大量买入。如果真有人在打压某只股票——即不合理的卖空——通常都会有内线人士买进；如果有内线人士买进，股价就不会停留在低位。可以这么说，99％所谓的市场打压，实际上都是合理的下跌。专业交易者的操作有时可能会导致下跌加速，但这不是引起下跌的主要原因，不管他能动用多大的头寸。

大部分突如其来的下跌，特别是剧烈的下跌，都是某些大作手炒作的结果，这种说法很可能是编造出来的，目的是要为某些投机者轻轻松松地提供理由。那些投机者相信自己所听到的任何事，不愿意进行任何思考，他们只不过是盲目的赌徒。那些不幸的投机者在遭受损失之后，经常会从经纪商口中或是编造金融谣言的人口中听到某种借口，这种借口称他们的损失其实是由于有人在打压市场，这种借口实际上是一种逆向提示。这和一般的空头内幕消息的区别在于：空头内幕消息是一种关于卖空的明显的、确定的建议。但是逆向提示——根本无法做出合理解释的解释——仅仅是起到让你无法明智卖空的作用。当某只股票大幅下跌时，自然的倾向就是卖出。股票下跌一定有它的理由——这个理由可能不为人知，但一定很合理。因此股价下跌时应该立即离场。然而如果根据逆向提示的说法，某只股票的下跌只是某个大作手打压的结果，那么离场就是不明智的，因为一旦他停止打压，市场必将立即回升。这就是逆向提示！

第十六章　内幕消息

> 我来告诉你我的秘诀。秘诀就是——我从来不在底部买入，而且总是早早地卖出。

内幕消息。人们多想获得内幕消息啊！他们不仅渴望获得内幕消息，而且渴望提供内幕消息。这其中既有贪婪的因素，也有虚荣的成分。有时，看见一些实际上非常精明的人打探内幕消息，着实让人觉得很可笑。消息提供者根本不需要考虑消息的可靠性，因为打探内幕消息的人并不只是想要可靠的内幕消息，而是只要是内幕消息就行。如果最终证明消息可靠，那很好！如果不可靠，那相信下次运气肯定会好一些。此时我脑子里想的是一般佣金经纪行那些普通的客户。刚开始会有一个消息发起者，或者说消息操纵者，他本人自始自终都对内幕消息深信不疑。他认为，保持消息延续不断，在某种意义上是一项高尚的宣传事业，是世界上最好的商业推广方式，因为消息追逐者和采纳者通常都会是消息传播者，这使得消息的传播成为了一种无止境的链条式广告传递。消息发起者有一种错觉，他认为只要内幕消息被传递得当，没有任何一个大活人能抵御其诱惑，于是他不辞辛劳地进行他的传播事业，并且精心研究把消息富有艺术性地传播出去的技巧。

我每天从各式各样的人口中听到成百上千条内幕消息。我这里要告诉你一则关于婆罗锡业（Borneo Tin）的故事。你应该还记得这只股票是什么时候上市的吧？当时正值股市繁荣的鼎盛时期。该股的发行集团采纳了一名相当聪明的银行家的建议，决定立即在公开市场发行该公司的股票，而不是让某个承销辛迪加①慢慢销售。这个建议很好。该集团成员所犯的唯一错误来源于缺乏经验。他们不知道在疯狂的繁荣时期股市能干出什么来；同时他们也不够精明慷慨。他们一致认为为了替该股创造市场，需要抬高发行价。但是，他们最终挂牌的价格实在太高了，这使得交易者和敢于冒险的先锋们不太可能毫无疑虑地购买该股。

按理说，在这种情况下发行人应该会拿着这只股票卖不掉。然而在这轮疯狂的多头市场当中，他们的贪婪结果竟然显得保守。在那种时候，只要散布的内幕消息足够多，公众会买进任何东西。没有人想进行投资。人们只图钱来得容易，只想依靠纯粹的赌博博取利润。由于交战国从这里大肆购买战争物资，黄金正不断地涌入我国。别人告诉我，"为了公众的利益"婆罗锡业的发行人在制订上市计划时曾三度上调该股的首次开盘价，最终才形成了第一笔官方交易记录。

他们与我接洽，提议我加入他们的炒作集团，我研究了一下具体情况，最终没有接受他们的邀请。因为如果有什么市场部署可做，我宁愿自己单独做。我根据自己的信息交易，遵循自己的交易方法。当婆罗锡业上市时，由于了解该集团财力有多雄厚，知道他们打算怎么做，同时也清楚公众能做出什么来，我在该股上市的第一个交易日的第一个小时之内就买进了1万股。至少到这个时候为止，该股在市场上的首次亮相还是很成功的。事实上，发行人发现需求如此旺盛，以至于他们认为太快脱手这么多股票将会是一种错误。他们发现，即使他们再将价格调高25~30个点，也很可能可以将手中所有的股票卖出。大概就在他们发现这一点的同一时间，他们发现我已经持有了1万股。因此他们断定，我手中持有的1万股将获取的利润，将会把他们认为已经像存入银行一样即将到手的几百万美元的利润噬掉太大一块。他们竟然因此停止多头炒作，试图将我震出市场。然而，我却只是坚持不动。最后他们只能自认倒霉，不再理会我，因为他们不想市场脱离他们的控制。他们重新开始抬高价格，并且放掉的股票都在他们的控制范围之内。

他们看到其他股票都上涨到了高得离谱的价位，于是开始幻想自己能挣个数十亿美元。当婆罗锡业涨到120时，我让他们买回了我手中的1万

---

① 译注：在本书中是指合伙性质的集合基金。

股。我的卖出中止了涨势，那群炒作人士暂时放缓了他们的拉抬力度。在接下来普遍回升行情当中，他们再次试图为该股创造一个活跃的市场，处理掉了手中数量不少的股票。然而，事实证明这批货过于昂贵了。最后他们将价格炒高到了150。但是，该轮多头市场的鼎盛时期已经完全过去了，因此该集团被迫一路向下把尽可能多的持股出售给那些喜欢在市场大幅回调之后买进的人。这些人荒谬地认为，如果某只股票曾经卖到了150，那么它回落到130就是便宜的；若是回落到120，那他们简直就是捡了个大便宜。与此同时，炒作集团首先把内幕消息散布给那些场内交易者——他们通常都可以创造一轮短暂的市场，然后再把消息散布给佣金经纪行。不过每次都没起到太大的作用，他们真是使劲了他们所知道的各种手段。但问题是，做多股票的时机已过。傻瓜交易者们已经吞下其他诱饵了，而婆罗那群人却没看出这一点或是不愿意看出这一点。

我当时正携妻子在棕榈滩度假。一天，我在格瑞德利俱乐部挣了一点儿钱，回家后从中拿出了500美元给我太太。真是出奇的巧合，就在同一天晚上，她在一个晚宴上遇到了婆罗锡业公司的总裁，维森斯坦先生（Mr. Wisenstein）。他当时已经成为该股内部炒作集团的总负责人。我们直到一段时间之后才知道，这个叫维森斯坦的之所以能在晚宴时坐到利文斯通夫人身边，是他刻意安排的。

维森斯坦故意对我妻子摆出一副特别友善的样子，谈吐幽默风趣。最后，他装做十分机密地对她说："利文斯通太太，我打算做一些我以前从来没有做过的事。我很乐于这么做，因为您非常清楚这意味着什么。"他停下来，急切地看着利文斯通夫人，以确保她不仅聪明，并且谨慎。她能从他的表情中读懂他的意思，那简直就像白纸黑字写出来了一样明显。不过她却只是说："是的。"

"真的，利文斯通太太，见到您和您先生真是荣幸之至。我打算证明我所说的话很诚恳，因为我希望可以经常见到您二位。我相信不必我说您也知道我接下来要说的话有多绝密吧！"然后他低声说，"如果您买进一些婆罗锡业，您会挣一大笔的。"

"真的?"她问道。

"就在我离开旅馆之前，"他说，"我收到了几封电报，电报上的消息至少在几天之内不会被公众知道。我打算尽可能多地收集该股。如果您在明天开盘时买入，您将是和我在同一时间、同一价位买入的。我向您保证，婆罗锡业肯定会上涨。这件事我只告诉了您一个人。您绝对是唯一的一个！"

我太太表示很感谢他，然后告诉他自己对股票投机一无所知。但是，他向她保证，除了他告诉她的那些，她没必要再了解其他任何东西。为了确保我太太听懂了他的话，他重复了一遍自己的建议：

"您所需要做的一切就是，买入婆罗锡业，想买多少就买多少。我可以向您保证，如果您买入，您不会亏损一分钱。我这辈子从来没有告诉过任何男士或女士买入任何东西。但我非常确定这只股票这轮上涨在200之前不会停下来，因此我希望您可以挣点儿钱。您知道的，我不可能自己买光这只股票，如果除了我之外的某个人会从这轮涨势中获利的话，我宁愿那个人是您，而不是某个陌生人。真的！我私下告诉您是因为我知道您不会说出去。相信我的话，利文斯通太太，买入婆罗锡业！"

他说这番话时非常真诚，因此成功地打动了她。于是她开始认为自己为我当天下午给她那500美元找到了相当好的去处。那笔钱我没有花费任何成本，也在她的日常用度之外。换句话说，即使她运气不好把这笔钱赔了也没什么可惜的。何况他已经说过了，她一定会赢利的。要是她能靠自己挣点儿钱，事后再告诉我详情，那多好啊。

噢，老天，就在第二天市场开盘之前，她跑到哈丁公司营业部，对经理说：

"哈利先生，我想买入一些股票，但我不想从我的常用账户上买入，因为我不希望在我挣钱之前，我先生知道一丁点儿这件事。你能帮我安排一下吗？"

哈利，那位经理，说："噢，好的。我们可以帮您安排一个特别账户。您想买入哪只股票，买入多少？"

她递给他那500美元，并对他说："请听我说。我不希望亏损超过这笔钱。要是亏损了，我不想欠你一分钱。同时记住了，关于这件事，我不想利文斯通先生知道一丁点儿情况。用这笔钱帮我以开盘价买入，能买多少是多少。"

哈利接下钱，并告诉她绝不会向任何人透露半个字，然后在开盘时帮她买入了100股。我想她是在108的价位买进的。该股当天表现得非常活跃，收盘时上涨了 3 个点。利文斯通夫人为自己取得的成绩感到如此兴奋，以至于好不容易才忍住不向我透露任何情况。

相当凑巧的是，我当时越来越看空整个市场。婆罗锡业的异常表现引起了我的注意。我认为此时不是任何股票上涨的时候，更别说像婆罗锡业这样的股票了。就在当天，我已经决定开始进行空头操作，并且以放空 1 万股婆罗锡业作为开端。如果我当天没有放空，我想该股应该已经上涨了 5～6 个点，而不是 3 个点。

就在第二天，我在开盘时放空了 2000 股，收盘时又放空了 2000 股，然后该股跌到了 102。

哈利，哈丁兄弟公司棕榈滩营业厅的经理，在第三天早上等着利文斯通夫人过去。她通常都会在 11 点的时候闲逛到那里，看看情况怎么样了，看看我有没有在忙什么。

哈利把她拉到一边，说："利文斯通太太，如果您想让我继续帮您持有那 100 股婆罗锡业，您得再给我一些保证金。"

"但我没有更多的钱了。"她对他说。

"我可以将这笔股票转到您的常用账户上。"他说。

"不行，"她反对说，"这样我先生就知道了。"

"但特别账户上已经亏损了……"他准备说出来。

"可是我明确告诉过你，我不想亏损超过那 500 美元。我甚至不想把那笔钱亏掉。"她说道。

"我知道，利文斯通太太。但我不想在没有征求您意见的情况下帮您卖出，现在除非您授权让我继续持有，否则我不得不帮您卖出了。"

"可我买进那天它还表现得那么好。"她说，"我没想到它会这么快就表现成这样。你想到过吗？"

"没有，"哈利回答说，"我也没想到。"经纪公司的人必须表现得很圆滑。

"这只股票到底出了什么事，哈利先生？"

哈利知道怎么回事，但他若是告诉她就会泄露我的交易，客户的交易情况是神圣的，不允许被泄露。因此他说："我没听说这只股票在任何方面有什么不寻常的。哎呀，它又下跌了！那是这波行情的新低！"他指着报价板。

利文斯通夫人盯着那只正在下跌的股票哭道："噢，哈利先生！我不想亏掉我那 500 美元！我该怎么办啊？"

"我不知道啊，利文斯通太太，但如果我是您，我会去问利文斯通先生的。"

"噢，不行！他不希望我自己做投机交易。他已经告诉过我了。如果我让他帮我买卖股票的话，他会帮我的，但我以前从来没在他完全不知情的情况下做过交易。我不敢告诉他。"

"没关系的。"哈利安慰她说，"他是一名相当优秀的交易者，他会知道具体应该怎么做的。"看见她猛烈地摇头，他故意凶狠地加了一句："不然您就再拿出一两千美元来处理自己的婆罗锡业。"

这项选择让她立即做出了决定。她先是在营业厅里徘徊，当市场变得越来越疲软时，她走到我坐着看报价板的地方，告诉我她有话跟我说。我们进到我的私人办公室，然后她把整个情况告诉了我。因此我只对她说了一句："你这个傻女孩，你就别再管这笔交易了。"

她保证说不再插手了，因此我还了她 500 美元，她拿着钱高高兴兴地走了。此时那只股票的价位正好是 100 美元的面值。

我明白是怎么回事了。维森斯坦真是诡计多端。他以为利文斯通夫人会把他告诉她的话都告诉我，这样我就会研究这只股票。他知道，市场活动总是会引起我的注意，而我又以大手笔操作闻名。我估计他认为我会买入 1 万到 2 万股。

在我所有听过的内幕消息当中，这是最精心策划、最巧妙推动的一次内幕消息。不过，它还是出错了，它没法不出错。首先，这位女士正好在那一天得到了一笔不劳而获的 500 美元，因此她比平时更具有冒险精神。她希望可以完全靠自己的力量挣点儿钱，再加上女人喜欢贪小便宜的特质使得这种诱惑变得更加具有吸引力，简直令人无法抗拒。她知道我对外行人进行投机交易持有什么样的态度，因此不敢跟我提起这件事。维森斯坦当初没有正确地评估她的心理。

其次，他完全猜错了我是哪种类型的交易者。我从来不会听从内幕消息行事，并且当时我看空整个市场。他认为最终将有效诱导我买入婆罗锡业的战术——即当时的市场活动和那 3 个点的上涨——反而恰恰成了我决定放空整个市场时挑选婆罗锡业作为开端的原因。

在利文斯通夫人把整件事告诉我之后，我比以往任何时候都更猛烈地放空婆罗锡业。每天早上开盘时和每天下午收盘前一刻，我都固定放空一些股票让他承接，直到我看准机会回补了空头头寸，赚到了一笔很可观的利润。

我一直认为，听信内幕消息进行交易简直是愚蠢至极。我想我天生就不是爱听信内幕消息的人。我有时会想，听信内幕消息的人就像酒鬼一样。有些人无法抑制那种强烈的渴望，总是期待能再喝一些，他们认为酒对自己的幸福来说是不可或缺的。要竖起耳朵让内幕消息钻进来简直太容易了。别人以一种你很容易遵从的方式，确切地告诉你做什么才能快乐，是除了快乐本身以外最棒的事——这是朝着你内心愿望的实现迈进了很大的第一步。与其说这是急于求富的渴望蒙蔽了自己的双眼让自己变得贪婪，不如说是不愿意做任何思考而引发出的一种一厢情愿。

你会发现，不只是圈外的群众才对追逐内幕消息上瘾成癖。在纽约股票交易所场内的专业交易者中，这种情况一样泛滥成灾。我清楚地知道，他们当中有无数人都对我有误解，因为我从来不给任何人提供内幕消息。如果我对一个普通人说："卖出 5000 股美国钢铁！"他肯定立即照我说的去做。但是，如果我告诉他，我强烈看空整个市场，并且详细告诉他我看空的原因，他肯定会听得心不在焉。等我说完之后，他会瞪着我，觉得我表达自己对总体形势的看法只是浪费他的时间，我应该像华尔街上大量真正乐善好施的人一样——这种人喜欢把几百万美元直接放进朋友、熟人，甚至完全陌生的人的口袋——直接告诉他具体应该买卖哪只股票的内幕消息。

所有人都抱有一种期待奇迹发生的信念，这源于他们毫无节制地沉溺于一厢情愿的希望当中。有些人定期发作一次对希望的狂热，并且我们所有人都知道，长期沉溺于希望当中的醉汉，通常都以一种典型的乐观主义者的面貌出现在我们面前。追逐内幕消息的人就是这种货真价实的沉溺于希望之中的醉汉。

我认识一个人，他是纽约股票交易所的会员，他也和其他人一样，认为我是个自私、冷血的猪，因为我从来不提供内幕消息，也从不劝朋友做任何交易。一天——这是几年前了——他正与一名新闻记者交谈，这位记者偶然提到，他从一个可靠的消息来源那里听说，G·O·H·即将上涨。

我那位经纪人朋友听后立即买入了1000股，结果却看到其价格非常迅速地下跌，迅速得他还没来得及采取止损措施，就损失了3500美元。一两天之后，他遇到那位新闻记者，此时他仍然还很愤怒。

"那是你给我的一条极其糟糕的内幕消息。"他抱怨道。

"什么内幕信息?"那位记者问道，他根本不记得曾给过他内幕消息。

"关于G·O·H·的。你说你从一个可靠的消息来源处获得了这条消息。"

"我确实是啊。该公司一名董事告诉我的，他也是该公司财务委员会的一员。"

"你具体指哪一个成员?"这个经纪人满怀恶意的问道。

"如果你非得知道的话，"那位新闻记者回答说，"就是你岳父，韦斯特莱克先生（Mr. Westlake）。"

"该死的，你当时为什么没告诉我你指的是他!"那位经纪人吼道。"你害得我损失了3500美元!"他不相信来自他们家族的内幕消息。消息来源越远，消息越不会掺杂虚假成分。

老韦斯特莱克是一位富有而成功的银行家，也是一名内幕消息发起者。一天，他偶然遇到约翰·W·盖茨（John W. Gates）。盖茨问他知道些什么。"如果你根据我提供的消息行事，我就给你提供一条内幕消息。如果你不会据此行动，那我还是省点儿力气吧。"老韦斯特莱克怪戾地回答道。

"我当然会据此行动。"盖茨承诺道，一脸兴奋。

"卖出雷丁公司!这只股票上有25个点可赚，甚至可能会更多。但25个点是绝对没问题的。"韦斯特莱克郑重其事地说。

"我非常感谢您。"动不动就说"赌你一百万"的盖茨热情地与韦斯特莱克握手道别，然后往他经纪公司营业厅的方向走去。

韦斯特莱克专做雷丁公司的股票。他了解这个公司所有的情况，并且与该公司的内部人士站在同一个战线，因此他对这只股票了如指掌，每个人都知道这一点。现在，是他建议这位来自于西部的豪赌客放空该股。

噢，雷丁公司从未停止上涨。它在几个星期之内上涨了差不多100点。一天，老韦斯特莱克突然在华尔街上撞见了约翰，但他假装没看见约翰，继续往前走。约翰·W·盖茨追上他，满脸堆笑，并向他伸出手。老韦斯特莱克迷惑地跟他握握手。

"我要谢谢您，感谢您那天给我的关于雷丁公司的内幕消息。"盖茨说道。

"我没给你什么内幕消息啊。"韦斯特莱克皱着眉头说。

"您当然给了。而且这条消息很准，我据此挣了 6 万美元呢。"

"挣了 6 万美元？"

"对啊！难道您不记得了？您让我放空雷丁公司，所以我就买入。我和您提供的内幕消息反着做总是能挣钱。韦斯特莱克，"约翰·W·盖茨愉快地说，"总是能挣！"

老韦斯特莱克看着这位坦率的西部人，马上佩服地说道："盖茨，我要是有你这脑子，我得变得多富有啊！"

几天前，我遇见著名的漫画家 W·A·罗杰斯先生（Mr. W. A. Rogers），经纪商们非常欣赏他创作的华尔街人物漫画。多年以来，他每天刊载在《纽约先驱报》上的漫画给成千上万的人带来了欢乐。他跟我讲了一则故事。故事恰好发生在我国与西班牙交战前夕。有一天晚上他和一位经纪商朋友一起消磨时光。离开时，他从衣帽架上拿起自己的圆礼帽，至少当时觉得那是他自己的帽子，因为他拿起的那顶和他本来的那顶形状一样，而且戴上去正合适。

当时，华尔街上人们想的谈的，全是与美西交战有关的问题。战争会爆发吗？如果战争爆发，市场将下跌，主要的卖压还不是来自国内，而是持有我国证券的欧洲人的卖压。如果打不起来，那么肯定应该买入股票，因为那些小报耸人听闻的宣传鼓动已经导致市场下跌了相当大一截。罗杰斯先生告诉我的故事大致是这样的：

"我朋友，就是那位经纪商，我前一天晚上去的就是他家。第二天他站在交易所内，内心焦急地作斗争，不知道究竟应该站在市场的哪一边进行操作。他把正反两方面的情况都过了一遍，但他根本无法分辨出哪些是谣言，哪些是事实。没有任何可靠的新闻能够指导他。他一会儿认为战争无可避免，一会儿又差不多说服自己战争完全不可能发生。他的混乱肯定使他体温上升，于是他摘下自己的圆礼帽，擦擦额头的汗水。他无法判断自己究竟应该买入还是卖出。

"此时他碰巧看了看帽子里面。帽子里印着几个金色的大字"WAR"①。这就是他所需要的提示。这不就是上帝通过我的帽子传递给我的内幕消息吗？于是，他放空了大量的股票，随后战争适时地爆发了，他趁市场下跌时回补，大赚了一笔。"说到这里，W·A·罗杰斯最后添了一句，"我一直要不回那顶帽子！"

不过，在我所听过的关于内幕消息的故事当中，最意味深长的一个与纽约股票交易所最著名的会员 J·T·胡德（J. T. Hood）有关。一天，另一名场内交易员，伯特·沃克（Bert Walker），告诉胡德，他曾经为大西洋-南方铁路公司（Atlantic & Southern）一位著名的董事做了件好事。作为回报，那位心怀感激的内线人士让他尽可能多地买入大西洋-南方铁路。他说董事会打算采取某种行动，至少将该股拉抬 25 个点。虽然不是所有董事都会参与这件事，但大多数董事肯定都会照样投下赞成票。

伯特·沃克推断该公司应该是打算提高分红率。他把这个消息告诉了他朋友胡德，然后两人分别买进了两三千股大西洋-南方铁路。不管是在他们买入之前还是之后，这只股票都很疲软，但胡德解释说，这明显是为了帮助以伯特那位心怀感激的朋友为首的内部集团收集筹码。

到了下一个星期四，待收市之后，大西洋-南方铁路公司董事会开会通过了分红方案。星期五早上开始交易之后，6 分钟之内该股就下跌了 6 个点。

伯特·沃克快气疯了。他上门找到那位心怀感激的董事，这位董事表示对此事感到极度难过、悔恨不已。他解释说自己忘了曾要告诉沃克买入。这也是他为什么会忘了给沃克打电话，告诉他董事会占上风的一派计划有变。那位悔恨不已的董事急切地想要进行弥补，因此他给伯特提供了另一条内幕消息。他好心解释说，他有几位同事想廉价吃进股票，因此不顾他的劝阻，采取了卑劣的手段。为了赢得他们的投票，他不得不做出让步。但是现在，既然他们全都已经吃饱了筹码，那么再也没有任何事情能够阻止该股上涨了。现在买入大西洋-南方铁路，绝对是双倍保证、极度保险、十拿九稳的事。

伯特不仅原谅了他，并且热情地与这位身居高位的金融家握手表示感

---

① 译注：漫画家 W. A. Rogers 姓名的三个首字母合起来正好是"战争"的意思。

谢。自然，他赶紧找到他那位朋友兼难兄难弟胡德，把这个令人欣喜的消息告诉了他。他们就要大赚一笔了。之前他们就获得内幕消息说该股会上涨，所以他们买入了。但是从星期五下跌后到现在为止，该股又下跌了 15 个点。因此现在买入更合适了。于是，他们在俩人的联名账户上买入了 5000 股。

好像是他俩敲响了下跌的铃声，他们一买入该股就立即急剧下跌，这明显是内线人士卖出造成的。两位证券业的专业人士高高兴兴地证实了自己的怀疑。胡德将他们手中的 5000 股全部卖出。当他完成卖出之后，伯特·沃克对他说道："要不是那个该死的混蛋前天跑去佛罗里达，我非打到他满地找牙不可。没错，我一定会的。不过你先跟我来。"

"去哪儿？"胡德问道。

"电报局。我要给那个卑鄙小人发一封电报，让他永生难忘。走。"

伯特在前面带路，胡德跟了上去。他俩一起去了电报局。伯特已经被愤怒冲昏了头脑——他俩那 5000 股遭受了相当大一笔损失——因此他在电报局创作了堪称一篇骂人的经典之作。他把自己的杰作读给胡德听，末了加了一句："这基本上能完全表达出在我眼中他是个什么玩意儿了。"

在他正准备把电报交给正在一旁等待的职员时，胡德突然说道："等等，伯特！"

"怎么啦？"

"我们不能发这封电报。"胡德一本正经地劝阻道。

"为什么？"伯特咬牙切齿地问道。

"这会让他气疯的。"

"我们就是想达到这个目的啊，不是吗？"伯特说道，吃惊地看着胡德。

但胡德摇摇头表示不赞成，并且严肃地说道："如果你发出这封电报，我们就永远不可能从他那里得到内幕消息了！"

一名专业交易者竟然说出这样的话来。谈论再多愚蠢的利用内幕消息交易的人有什么用？人们利用内幕消息进行交易，并不是因为他们极度愚蠢，而是因为他们正如我所说过的那样，喜欢那些由希望制成的鸡尾酒。老巴朗·罗斯柴尔德男爵（Old Baron Rothschild）成功致富的秘诀尤其适用于投机事业。有人问过他，在股市上挣钱是不是特别困难的一件事，他回答道，恰恰相反，他认为这很容易。

"那是因为你很有钱。"问话的人反驳道。

"根本不是。是因为我已经发现了最简单的方式，并且我一直坚持按照这种方式操作。我想不挣钱都难。如果你想知道，我来告诉你我的秘诀。秘诀就是——我从来不在底部买入，而且总是早早地卖出[①]。"

投资者有各种各样的类型。他们当中大部分人都特别偏爱于研究公司的存货、盈利统计，以及各种各样数学上的数据，好像这些就意味着已经存在的事实和必将发生的事情。人员因素通常都被降到最低。极少有人会因为公司的某一个人的建议而买入该公司的股票。不过，我所认识的最精明的投资者是靠着踏实苦干和崇尚节俭发迹的。他来到华尔街之后仍然坚持自己的一贯作风，他节俭的特质跟拉塞尔·赛奇很像。

他是一位了不起的研究者，一位孜孜不倦的密苏里州人。他坚信必须自己提出问题，用自己的双眼去观察。他不喜欢透过别人的眼睛来看问题。这件事发生在几年前。他当时好像持有了大量的艾奇逊-托皮卡-圣菲铁路公司。不久之后，他开始听到一些关于这个公司以及其管理阶层的令人不安的传闻。别人告诉他，该公司的总裁莱因哈特先生（Mr. Reinhart）并不是表面上人人称赞的商业奇才，事实上他是一位极度铺张浪费的经理人。他的大手大脚正迅速地将该公司推向一团混乱。迟早会有算总账的一天，到时局面将会很糟糕。

这位踏实节俭的交易者认为，这正是那种生死攸关的消息。他匆匆赶到波士顿，与莱因哈特先生进行了面谈，问了他一些问题。其中包括，重复他所听到的对莱因哈特的指控，然后询问这位艾奇逊-托皮卡-圣菲铁路公司的总裁这些指控是否属实。

莱因哈特先生不仅断然否认了所有的指控，并且进一步强调：他将利用各种数据来证明，那些指控纯属恶意中伤。这位踏实节俭的人询问了一些确切的信息，那位总裁一一告知，向他展示出该公司当时的运作情况以及财务状况绝对安全。

这位踏实节俭的人谢过莱因哈特总裁之后，返回纽约，立即卖出了手中所有的艾奇逊-托皮卡-圣菲铁路。大约一个星期之后，他用自己闲下来

---

① 译注：老巴朗·罗斯柴尔德男爵在这里的确说的是真话。

的资金买入了大量的特拉华-拉克万纳-西部铁路（Delaware, Lackawanna & Western）。

几年之后，我们在一起谈到了这次幸运的换股话题，他讲述了自己这段经历，并解释了是什么原因促使他及时卖出艾奇逊。

"你看，"他说，"我注意到，莱因哈特总裁写下那些数据的时候，从他的复式办公桌上的一个文件架里，拿出几张信纸。这些信纸都是质地极佳的重磅亚麻纸，上面凸印着精美的双色信头。这种纸不仅非常昂贵，更糟糕的是——用在这种地方更是贵得毫无必要。他不过在纸上写下了几个数据，用以精确地向我说明他们公司某些部门的盈利状况，或是向我证明他们如何削减开支，压缩运营成本。写完之后，他便把那昂贵的信纸揉成一团，扔进废纸篓。很快，他又打算向我展示他们公司正在引进的节约措施，所以他又伸手拿出一张崭新的、凸印着双色信头的精美信纸。写下几个数据之后——啪嗒，再一次扔进废纸篓！又浪费了一笔钱，而且眼睛都没眨一下。我立即意识到，如果这位总裁是这样的人，他几乎不太可能坚持任用甚至嘉奖注重节约成本的手下。因此，我决定相信人们所说的这位总裁确实铺张浪费，而不听信他说的那一套。于是，我卖出了手中持有的艾奇逊-托皮卡-圣菲铁路。

"非常凑巧的是，几天之后，我有机会去了特拉华-拉克万纳-西部铁路公司的办公室。该公司的总裁是老山姆·斯隆（Old Sam Sloan）。他的办公室最靠近公司入口，办公室的门大开着。他的办公室总是敞开着。当年，任何人只要走进特拉华-拉克万纳-西部铁路总公司，都会看到该公司的总裁坐在他的办公桌旁边。任何人都可以走进去，立即开始跟他谈生意，如果有生意可谈的话。财经记者曾告诉过我，他们从来不必和老山姆·斯隆拐弯抹角，他们想问什么都可以直接问，他会直接回答是或不是，不管公司其他的董事在股市中遇到了什么样的紧急状况。

"我走进去的时候，那位老人正忙着。我起初还以为他是在拆阅信件，但我进去走近他的办公桌一看，才看见他在做什么。后来我才了解到，这是他每日的习惯。信件被分类、拆阅之后，他不会把空信封扔掉，而是把它们都收集在一起，带到自己办公室。等他空闲的时候，把空信封四周裁开。这样，一个信封就得到两张纸，每张纸都有一面是空白的。他会把这些纸堆放起来，然后叫人分发到各个部门代替便签纸，用在莱恩哈特给我说明情况时在凸印精美信头的信纸上书写数字那种情况下。既不浪费空信封，也不浪费总裁的空闲时间。充分利用了每一点儿资源。

"这使我突然意识到，如果特拉华-拉克万纳-西部铁路公司的总裁是这样的人，该公司的所有部门一定都是被管理得很注重节约成本。总裁本人会负责这一点的！当然，我也知道该公司定期支付红利，并且财力很雄厚。于是，我尽可能多地买入了特拉华-拉克万纳-西部铁路公司的股票。从那以后，该公司股本已经翻倍，之后又翻了一倍。我每年获得的分红现在加起来已经有我最初投入的资金那么多了。我现在仍然持有特拉华-拉克万纳-西部铁路。至于艾奇逊-托皮卡-圣菲铁路公司，在我看见那位总裁为了用数据向我证明他并没有铺张浪费，一张接着一张地把凸印着双色信头的亚麻纸扔进废纸篓之后没几个月，就落到别人手中了。"

这个故事的绝妙之处就在于：首先，它是真实的；其次，事实证明，那位踏实节俭的交易者投资任何一只其他的股票，都不可能获得像投资特拉华-拉克万纳-西部铁路公司的股票一样好的收益。

第十七章　预感与经验

观察、经验、记忆力和数学运算——这些都是一名成功交易者所必须依靠的。

我最亲密的朋友之一特别喜欢讲一些关于我的故事，这些故事都和他所说的我的预感有关。他一直认为是某种力量促使我公然挑衅市场分析。他宣称，我仅是盲从于某些神秘的冲动就可以精确地选择在正确的时机离场。在早餐桌边，他最喜欢讲的轶事和一只黑猫有关。他说这只猫告诉我卖出手中大量的股票，我得到这只猫咪的讯息之后，就变得暴躁不安，直到我卖出手中所有做多的股票为止。而我几乎是在那一轮趋势的最高点卖出的，这当然就更加强了我那位顽固的朋友的"预感理论"。

我当时已经到了华盛顿，想尽力说服一些国会议员往死里加重我们的课税并非明智之举。我当时没把太多的心思放在股票市场上。我是突然决定要卖出手中所有头寸的，因此才有了我朋友所说的轶事。

我承认，我有时确实会产生某些不可抗拒的冲动，想在市场上采取某些行动。这和我当时做多还是做空无关，我就是要必须离场。在我离场之前，我会感觉心神不宁。我自认为这应该是由于我看到了很多警告我必须离场的信号。或许没有任何一个单独的信号清晰强烈到足以提供一个确定无疑的理由，让我根据突然的冲动行事。很可能是所有的信号汇集在一起，形成了他们所说的"看盘灵感"。那些老一辈的交易者说，詹姆斯·R·吉恩以及在他之前的一些大作手都培养出了极强的"看盘灵感"。坦白地说，通常情况下，这些警告信号最终都被证明很合理，而且时间掐得刚刚好。但在这次情况中，没有所谓的预感，与黑猫也没有任何关系。他跟每个人说我那天早上一起床脾气就变得很暴躁一样。我想可以这样解释——如果那天我确实脾气暴躁的话，那是因为我很失望。我没能说服自己见到的那位国会议员，该委员会对华尔街课税问题的看法与我不太相同。我并非企图阻止或是逃避对股票交易征收的赋税，我只是站在一名经验丰富的股票大作手的角度，向他们建议不要把课税控制在我认为的那么不公平和不明智的水平上。我不希望美国政府杀鸡取卵，那些鸡在公平待遇下能生出很多的金蛋。可能是因为我没能成功说服他们，不但令我很烦躁，还导致我对这个遭受不公平课税行业的未来变得很悲观。不过，还是让我来告诉你究竟发生了什么事。

在这轮多头市场刚开始的时候，我对钢铁贸易行业和铜矿市场的前景很看好，因此我看涨这两个板块的股票。所以我开始收集其中一些股票的筹码。最初买入了5000股犹他铜业（Utah Copper），然后就此停手，因为该股表现不对路。也就是说，该股的表现没有像它本该有的表现那样使我感觉自己买入是明智的。我想我当时的买入价大约是114。同时，我也差不多在同样的价位开始买入美国钢铁。第一天我就买入了2万股之多，因为当天该股表现很对路。我按照以前描述过的方法建仓。

美国钢铁在我买入之后继续表现得很对路，因此我继续买进，直到总共持有7.2万股为止。不过，我持有的犹他铜业始终只有最初买入的那些，一直没有超过5000股。该股的表现没有鼓励我买入更多。

每个人都知道当时是什么情况。我们正处在一轮巨大的多头市场当中。我知道市场仍将上涨，基本形势仍然是有利的。即使股价已经上涨了很大一截，我的账面利润也已经不容小觑，盘势仍在用喇叭大喊：尚未完成！尚未完成！等我到了华尔街，盘势还在对我发出同样的信息。当然，在这种市场后期，即使我仍然看涨后市，也无意再增加仓位了。市场走势仍然明显对我有利，我没有理由成天守着报价板，一小时一小时地等待捕捉离场信号。在撤退的号角响起之前——除非发生什么完全出乎意料的大灾难——市场一定会先踌躇不前，或是以另外的方式告诉我投机形势即将逆转，让我做好准备。这就是为什么我能轻轻松松地去处理我和那帮国会议员之间的事。

股价继续上涨，这意味着这轮多头市场即将走到尽头。我并没有预期市场具体会在哪一天终结，判断出这一点完全超出了我的能力范围。当然，不用我说你也知道，我密切注视着离场信号的出现。实际上我从来都是保持警惕的，这已经成为我的一种交易习惯。

我不敢肯定，但我相当怀疑是这样的。在我卖出的前一天，看到市场的高价位之后，我想到了自己账面利润的规模，以及手中持有的头寸规模，稍后又想到了自己力图说服那些立法人员能公平、明智地对待华尔街，结果却徒劳无功。可能就是这样，在那个时候我心里播下了种子。我的潜意识整晚都在这个问题上打转。当我第二天早上考虑市场的时候，我开始对市场当天的表现感到疑惑。等到了办公室，我看到的不是股价仍然在上涨，也不是自己获得了令人满意的账面利润，而是此时市场的流动性非常好，有着惊人的吸纳能力。在这样的市场当中，我可以卖出任意数量的股票。且当一名交易者满仓持股时，他理所当然地必须密切注意市场，寻找将自己的账面利润兑换成真金白银的时机。在变现的过程中，他应该尽可能地减少因此造成的账面利润损失。经验教导我，交易者总是能够发现把账面利润兑换成真金白银的时机，并且这种时机通常都出现在一轮趋势的尾声。这不是看盘能力或是某种预感。

那天早上，我发现市场可以让我轻轻松松地卖出手中所有的股票，于是我当然就全部卖出了。当你准备卖出时，卖出 50 股与卖出 5 万股在精明程度或勇敢程度上并不见得有什么区别。即使在最沉闷的市场上，卖出 50 股也不会促使股价下跌，但是单独卖出一只股票的 5 万股，情形可就不同了。我当时手中持有 7.2 万股美国钢铁。这可能算不上一笔异常庞大的头寸，但你总不可能在不损失一部分账面利润的情况下卖出这么多股票。当你计算这些账面利润时，它们看起来是如此美好，因此损失掉这些利润会跟损失了实际上安全放在银行的资金一样让你心痛。

我一共积累了大概 150 万美元的账面利润，我在变现的最好时机，将这笔利润拿到了手。然而，这并不是我认为当时卖出是正确的决定的主要原因。真正令我满意的是市场向我证明了这一点。我成功卖出了手中所有的美国钢铁头寸，一共是 7.2 万股，卖出的平均价位与当天的最高价以及整个趋势的最高价，差距都只有一个点。这证明我对时机的掌握相当精确。不过，就在同一天的同一个小时之内，我在卖出手中的 5000 股犹他铜业时，其价格下跌了 5 个点。请回想一下，我当初同时开始买入这两只股票，并且很明智地在美国钢铁上将仓位从 2 万股增加到了 7.2 万股；同样明智的是，在犹他铜业上自从买入最初的 5000 股之后，一直没有再增加头寸。我之前没有卖出犹他铜业的原因是我看好铜业，同时股市正处于多头市场。尽管我没有从犹他铜业上获得一大笔利润，但我认为犹他铜业不会对我造成较大的伤害。至于预感，真的没有什么预感。

训练一名股票交易者就像教育一名从医人员。学医者必须花很多年来学习解剖学、生理学、药物学以及其他大量的相关科目。他先是需要学习理论知识，然后再把自己的一生献给医疗实践事业。他要对各种各样的病理现象进行观察并且分类。他必须学会诊断。如果诊断是正确的——这取决于他的观察结果是否准确——那么他后期的治疗措施应该会有相当好的效果。当然，他必须始终记住，人类总是会犯错误，某些完全不可预见的因素会让他无法 100% 命中靶心。慢慢地，随着经验的不断积累，他认识到不仅要采取正确的措施，而且采取措施的速度要快，因此许多人会认为他是靠着自己的直觉在行医。实际上，这并不是无意识的行为。这是他根据多年以来对类似病例的观察和诊断。同时，在他做出诊断之后，他所要做的自然只能是按照经验教导他的正确的治疗方法进行治疗。你可以传播知识——也就是说，你可以传播那些用卡片分类收集的具体事实——但是你无法传播自己的经验。一名交易者可能知道怎么做，但他还是会赔钱——如果他动作不够快的话。

观察、经验、记忆力和数学运算——这些都是一名成功交易者所必须依靠的。他不仅必须观察准确，而且还必须始终记住他所观察到的一切。他不能根据某些不理性的或是出乎意料的因素来下注，无论他个人多么强烈地相信人类本身就是不理性的，或是他有多确定出乎意料的事情会十分频繁地发生。他必须始终根据可能性下注——也就是说，他必须尽力预测各种可能性。从事这个游戏多年的实践经验、持续不断的研究，以及始终牢记自己所观察到的一切，使得一名交易者不论是在遇到意料之外的事件还是在已经预料到的事件发生时，都能立即采取行动。

某人可能数学能力很强，精确的观察能力也非同寻常，但即使是这样他仍然可能在投机交易中遭遇失败，除非他同时还拥有经验和良好的记忆力。其次，正如医师始终与科学同步前进一样，聪明的交易者从来不会停止研究基本形势，他会时刻追踪可能牵连或影响各个市场的运动轨迹的新动向。从事这个游戏多年以后，他就会习惯于让自己及时掌握最新动态。

此时，他几乎会下意识地就采取行动。他已经养成了非常宝贵的专业态度，这使得他有能力击败这个游戏——偶尔！专业人士和业余人士或是偶尔交易的交易者的这种差异再怎么被强调也不为过。例如，我已经发现良好的记忆力和数学能力对我的帮助很大。在华尔街上挣钱，凭的是数学功底。我的意思是在华尔街上，要靠处理事实和数据来挣钱。

当我说一名交易者必须掌握每时每刻的最新动态，同时必须以完全专业的态度来对待所有的市场和所有新的动向时，我只是想再次强调，预感和神秘的"看盘灵感"与交易的成功之间并没有太大的关系。当然，一名经验丰富的交易者经常会行动十分迅速，以至于他没有时间提前说明所有理由——即便如此，这些理由都是非常充分的，因为它们都建立在事实的基础之上，而这些事实是他多年以来站在专业人士的角度进行操作、思考和观察形势而积累起来的。对专业人士来说，凡是来到他的磨坊的都是谷物，他会把自己所遇到的每件事都琢磨得清清楚楚。关于我所说的专业态度，让我来举例说明。

多年以来，我已经习惯于始终留意商品期货市场的动向。正如你所知道的，政府报告显示今年的冬麦收成跟去年差不多，而春麦产量会比1921年更多。天气状况也比去年好很多，因此今年的收割时间很可能会比以往早一些。当我了解到天气方面的数据，也看出了我们的收成状况大致会是什么样时——靠的是数学运算。我同时还立即想到了煤矿工人和铁路工人正在罢工。我情不自禁地就会想到这些，因为我的大脑总是会想到所有与市场有关的新的动向。我立即想到，罢工运动已经影响了各个地方的货物运输，这反过来必将影响小麦的价格。我是这么想的：由于罢工导致运输设施受损，大量冬麦运到市场上的时间必将被延误，等到这种情况得到改善时，春麦已经准备好运往市场了。这意味着，当各地的铁路能大量运输小麦时，它们将把这两种作物同时运往市场——被延误的冬麦和早产的春麦，这表示一下子将有巨量的小麦涌入市场。如果事态果真照此发展——显然这属于大概率事件——那么交易者们一段时间内将不会买入小麦，因为我掌握的情况他们也能掌握，他们所做出的推论也会和我一样。他们不会想买入小麦，除非其价格下跌，跌到使买入小麦成为一种很好的投资。市场上没有买盘力量，价格就应该会下跌。一想到这里，我必须确定我的判断是否正确。正如老帕特·赫恩经常所说："不下注，怎会知输赢？"在看空市场和卖出之间，没有必要浪费时间。

经验教会我，市场的行为方式对一名大作手来说是再好不过的指引。这就像量病人的体温和脉搏，或是观察病人眼球的颜色以及舌苔的颜色一样。

正常情况下，交易者应该能在¼美分的价格变化范围内完成100万蒲式耳小麦的买卖。这一天，当我卖出25万蒲式耳去测试市场是否属于卖出的好时机时，价格下降了¼美分。由于市场这种反应不足以明确地向我揭示我所需要的信息，所以我再次卖出了25万蒲式耳。我注意到，承接我的卖单的力量很零散，也就是说，买盘是由很多1万或1.5万蒲式耳的买单组成的，而不是像正常情况那样由两三笔买入交易组成。除了这种零星的买盘以外，价格也在我的卖压下下跌了1¼美分。现在，我已经没有必要浪费时间来解释市场是以何种方式来吸纳我卖出的小麦了，我的卖压造成的不成比例的价格下跌告诉我，市场上没有买进的力量。既然如此，唯一该做的是什么呢？自然是继续卖出。根据经验行事有时可能会使你遭到愚弄，但是不根据经验行事一定会让你变成笨蛋。因此，我又卖出了200万蒲式耳，价格继续下跌了一些。几天之后，市场的表现实际上相当于迫使我再卖出200万蒲式耳，价格还在进一步下跌。又过了几天，小麦开始剧烈下跌，下跌了6美分每蒲式耳。市场没有就此停止下跌，它一直处于下跌状态，偶尔出现短暂的反弹。

这一次我不是根据任何预感进行操作的，也没人为我提供什么内幕消息。让我获利的是我对商品期货市场的一贯态度，或者说专业态度，而这种态度来源于我多年从事该行业。之所以进行研究是因为交易就是我的事业。一旦盘势告诉我我的做法是正确的，我在事业上的职责就是增加头寸，而我确实也这么做了。整个过程就这么简单。

我已经发现，在这个游戏当中，经验会付给你稳定的红利，而观察则会为你提供全世界最好的内幕消息。有时，某只股票的市场行为就是你所需要的一切。你只要注意观察就行了，然后经验会告诉你如何从与平常不同的变化中获利，也就是从可能性中获利。举例来说，我们都知道，不是所有的股票都会同时朝着某个方向运动。但是，某一个板块中的所有股票一定都会在多头市场中上涨，空头市场中下跌。这已经是投机交易中司空见惯的事了。这也是最常见的自动浮现出来的内幕消息，佣金经纪行对此再清楚不过了，他们会把这种消息告诉每一个客户，要是客户自己没有想到的话。我的意思是，他们总是会建议客户交易那些同一个板块中落后于其他成员的股票。因此，如果美国钢铁上涨了，我们就可以合理假设，美国熔炉（Crucible）、共和钢铁（Republic）和伯利恒钢铁跟着上涨不过是迟早的事。行业状况和前景展望应该会对同一个板块中的所有股票起到相似的作用，而行业繁荣也应该被该行业中所有的股票分一杯羹。理论上来说，市场上每一只股票都有否极泰来的一天，这一点已经被无数次的经验证明过：如果 A 钢铁股和 B 钢铁股都已经上涨了，而 C 钢铁股还没上涨，公众便会买入 C 钢铁股。

但是，即使是在多头市场当中，如果某只股票的表现与它在这种市场当中应有的表现不符，我也绝不会买入这只股票。有时，我在一轮确定无疑的多头市场中买入某只股票之后却发现，同一板块中其他的股票并没有表现出要上涨的样子，于是我卖出了手中已经持有的这只股票。为什么？经验告诉我，与我或许可以称之为与明显的板块趋势背道而驰是不明智的。我不能仅仅根据已经确定的事实进行操作，我还必须根据可能性进行操作——必须预测各种可能性。一位老经纪人曾经对我说过："当我正沿着铁轨行走时，我若看见一列火车正以每小时 60 英里的速度疾驰而来，我还会继续在铁轨上行走吗？老兄，我会先闪到一边。这是再自然不过的事了，根本不值得我拍拍胸膛夸夸我自己有多聪明多谨慎。"

去年，在普遍的多头趋势已经展开很久之后，我注意到某个板块中的某只股票没有与该板块中其他股票一道上涨，除了这个唯一的特例之外，该股所属的板块与市场上其他的板块都在上涨。我当时做多了一笔数额相当大的布莱克伍德汽车（Blackwood Motors）。每个人都知道，该公司生意做得相当大。该股每天上涨 1～3 个点，并且涌入该股的公众越来越多。这自然使得该板块成为被关注的焦点，其他所有的汽车类股票也都开始上涨。然而，其中唯一有一家顽固地坚持不动，那就是切斯特汽车（Chester）。该股落在了其他股票的后面，因此不久之后，人们开始议论纷纷。切斯特无动于衷的低价与布莱克伍德和其他汽车类股票的强势、活跃形成了强烈的对比，人们自然有充分的理由听信兜售情报者、通报内情者和自以为是者的话开始买进切斯特，因为他们认为该股很快就会与该板块中其他股票一道上涨。

在公众中等规模的买单刺激下，切斯特不但没有上涨反而还下跌了。实际上，在这样的多头市场上，要拉抬该股价格简直易如反掌。想想看，在这场普遍上涨的趋势中，同一板块中的布莱克伍德汽车是备受瞩目的领军者之一，同时我们听到的全是对各种各样的汽车的需求大幅上升，汽车产量也创下纪录。

很明显，内线集团在多头市场上通常都会做的事切斯特的内线集团完全没有做。他们之所以没有做内线集团通常都会做的事，可能有两种原因：内线人士没有拉抬股价可能是因为他们想在推升股价之前收集更多的筹码。但是如果分析切斯特的交易量和行情特点，你就会发现这种理由不能成立。那么，他们没有拉抬股价的另一个原因就是：他们害怕在试图拉抬股价时吸进股票。

当那些应该想要这只股票的人都不想要时，我为什么还要买进呢？我认为无论其他汽车公司的股票可能会出现多么繁荣的景象，卖空切斯特都是件很保险的事。经验教导我，买入某只拒绝与其板块中的领涨股一道上涨的股票务必要谨慎。

我很轻易就查明了事实真相，内线人士不仅没有买入，实际上还在卖出。此外，还有其他的征兆警告不要买入切斯特。不过，该股与其所属板块中其他股票不同的市场表现就是我所需要的一切了。正是盘势再次警告我离场，这就是我卖空切斯特的原因。在我卖空不久之后的一天，该股大幅下跌。后来我们才知道——好像是官方发布的消息——内线人士的确在卖出，因为他们非常清楚该公司的状况不容乐观。跟通常的情况一样，这次的原因也是在下跌之后才被揭露的，但警告信号在下跌之前就出现了。我所留意的并不是股价下跌而是警告信号。我当时不知道切斯特出了什么问题，也不是根据预感行事的。我只是知道，一定有什么地方不对劲。

就在前些日子，我们看到了报纸上报道的圭亚那黄金公司（Guiana Gold）"耸人听闻"的走势。该股曾在场外证券市场按照50美元或接近这个水平的价格交易，后来在股票交易所挂牌交易。在交易所开始交易时价格在35美元左右，不久便开始下跌，最终跌破了20美元。

我绝不会把该股这样的下跌称为"耸人听闻"，因为这样的下跌完全在我的预料之中。如果你打听过的话，应该对这家公司的历史有所了解。有无数人都知道这件事。我所听到的是这样的：六七个声名赫赫的资本家和一家著名的银行组成了一个辛迪加性质的财团。其中一位成员是贝尔岛勘探公司（Belle Isle Exploration Company）的头儿，这家公司投入圭亚那黄金公司的现金超过 1000 万美元，从该公司获得了若干债券和 25 万股的股票。圭亚那黄金开采公司总股本为 100 万股。该公司以分红为基础进行宣传，广告做得相当不错。贝尔岛勘探公司的人认为最好还是卖出变现，因此给了那家银行的银行家们 25 万股的认购权。于是，银行家们做出安排，打算尽力为这些股票与自己手中的持股炒作市场。银行家们刚开始本来是想把市场炒作委托给一名专家来做，该专家开出的条件是，若他能以 36 美元以上的价格销售这 25 万股，那么超过这个价位的利润他拿 1/3。我听说协议都已经起草好，都准备签署了，但在最后一刻银行家们决定自己进行市场炒作，这样还可以省下需要支付给那位专家的费用。因此，他们组建了一个内部炒作集团。银行家们以 36 美元的价格从贝尔岛勘探公司取得了那 25 万股的认购权，但给炒作集团的则是 41 美元。也就是说，炒作集团的成员们一开始就付给了自己的银行家伙伴们 5 个点的利润。我不知道他们自己是否清楚这其中的猫腻。

在那些银行家们看来情形很明显，无论从哪个方面来看，这次的操作都是十拿九稳。当时正巧碰到了多头市场，而且圭亚那黄金所属板块中的其他股票都是市场上的领涨股。该公司正处于高盈利状态，而且定期发放红利。有了这几点，再加上该公司的出资人都是些身居高位的人物，使得公众几乎把圭亚那黄金当成了投资型的股票。我听说他们把价格一路炒高到了 47 美元，一共大概卖给公众 40 万股。

当时黄金板块走势很强劲。但不久之后圭亚那黄金就开始显出疲态，下跌了 10 个点。如果是内部集团在出售股票，出现这种情况很正常。然而下跌之后不久，华尔街便开始传说有些事情并不是那么理想，该公司财力根本无法支撑那些推销者过高的期望。该股下跌的原因自然就水落石出了。不过，在原因揭晓之前我就已经得到了警讯，采取措施对圭亚那黄金的市场进行了测试。当时该股的表现和切斯特汽车的表现非常相似，因此我卖空圭亚那黄金。价格下跌，我继续卖出；价格继续下跌，我继续卖出。该股正在重蹈切斯特汽车以与他六七只股票的覆辙，我还清楚记得这些股票的病史。盘势明明白白告诉我，有什么地方出了问题，就是这些问题导致内线人士不愿意买进，他们完全清楚自己即使在多头市场中也不应该买入自己的股票的原因。另一方面，那些局外人还不清楚状况，现在还在买入，因为该股曾卖到过 45 甚至更高，那么当它回落到 35 甚至更低时看起来就很便宜了。红利照常发放，在他们看来这只股票现在真是超值。

然后消息出来了。在一般大众知道之前我已经得到了消息。我经常都会抢先知道重要的市场新闻。但是，证实该公司挖到的不是丰富的富矿石而是一堆废石的消息仅仅是为我提供了一个理由，告诉我之前为什么没有内部人士买进。我自己并不是得到这个消息之后才卖出的。我很久以前就卖出了，依据的是该股的市场表现。我关心的不是什么哲学上的问题。我是一名交易者，因此我只寻求一种迹象——内线买盘，而该股没有内线买盘。我不必知道内线人士为什么不看重自己的股票，不在下跌时买进。我只需要知道他们的市场计划中明显不包括进一步炒高就够了。这一点就足以使卖空该股成为必然的选择了。一般大众已经买入了差不多 50 万股，唯一可能发生的换手就是股票从一组希望通过卖出止损的无知局外人，转移到另一组希望挣钱而买入的无知局外人手中。

我告诉你这则故事，并不是为了告诉你公众因为买进圭亚那黄金亏损了多少，或是我因为卖空圭亚那黄金而赢利了多少。我只是想强调研究板块行为有多重要，以及大大小小的能力不足的交易者因为忽视板块行为是如何得到教训的。同时，并不是只有在股票市场盘势上才会向你发出警告，在商品期货市场盘势上一样会像在股票市场那样，大声吹响警告的口哨。

我在棉花交易上有一次很有意思的经历。当时我看空股票，已经建立了中等规模的空头头寸。与此同时我也卖空了棉花，一共 5 万包。我的股票交易一直在赚钱，因此我也就没怎么管棉花交易。后来我知道的第一件事就是那 5 万包的棉花交易出现了 25 万美元的亏损。正如我所说，我的股票交易十分惹人关注，我的表现也非常好，以至于我不想将心思从股票上挪开。每当想到棉花交易，我都只是对自己说："等到回调时再回补。"棉花价格有时确实会小幅回调，但在我下定决心认赔回补之前价格就又反弹了，并且总是反弹到比之前还高的价位。因此，我决定再等等，然后将心思重新放到股票交易上，并且专注于此。最终我平仓了结了股票交易，获得了一笔非常可观的利润，然后离开纽约前往温泉城休假。

这实际上是我第一次闲下心来处理我在棉花交易上的亏损问题。这笔交易对我不利，尽管有几次看上去我几乎就可以获利离场了。我发现，每当有人重仓卖出，棉花都会出现一次明显的回调，但随后价格几乎立即就会反弹，并且每次反弹都会创下本轮趋势的新高。

我在温泉城待了几天之后，我的亏损达到了 100 万美元，而上涨趋势还没有要停下来的意思。我把自己已经做过的和还没做的仔细过了一遍，然后对我自己说："我肯定是做错了！"对我来说，意识到自己做错了跟决定离场实际上是一个步骤。因此我立即进行回补，亏损了大约 100 万美元。

第二天早上，我专心打高尔夫，脑子里什么也没想。我已经在棉花上做了交易，并且做错了。我已经为自己的错误买单，收据还在我口袋里。我当时和此刻一样，对棉花市场毫不关心。我回到旅馆吃午饭时，顺道在经纪公司的营业厅逗留了一下，看了看报价板。我发现棉花下跌了 50 点。这还不算什么。同时我还注意到，它没有像过去几个星期惯有的表现那样，在打压价格的特定卖压松手后立即反弹。过去惯有的表现曾显示，最小阻力线的方向是朝上的，而我却对此视而不见，这使我付出了 100 万美元的代价。

不过现在，既然市场没有照例立即出现强劲的反弹，那么促使我接受巨额亏损平仓离场的理由就不再是充分的理由了。我卖空 1 万包，然后观望。很快，市场下跌了 50 点。我稍微等待片刻，还是没有反弹。此时我已经饿极了，所以走进餐厅点好午餐。服务员还没来得及上菜，我便跳起来，直奔经纪公司营业厅，看到反弹还是没有发生，我再次卖出 1 万包。我等待片刻，愉快地看见价格再次下跌了 40 点。这向我表明，我的交易是正确的，因此我返回餐厅吃午饭，之后再回到经纪公司。那一天一直都没有反弹。当天晚上，我离开了温泉城。

打打高尔夫真的相当不错，但是我之前卖出棉花的时候做错了，回补棉花的时候也做错了。因此，我必须回到工作上，必须待在一个能安心交易的地方。市场承接我第一笔 1 万包的方式促使我卖出了第二笔 1 万包，而市场承接我第二笔 1 万包的方式使我确定趋势反转已经来。这在于两次卖出时市场的表现不同。

我到达华盛顿时去了我在那里的经纪公司营业厅，这里由我的老朋友塔克负责。我到达那里时市场又下跌了一些。此时我确信自己是正确的，比我当初确信自己做错时还更加确信。因此，我再次卖出 4 万包，而市场再次下跌了 75 个点。这表明此时市场上没有任何买盘支撑。当天晚上市场以更低的价格收盘。以前的买盘力量显然已经不存在了。虽然不知道在什么价位上买盘力量会再次出现，但我确信自己的头寸是明智的。次日早上，我开车离开华盛顿前往纽约。我没必要匆匆忙忙的。

我们到达费城时，我开车去了一家经纪公司。我看到棉花市场开始算总账了。价格跌得很厉害，出现了小规模的恐慌。我没等回到纽约，立即打长途电话给我的经纪商，回补了我的空头头寸。我一拿到我的报告单便立即发现，我实际上已经弥补了之前的亏损。我继续驾车向纽约进发，途中没有再停下来去看任何报价了。

一些当初跟我一起在温泉城的朋友，直到今天还在谈论我当初从餐桌上跳起来，跑去卖出那第二笔 1 万包的情形。当然，这一次明显也不是靠什么预感。这次是一种冲动，一种来自于我确信卖出棉花的时机已到的冲动，无论我之前所犯的错误有多严重，我必须抓住这次机会，这是属于我的机会。很可能是我的潜意识一直在发挥作用，替我得出了结论。而在华盛顿的卖出决定则是我观察的结果。我多年的交易经验告诉我，最小阻力线的方向已经由向上变成了向下。

我没有抱怨棉花市场夺走我的 100 万美元。我当初没有因为自己犯下那么大的错误而自怨自艾，之后也没有因为在费城进行回补并弥补了损失而沾沾自喜。我的交易头脑只关注交易本身。我能弥补自己最初的损失是因为我同时拥有经验和良好的记忆力，我认为这样的说法是合理的。

第十八章 历史总是在重演

知识就是力量，力量无需害怕谎言——即便是报价纸带打印出来的谎言。

在华尔街，历史始终不断地重演。你还记得我告诉过你的一个故事吗？我在斯特顿囤积垄断玉米的情况下回补了自己的空头头寸。另外一次，我在股票市场上差不多使了同样的一招，股票是热带贸易公司（Tropical Trading）。在这只股票上，无论是做多还是做空我都挣过钱。这只股票一直很活跃，是爱冒险的交易者最喜欢的一只股票。该股的内线小集团曾屡次被各家报纸指控，说他们过于关心该股的价格波动，不注重鼓励对该股进行长期投资。前几天，我所认识的一位最有才干的经纪人宣称，从操纵市场从中牟利的手段来看，即便是丹尼尔·德鲁在伊利湖铁路公司上，或是Ｈ·Ｏ·哈维梅尔在糖业公司上，都没能像莫利根总裁（President Mulligan）以及他的同伴们在热带贸易公司上那样达到炉火纯青的地步。有很多次，他们都是先诱导空头们放空热带贸易，然后用生意上那种彻头彻尾的手段进行轧空。空头们对于他们的轧空方式所感到的恶毒或是恐惧程度，丝毫不亚于人被真正放在液压机下的感受。

当然，曾有人谈到过，在热带贸易公司这支股票的交易史中曾发生过一些"声名狼藉的事件"。我敢说，说这些话的批评者都曾被轧空弄得痛苦不堪。那些场内交易者经常碰到内线人士暗中搞鬼，他们为什么还要继续参与到这场游戏当中来呢？别的先不说，他们都喜欢活跃的市场，而这一点从热带贸易公司上肯定能得到满足。该股不会出现长时间的沉闷，不用为这只股票的任何行为询问理由或是说明原因，不用浪费时间，不用紧张兮兮，就耐着性子等待内幕消息预告的价格运动开始。总是有足够的股票在市场上流通——除非空头敞口足够大，大到值得花费精力制造流动性紧张来进行轧空。在这只股票上随时都有人上当受骗。

事情发生在一段时间之前，当时我正像往年一样在佛罗里达过冬。我正忙着钓鱼，日子过得很愉快，脑子里没想任何与市场有关的事，除了偶尔收到一沓报纸。一天早上，半星期一次的邮件送来时我看了看股市报价，发现热带贸易公司价格为 155 美元。我想我上次看到这只股票的报价时大约是 140 美元。在我看来，我们即将进入一轮空头市场，我正在等待时机准备放空股票，但当时还没有出现疯狂下跌。这就是为什么我还在钓鱼而没怎么关注股市的原因。我知道，当股市真正召唤我时，我会赶回去的。同时，我做什么或不做什么都不会对事态的发展起到一丁点儿的作用。

从那天早上的报纸来看，热带贸易公司的表现算是特立独行，脱离了市场大势。这增强了我对整体市场看跌的想法。在我看来，那伙内线人士在总体市场都很沉闷的情况下强行拉抬热带贸易公司的股价，实在是太愚蠢了。有些时候，操纵市场牟取暴利的行为必须缓一缓。在交易者估算形势的过程中通常都对那些反常因素没什么好感。在我看来，这个时候拉抬那只股票的价格简直是天大的错误。没人犯了这么愚蠢的错误还能逃避惩罚，在股市上不可能有这样的事。

看完报纸之后，我继续去钓鱼。但是，那伙内线人士正设法干的勾当在我脑中挥之不去。他们一定会失败的，就像某人不带降落伞从 20 层楼的屋顶跳下来，一定会摔得粉身碎骨一样。我脑子里想的全是这件事，最后只能先不钓鱼了，停下来去给我的经纪商发了封电报，以市价卖出 2000 股热带贸易公司。这之后，才能重新回去钓鱼。钓鱼收获还不小。

当天下午，我收到了特快专递送来的电报回复。我的经纪人报告说，他们替我卖出的 2000 股热带贸易公司以 153 的价位成交。到现在为止，一切顺利。我在下跌市场中卖空，本来就应该这么做。不过，我没法继续钓鱼了。我离报价板实在太远了。我之所以有这种感觉是因为我重新梳理了全部理由，热带贸易公司为什么应该随着市场上其他股票一起下跌，而不是在内部人士的炒作之下独自上涨。于是，我离开垂钓露营地回到棕榈滩，或者更准确地说是恢复和纽约有直通线路的状态。

我一回到棕榈滩，发现那些执迷不悟的内线人士仍然不肯罢手，便立即再卖给他们第二笔 2000 股热带贸易。成交报告单回来之后，我再卖出 2000 股。市场表现极佳。也就是说，在我的卖压下股价下跌了。一切都令人满意，所以我出去兜了兜风。但是，我还是感觉不太开心。我越想越觉得不开心，感觉自己卖得还不够多。我回到了经纪公司营业厅，再次卖出 2000 股。

只有在卖出那只股票时，我才感到很开心。现在，我持有 1 万股的空头头寸。我决定返回纽约，我现在有事可做了。至于钓鱼，我可以另找时间。

到达纽约之后，我特别打听了一下这家公司的业务状况，包括当前情形和未来展望。我所了解到的情况坚定了我的信念，那伙内线人士在这种时候拉抬股价，不仅仅是用鲁莽就能形容的，此时无论是从总体市场的走势来看，还是从该公司的盈利状况来看，这样的上涨都是不合理的。

该股的强行拉升，虽然不合理也不合时宜，但却促使一些公众跟风买进，这无疑又反过来鼓励了那些内线人士继续实施他们那种不明智的策略。我继续放空该股。内线人士停止了他们愚蠢的行为。就这样，我根据自己的交易方法，一而再，再而三地探测市场，直到最终放空了 3 万股热带贸易公司为止。到这时候，该股价格为 133。

有人警告过我，说热带贸易公司清楚华尔街上任何一只股票的具体去向，也确切地知道空方的身份和空方的头寸规模，同时还了解具有重大战术意义的其他事项。他们都是些很有本事、很精明的交易者。总而言之，和这个联盟作对是件很危险的事。但是，事实总归是事实，所有联盟当中，最强大的盟友是基本情势。

当然，股价从 153 下跌到 133 的过程中，空方越来越多，而那些喜欢在回调后买入的公众则像平常一样开始认为：这只股票曾在 153 甚至更高的价位都被认为值得买进。现在跌了 20 个点，那肯定更值得买进了。同样的股票，同样的股利率，同样的管理者，同样的业务。现在买绝对超值！

公众的跟风买入减少了市面上流通的股份，那伙内线人士知道有许多场内交易者放空，认为轧空的有利时机已到。价格正好适时涨到了 150。我估计回补的人很多，但我始终坚持不动。我为什么不坚持呢？内线人士可能知道还有一笔 3 万股的空头头寸没有被收进，但我为什么要因此而感到害怕？促使我在153的价位开始卖空并在价格下跌到133的过程中持续卖空的理由不仅仍然存在，而且比之前更加强烈了。内线人士或许想迫使我回补，但他们拿不出任何有说服力的理由。市场基本情势正在为我而战。此时既要无所畏惧，也要有耐心，而要做到这一点并不是很难。一名投机者必须对自己以及自己的判断有信心。已故的纽约棉花交易所前任主席，著名的《投机艺术》作者迪克逊·G·瓦茨说："投机者的勇气就是满怀信心地根据自己的决定采取行动。"对我来说，我从不害怕自己是错误的，在市场证明我错误之前，我从来不会认为自己是错误的。实际上，若没有利用自己的经验进行获利，我会感到别扭。某个特定时间的市场轨迹并不足以证明我是错误的。只有市场上涨时或下跌时所表现出来的特征，才能让我确定自己的市场头寸究竟是正确的还是错误的。唯有凭借知识我才能不断成长。如果我栽了跟头，那肯定是由于我自己犯了愚蠢的错误。

从133反弹到150的过程中，没有任何市场特征吓唬到我，促使我回补。不久之后，该股正如我所预期的那样再次开始下跌。内线集团还没来得及开始支撑盘面，股价就跌破了140。他们买入的过程伴随着大量跟这只股票有关的利多传言。传言称，该公司当前盈利相当惊人，因此可以合理预期定期分红将会增加。此外，据说空头敞口相当庞大，空方将普遍受到一场"世纪轧空"的沉重打击，尤其是某位过度放空得太厉害的大作手。我根本无法一一细数在他们将股价拉抬10个点的过程中我所听到的所有谣言。

他们的市场操纵并未对我构成特别大的威胁，不过当价格触及149的时候，我拿定主意，任凭华尔街把四处流传的利多传言当成事实全盘接受并不明智。当然，不管那些已经被吓坏了的空头，还是那些容易上当受骗的、喜欢根据小道消息交易的佣金经纪行的客户，都不会相信我或是其他某个彻头彻尾的局外人所说的任何话。最有效且最彬彬有礼的反驳只有报价纸带打印出来的信息才能做到。人们会相信报价纸带打印出来的信息，但不会相信任何大活人信誓旦旦的保证，更别说该保证是出自一个自己放空了3万股的家伙之口。因此，我运用了对付斯特顿囤积垄断玉米时同样的策略，当时我卖出燕麦，促使其他交易者看空玉米。经验与记忆力再次发挥作用。

当那伙内线人士抬高热带贸易公司的股价试图吓唬空头时，我没有用卖出这只股票的方式设法阻止涨势。我已经放空的 3 万股，已经占了流通在外的股份很大的比例，我认为再放空下去就不明智了。我没打算把头伸进他们殷勤地为我设下的圈套当中——第二次反弹确实算是急切的邀请。我所做的是在热带贸易触及 149 时，卖出大约 1 万股的赤道贸易公司（E-quatorial Commercial Corporation）。该公司持有热带贸易公司大量股权。

　　赤道贸易公司的股票并不像热带贸易公司那么活跃。因此正如我所预见的那样，在我的卖压下该公司股价剧烈下跌。毫无疑问，我的目的达到了。当交易者们和那些佣金经纪行的客户们——这些客户之前听信了关于热带贸易公司的利多传言，这些传言表面看起来并没有什么可疑的地方——看见热带贸易公司上涨的同时，赤道贸易却被重仓抛售，剧烈下跌，他们自然就推断热带贸易的强劲势头不过是烟雾弹，明显只是人为炒作的上涨行情，目的是掩护内部人士在赤道贸易上卖出变现，而该公司正是热带贸易公司最大的股东。这肯定是赤道贸易公司的内部人士正在卖出手中做多的热带贸易公司，因为此时热带贸易公司势头如此强劲，任何一个外部人士做梦也不会想到在这种时候卖空这么多这只股票。基于这个原因，他们卖出热带贸易公司阻止了该股的上涨，那伙内线人士倒也非常识时务，没有打算继续收进人们迫切抛出的所有股票。内线人士一停止支撑热带贸易，其股价立即开始下跌。交易者和主要佣金经纪行现在也开始卖出一些赤道贸易，于是我趁机回补了自己在赤道贸易上的空头头寸，获得了一小笔利润。我当初卖出赤道贸易并不是为了从这笔操作上获取利润，而是想阻止热带贸易公司的上涨。

　　一次又一次，热带贸易公司的内线人士和他们雇佣的那些勤劳的公关人员，不断地向华尔街倾注各种各样的利多消息，试图拉抬股价。他们每一次这样做，我都卖空一些赤道贸易的股票，然后在热带贸易和赤道贸易一起回调时回补赤道贸易。我的这种做法挫杀了热带贸易公司内部炒作集团的威风。热带贸易的价格最终跌到了 125，此时空头敞口实在是太大了，因此内线人士能将股价拉高 20～25 个点①。此时的空头敞口确实过度膨胀，驱动股价上涨有足够的合理性。然而，虽然我之前就预见到了这次反

---

　　①　译注：双向交易的市场中，当空头头寸的敞口太大的时候，也就意味着市场上筹码集中在了多头手中。多空双方如果此刻发生决战，多方相对占便宜。

弹，但我并没有进行回补，我不想丧失自己的筹码。在赤道贸易还没来得及跟随热带贸易一起上涨时，我又卖空了大量的赤道贸易——取得了跟平常一样的结果。我的操作揭穿了关于热带贸易的利多传言，在最近一次的"耸人听闻"的涨势开始之后，这些传言再次横行无阻。

此时总体市场已经变得相当疲软。正如我告诉过你的，我在佛罗里达垂钓露营地开始卖空热带贸易是因为我相信我们已经进入了空头市场。同时我也放空了不少其他的股票，但热带贸易是我的最爱。最后，整体形势压力实在太大，内线集团根本无力对抗，热带贸易像坐了平底雪橇一样不断下滑。多年以来，该股第一次跌破了120，接着又跌破110，然后跌破面值，此时我仍然没有进行回补。一天，整个市场极其疲软，热带贸易跌破了90，我趁市场一片混乱时进行回补。还是老一套的理由！我有机可乘——市场流动性好，行情疲软，卖盘超过买盘。即使冒着看起来像是在无聊地吹嘘自己有多聪明的危险，我也要告诉你，我几乎是在本轮趋势的最低点回补我那3万股热带贸易的。不过，我其实没想过要到底部才进行回补。我只是一心想着要将账面利润转化为现金，并且在兑现的过程中不损失太多的利润。

整个过程中，我始终坚持不动，因为我知道自己的头寸是站得住脚的。我没有对抗市场趋势，也没有违背市场的基本形势。相反，我顺势而为，正是这一点促使我坚信，一个过度自信的内线集团注定要失败。他们试图做的，其他的内线集团曾经也试过，最后总是以失败告终。频繁出现的反弹根本吓不倒我，即使我跟任何人一样知道它们即将到来。我知道一路坚持到底，最终结果一定会比试图先进行回补再找更高价位放空的结果好得多。通过坚持持有自己认为正确的头寸，我最终获利超过了100万美元。这一次，我既不是得益于什么预感，也不是得益于熟练的看盘技巧或是顽固坚持的勇气。这是我对自己的判断所持有的信心分派给我的红利，而不是我的聪明或是自负。知识就是力量，力量无需害怕谎言——即便是报价纸带打印出来的谎言。市场很快便开始回升。

一年之后，热带贸易再次被拉抬到150，并在此周围徘徊了两三个星期。当时市场已经经历了一段连续上涨，到了大幅回调的时候了，并且此时的市场也已经不属于多头市场了。我知道这一点是因为我进行了测试。当时，热带贸易公司所属板块的经营状况一直很不好，即便市场上其他板块的股票都将上涨，我也看不出有什么因素能以任何方式促使该板块中的股票上涨，更何况其他股票并没有要上涨的迹象。因此我开始卖出热带贸易公司。我打算总共放空 1 万股。在我的卖压下股价下跌了。我看不到市场上有任何支撑力量的存在。然而，突然之间，买盘的特征发生了改变。

我向你保证，支撑力量出现的那一刻我立即就判断出来了，但我说这话并不是想把我自己塑造成奇才。我当时只是立即想到，那只股票的内线人士绝不会认为自己有什么道德上的义务要支撑该股的价格，如果他们在那种总体市场下跌的情况下买入该股，其中必有原因。他们不是什么无知的白痴，也不是慈善家，也不是为了在场外卖出更多该股而支撑该股价格的银行家。尽管我和其他人都在卖出，该股仍然保持上涨。价格涨到 153 时我回补了自己的 1 万股，我实际上在价格涨到 156 时便转向做多了，因为此时盘势告诉我，最小阻力线方向朝上。我仍然看跌整个市场，但我此时面对的是具体某一只股票的交易状况，而不是一般意义上的投机理论。该股价格飞速上涨，绝尘而去，突破了 200。它是当年最轰动的股票。人们在言谈中、报纸上纷纷评论说我因为被轧空损失了八九百万美元，真是太抬举我了。事实上，我非但没有放空，反而在热带贸易一路上涨的过程中始终做多。实际上，我还因为持有的时间稍微长了一点儿，流失了一些账面利润。你想知道这是为什么吗？因为我认为热带贸易那伙内线人士自然会做我会做的事，如果我是他们的话。这其实根本不是我该去想的事，因为我的事业就是交易——也就是说，始终根据我眼前的事实行事，而不是根据我认为别人应该做的事来采取行动。

第十九章　操纵的方式

他更关心的是资产运作而不是股票投机。他很早就看出要赚大钱必须拥有铁路，而不是在股票交易大厅炒作铁路股。

我不知道究竟是谁在什么时候开始把"操纵"这个字眼和股票交易所大批量卖出证券的行为联系起来的，这种行为实际上不过是一般意义上的商品销售过程。压制市场以帮助自己低价买入和收集筹码也叫"操纵"。但是两者之间还是有差异的。要实现后者的目标可能不必堕落到采取非法手段，但要完全避免去做某些人认为不合法的事是很困难的。在一轮多头市场中，你怎么才能在自己不抬高价格的情况下大批量地买入某只股票？这可能是个问题。这个问题要怎么解决？这取决于很多因素，你无法给出一个通解，除非你说：或许依靠十分精明的操纵吧。比如说呢？解决方案得根据形势而定。你无法给出比这更具体的答案了。

我对自己事业的各个方面都深感兴趣。当然，我既借鉴别人的经验，也从自己的亲身经历中学习。然而，如今要从某个下午收盘后在经纪公司营业厅里听来的那些故事中学习如何操纵股票已经相当困难了。过去那些技巧、手段和应急方法绝大部分都过时了、没有用了，或是违规的、不能用了。股票交易所的规则和条件都发生了改变，丹尼尔·德鲁、雅各布·利特尔（Jacob Little）和杰·古尔德（Jay Gould）在 50 年前或是 75 年前那些传奇故事——哪怕讲述得精确而详尽——也几乎没有什么值得听取的价值了。今天的操纵者没有必要再考虑那些交易者曾做过什么、怎么做的，就像西点军校的学生没必要通过研究古人的箭术来增加自己的弹道学应用知识一样。

另一方面，研究人性因素总是有好处——为什么人容易相信自己喜欢相信的事情？他们又怎么会允许自己——实际上简直是鼓励自己——受贪婪的影响，或遭受对于一般人来说损失巨大的粗心大意的影响。希望和恐惧依然存在，因此研究投机者的心理一如既往地有价值。武器会升级，但战略还是那些战略，无论是在纽约股票交易所内还是在战场上。我认为对整个交易行业最精辟的概括出自托马斯·F·伍德洛克（Thomas F. Woodlock），他强调："成功的股票投机原则建立在以下基础上——假设人们未来会重复过去的错误。"

在股市繁荣时期，投身股市的公众数量达到最高峰，此时根本不需要耍什么诡计，因为在这种时期去讨论操纵或是炒作就是浪费时间，这就像试图找出同时落在街对面屋顶上的雨滴有什么区别一样。容易上当受骗的傻瓜总是想不劳而获，所有的股市繁荣时期对他们来说都很有吸引力，人性的贪婪和无处不在的繁荣激发了人们的赌博天性。人们都想获得轻松赚钱的特权，最终也都会为追逐这种特权付出代价。事实上，这种特权在这个利欲熏心的地球上根本不可能找到。起初，当我听别人描述从前的一些交易和交易手段时，我还以为是19世纪六七十年代的人比20世纪初的人好骗。然而就在当天或是隔天早上，我肯定会在报纸上看到消息，要么说最近发生了庞氏骗局，要么说某家桶店经纪人破产，那些容易上当受骗的傻瓜们大约好几百万美元的钞票一夜之间化为乌有。

我刚刚来到纽约时，听到很多关于虚假销售和对敲的议论，因为这两种行为都是股票交易所禁止的。有时候的虚假销售手法太粗糙，骗不过任何人。无论什么时候，当有人试图虚假销售这只或是那只股票时，经纪商都会毫不犹豫地说"虚假销售太明显"。正如我之前所说，市场不止一次出现经纪商坦白指称"桶店突袭"，即某只股票卖出时价格瞬间下跌2～3个点，目的只是为了确定盘面上的价格看起来是下跌的，这样就可以洗掉无数在桶店做多该股的小额交易者。至于对敲，用起来总是难免让人有些担忧，由于这种手法完全违反了股票交易所的交易规则，并且很难协调不同经纪人的操作从而让操作同步进行。几年前，一位有名的大作手在使用相对委托时取消了卖出指令，但却没有取消买入指令，结果一位不知情的经纪人在执行买入指令时几分钟内就将价格抬高了25个点左右，而买入指令一完成价格就以同样的速率跌了回去。对敲本来是想制造交易活跃的假象。这样不可靠的操作真不是什么好方法。你看，你甚至连自己最好的经纪人都不能信任——如果你想让他们继续保留纽约股票交易所的会员资格的话。此外，如今的税收已经使得所有涉及到虚假交易的操作手法比以前的成本高得多。

字典上对"操纵"的定义还包括囤积垄断（即轧空）。然而，轧空可能是操纵的结果，也可能是竞争性买入的结果。例如，1901 年 5 月 9 日发生在北太平洋铁路上的轧空肯定就不属于操纵行为。斯图兹汽车（Stutz）轧空事件让有关各方付出了惨重的代价，不管是在金钱上还是社会声望上。从这一点来看，这次轧空也不是人为策划的。

事实上，极少大规模的轧空事件让策划轧空的人获得了利益。范德比尔特准将（Commodore Vanderbilt）在哈莱姆铁路（Harlem）上的两次轧空都让他赚了大钱。不过，这位老兄那几百万美元都是从那些试图欺骗他的空头赌徒、不诚实的国会议员和市参议员手中挣到的，那是他应得的。但是杰·古尔德在囤积垄断西北铁路时遭受了损失。老手怀特在拉克万纳铁路上轧空挣了 100 万美元，而吉姆·吉恩在汉尼拔-圣乔铁路（Hannibal & St. Joe）垄断交易上则失掉了 100 万美元。轧空过程要取得财务上的成功依赖于以比成本更高的价格卖出囤积的筹码，而只有空头达到一定的规模，轧空才容易取得成功。

我过去常常在想，在半个世纪前的大作手中轧空为什么那么流行呢？他们都是一些能力出众、经验丰富的大作手，脑子完全清醒，不会天真到相信他们的同行交易者们会有什么慈悲心肠。即便如此，他们被轧空困住的次数仍然令人惊讶。一位精明的老经纪人告诉我，19 世纪六七十年代那些大作手们都有同一个愿望，即主导一次轧空。多数情况下，这都是虚荣心的驱使，也有一些是为了报仇雪恨。不管怎么样，当被别人指指点点，说他就是曾经在这只那只股票上成功轧空的人，实际上是对该人的头脑、魄力以及成就的认可。这使主导轧空的人有权变得高傲。他当之无愧地接受同行的赞扬。促使策划轧空的人竭尽全力的，并不仅仅是可能到手的金钱利益，还有虚荣综合症在这些冷血的大作手身上作祟。

那个年代的弱肉强食让他们都泰然自若并乐在其中。我想我之前告诉过你，我曾不止一次成功地避免了被轧空，这不是因为我拥有什么神秘的"看盘灵感"，而是因为某只股票的买盘特征显示放空该股会显得太轻率的时刻，我一般都能够辨别出来。这一点我是通过常识性的市场探测来做到的，过去一定也有人试过这样的方法。老丹尼尔·德鲁曾多次轧空那些毛头小子们，让他们为自己当初多次把伊利湖公司卖空给他付出了惨重的代价。然而，老德鲁自己却在伊利湖公司上被范德比尔特准将轧空，当他乞求准将放他一马时，准将冷酷地引用了这位大空头自己不朽的格言：

> 卖掉不属于自己的东西；
> 要么买回来，要么进监狱。

华尔街对于一位大作手的记忆很少，但他是那个时代叱咤风云一代以上的巨头。能让他拥有不朽名声的主要就是"掺水股票"这个术语。

1863 年春，艾迪生·G·杰罗姆（Addison G. Jerome）是公认的公开市场之王。别人告诉我，他提供的市场内幕消息被看做跟银行的现金一样可靠。根据各种流传的说法来看，他是一名伟大的交易者，曾经挣了好几百万美元。他出手阔绰到了挥霍的地步，在华尔街有一大堆追随者，一直到以绰号"沉默的威廉"（William the Silent）著称的亨利·吉普（Henry Keep）在老南方铁路上轧空，将他的几百万美元轧光。顺便说一句，吉普是州长罗斯威尔·P·傅劳尔（Roswell P. Flower）的姻亲兄弟。

在以前的轧空行为中，绝大多数情况下市场炒作的过程主要是不让受到诱惑的卖空人知道你正在囤积垄断。轧空主要针对于同行业的专业交易者，因为一般公众不太喜欢站在空头的一边。促使那些精明的专业交易者在这类股票上挂出空单的原因与今天促使他们放空的原因很大程度上是相同的。在准将囤积垄断哈莱姆铁路时，除了那些不守信用的政客卖出之外，我还从我在报纸上看到的那些报道中拼凑出，那些专业交易者卖出该股是因为其价格看起来实在太高了。而他们认为该股价格太高的原因是那之前从来没有过这么高的价格；这么一来，它的价格就高得无法再买入了；而如果它的价格高得无法买入，卖出一定就是正确的。这听起来相当时髦，不是吗？他们考虑的是价格，而准将考虑的是价值！在多年以后的今天，那些老前辈告诉我，当时每当人们想描述某人一贫如洗的境况时，他们通常都会说："他曾经放空了哈莱姆！"

多年以前，我碰巧有机会与杰·古尔德的一位老经纪人交谈。他一本正经地向我保证，古尔德先生不仅是一位相当不平凡的人——老丹尼尔·德鲁颤抖着说"被他碰到就死定了"，指的就是他——而且他远远胜过过去和现在所有的市场操纵者。他必定是一位金融奇才，才能确确实实取得那样的成就，这一点毫无疑问。即使相隔这么多年，我依然看得出，他拥有了不起的、能使自己适应新的市场环境的本领，这对于一名交易者来说，是非常难能可贵的。他在进攻和防守方式上随机应变、游刃有余，因为他更关心的是资产运作而不是股票投机。他进行炒作是为了投资，而不是为了市场方向的逆转。他很早就看出要赚大钱必须拥有铁路，而不是在股票交易大厅炒作铁路股。当然，他也利用股票市场。但我猜想这是因为股市交易是最快速、最轻松挣到钱的方法，而他总是需要几百、几千万美元，就像老科利斯·P·亨廷顿（Collis P. Huntington）一样，总是缺钱，因为他需要的钱总是比银行愿意借给他的多出两三千万。有远见，没资金，只能干着急；有远见，有资金，意味着成就；成就意味着权力；权力意味着更多的钱；更多的钱意味着更大的成就；就这样，周而复始，不断地循环。

当然，那个时候进行市场炒作的不仅限于那些大人物，也有许多较小的炒作者。我还记得一位老经纪人给我讲过一则故事，是关于19世纪60年代早期的市场风气的。他说：

"我对华尔街最早的回忆是我第一次去到金融街区的情形。我父亲去那里有些事情要处理，因为这样那样的原因他带上了我。我们沿着百老汇大街向前走，我记得在华尔街那儿拐过去，然后沿着华尔街向前走，正当我们快要走到布罗德街或是那苏街时，就在现在的银行家信托公司大楼所在的拐角那里，我看到一群人跟着两个人。走在前面那个人往东走，尽量看起来若无其事。他身后跟着一个人，面红耳赤，疯狂地用一只手挥舞着帽子，另一只手则握紧拳头在空中挥舞。该人声嘶力竭地大喊：'夏洛克！① 夏洛克！你们锁住的那些钱值多少钱？夏洛克！夏洛克！'我看见好多脑袋探出窗户。那时候还没有摩天大楼，但我肯定当时两三层楼那些伸长脖子观看的人都快掉下来了。我父亲向人打听这是怎么回事，有人对他讲了些什么，我没听清。我当时只顾着死命拽着我父亲的手，生怕那些推

---

① 译注：夏洛克是莎士比亚戏剧《威尼斯商人》中一个狠毒的高利贷者。

来挤去的人群让我们走散。就像街道上常见的人群那样，越来越多的人加入人群当中，我感到很不安。人群疯了一样地从北面的那苏街和南面的布罗德街涌上来，从东面的华尔街和西面的华尔街涌过来。等我们终于挤出拥挤的人群之后，我父亲向我解释说那个叫着'夏洛克'的人是谁。我忘了他叫什么，不过还记得他是纽约市里最大的专门操作同类股票的大作手，据说他曾赚过的钱和赔过的钱比华尔街上除了雅各布·利特尔以外的其他所有人都多。我记得雅各布·利特尔的名字是因为我当时觉得一个大男人叫这种名字很有意思①。另一个被称做'夏洛克'的，是臭名昭著的资金锁定者。他的名字我记不起来了。不过我记得他高高瘦瘦，脸色苍白。那时候，内线集团经常通过提前借入资金的方式或是通过减少可供借出给股票交易所的借款者的资金数量的方式，锁住资金。他们会借入资金，取得保付支票②。他们实际上不会把资金提出来使用。这当然属于市场操纵，是操纵的一种形式，我想。"

我同意这位老人的说法。这是我们今天所没有的一种操纵方式。

---

① 译注：因为雅各布·利特尔中的利特尔英文为 little，本意是"小"的意思，说话的人当时以为他叫小雅各布。

② 译注：为了避免出票人开空头支票，收款人或持票人可以要求付款银行在支票上加盖"保付"印记，以保证到时一定能得到银行付款。

第二十章　炒作

在华尔街伟大的交易者不止一个，唯有吉恩还被人记得。

我自己从来没有跟华尔街至今仍在谈论的那些股票大作手中的任何一个交谈过。我不是指那些市场领袖，我指的是市场操纵者。他们全都是我这个时代之前的人物。虽然我刚到纽约时，詹姆斯·R·吉恩，他们当中最了不起的一位，正处于鼎盛时期。我当时不过是个小伙子，脑子里只想着要在一家声誉较好的经纪公司里再创我在家乡的桶店里曾经享有的成功。同时，当时吉恩正忙于炒作美国钢铁——他的市场炒作案例中的杰作——而我却在市场操纵方面没有任何经验，实际上我当时对操纵一无所知，不知道它有什么价值，甚至不知道操纵究竟是什么意思。我根本就不是很需要关于操纵的知识。如果我当时有想过一丁点儿关于操纵的事，我想我肯定是把它当成是一种伪装得很好的更高级的骗术，而我在桶店遇到的那些骗局则更低级更没有修养。从那时候起，我所听到的关于操纵的谈论很大程度上都是推测和怀疑，猜测的成分多余理性分析的成分。

不止一个熟识吉恩的人告诉过我，他是华尔街有史以来最勇敢、最杰出的大作手。这已经足以说明问题了，因为在华尔街伟大的交易者不止一个。现在他们的名字几乎都被遗忘了，唯有吉恩还被人记得。不过，尽管如此，至少他们都是他们那个时代的市场之王——至少有一天是！他们依靠报价纸带，慢慢地从无名小卒变成了被金融界的光环笼罩的名人，然而结果证明，那小小的报价纸带不够强大，无法使他们长久停留在这样的光环里，直至在华尔街上留名。不管怎么说，吉恩无疑是他那个时代最优秀的大作手，那是一段漫长而令人振奋的岁月。

为哈维梅尔兄弟提供服务时，他利用自己对这个游戏的了解、作为一名大作手的经验和天赋进行获利，当时哈维梅尔兄弟邀请他为糖业公司炒作市场。他当时正处于破产状态，否则他一定会继续进行自己的交易。他是一位了不得的豪赌客！他在美国糖业上的操作很成功，促使该股变成了热门的交易股，很容易卖出。这件事之后，经常有人邀请他负责内线集团的炒作。别人告诉我，在那些内线集团炒作中，他从来不要求也不接受任何费用，而是像该集团的其他成员一样按照自己的份额获得报酬。当然，炒作集团的市场运作由他全权负责。经常会传出有人背信弃义的言论——既有说他的，也有说内线集团的。他与惠特尼-赖安派系（Whitney-Ryan clique）不和就是由这类议论引起的。操纵者很容易被同伴误解。他们不像他自己一样能看清市场需要他做什么。我根据自己的经验对这一点深有体会。

很遗憾的是，吉恩没有留下关于自己最大的一次功绩的准确记录——1901年春成功炒作美国钢铁。在我看来，吉恩从来没有跟J·P·摩根当面谈过这件事。摩根的公司通过塔尔伯特·J·泰勒公司（Talbot J. Taylor & Co.）进行交易，或是与该公司进行交易，而吉恩的操作总部就在泰勒公司的营业厅。塔尔伯特·泰勒是吉恩的女婿。我敢保证，吉恩从工作中获得的回报包括了他从这份工作中体验到的乐趣。那年春天，他在自己抬升市场的过程中进行交易，挣到了好几百万美元，这事众所周知。他对我的一个朋友说，在短短几个星期的时间内，他在公开市场上替承销财团卖出的股票便超过了75万股。这个成绩绝对不算差，如果你考虑到以下两个因素的话：首先，这些都是某个公司新上市的未经市场考验的股票，并且该公司的资本总额比当时美国政府全部债务的总额还要大。其次，像D·G·里德（D. G. Reid）、W·B·利兹（W. B. Leeds）、摩尔兄弟（Moore brothers）、亨利·菲尔普斯（Henry Phipps）、H·C·弗里克（H. C. Frick）这样的交易者以及其他一些钢铁大亨于同一时间，利用吉恩创造的同一个市场卖出了数十万的股票。

当然，当时的总体形势对他有利。不管是当时实际的商业形势，还是无形的市场人气，抑或是他自身有不受限制的财力做后盾，都使他有成功的可能性。我们当时面临的不仅是巨大的多头市场，同时市场的繁荣状况与人们乐观的心理状态自此之后都不太可能再遇到。市场对这批证券消化不良引发了后来的恐慌。吉恩在 1901 年将美国钢铁普通股炒高到了 55 美元，但到了 1903 年恐慌时，其价格跌到 10 美元，1904 年跌到 8⅞ 美元。

我们无法分析吉恩当时的炒作大战。没有他写的著作，也不存在充分详实的记录。比如说，如果能了解他当时在联合铜业（Amalgamated Copper）上的操作手法，一定会很有意思。H·H·罗杰斯和威廉·洛克菲勒当时曾试图在市场上处理掉手中多余的股票，但却失败了。最终，他们邀请吉恩为他们手中的头寸炒作市场，吉恩同意了。请记住，H·H·罗杰斯可是他那个时代华尔街最出色的生意人之一，而威廉·洛克菲勒则是整个标准石油集团里最有胆识的投机者。事实上，他们本身就拥有无限的资源、极高的声望和在股市摸爬滚打多年的经验。然而，他们却不得不去找吉恩帮忙。我说明这一点是想向你表明，有些工作还是得由专业人士来完成。这是一只广受吹捧的股票，由美国最大的一些资本家控股，但却卖不出去，除非牺牲大量的金钱和声望。罗杰斯和洛克菲勒精明十足，确定只有吉恩才可能帮得了他们。

吉恩立即开始运作。当时正处于多头市场，他开始运作，最终以面值卖出了 22 万股联合铜业。在他处理掉内线集团的头寸之后，公众仍在继续买入，价格继续上涨了 10 个点。实际上，当那些内线人士看见公众如饥似渴地买入该股时，他们竟然转而看涨自己刚刚卖出的股票。有一个故事说，罗杰斯实际上的确曾建议吉恩转向做多联合铜业。这不大可能是罗杰斯想倒货给吉恩。他太精明了，不可能不知道吉恩绝不是待宰的羔羊。吉恩的操作手法一如既往——即在大涨之后一路向下大规模卖出。当然，他根据自己的需要与每天都在变化的短线趋势随时变更战术。股市如战场，最好始终记住战略和战术的区别。

吉恩的亲信之一——他是我所知道的最擅长假蝇钓鱼的人——就在前几天才告诉我，在联合铜业炒作大战中，吉恩总是会发现自己不知不觉就在一天之内出脱了所有的股票——也就说，一天之内就出脱了为了炒高价格而被迫买进的股票。第二天，他会买回几千股自己刚卖出的股票。到了第三天，他再次全部卖出。之后，他便对市场完全撒手不管，看看市场自己会如何发展，同时也让市场适应这样的交易。等到他真正抛售手中头寸的时候，他使用的就是我刚刚告诉你的方法：一路向下卖出。公众交易者总是会抢反弹的机会，此外，空头们也在此时进行回补。

　　吉恩在那场交易中的亲信告诉我，在吉恩卖出罗杰斯和洛克菲勒手中的头寸，为他们挣得了大概 2000～2500 万美元的现金。之后，罗杰斯派人送给他一张 20 万美元的支票。这很容易让人联想到，一位百万富翁的夫人在纽约大都会歌剧院遗失了一条价值 10 万美元的珍珠项链，那里的清扫女工拾到后还给她，结果她却只打赏给清洁女工 50 美分。吉恩派人将支票送回，同时附上一张纸条，客气地说，他不是股票经纪人，不过很高兴为他们服务。他们留下了支票，寄来一封信，说他们很乐意再次与他合作。在这之后不久，H·H·罗杰斯好心给了吉恩一条内幕消息，建议他在 130 美元左右买入联合铜业！

　　詹姆斯·R·吉恩，多么杰出的大作手！他的私人秘书告诉我，当市场走向对吉恩先生有利时，他会变得脾气暴躁。那些认识他的人都说，他发脾气时会说一些嘲讽似的简短的警句，这些警句一般都会长时间徘徊在听者脑海里。不过在他赔钱的时候，反而是脾气最好的时候，此时他一副上流社会的样子，举止文雅，和蔼可亲，爱说警句，幽默风趣。

　　他具备一种世界各地的成功投机者都具备的最优越的心境。很明显，他不会与盘势争辩。他无所畏惧，但绝不鲁莽。他能够并且也确实做到了一发现自己做错了便立即掉头。

　　自他那个时代以来，股票交易所的交易规则已经发生了太多的变化，旧的交易规则的执行也比过去严格得多，股票卖出和赢利被征收了如此多的新税种，等等，因此这个游戏看起来好像与过去截然不同了。吉恩过去熟练运用并且有利可图的那些手段现在都不能再用了。同时我们确信，华尔街上的商业道德已经提升到了一个新台阶。然而公平地说，在我们金融史上的任何一个时期，吉恩都会是一名伟大的炒作者，因为他是一名伟大的股票大作手，彻底了解投机游戏。他能获得那样的成就是因为当时的各种条件允许他这么做。在 1922 年，他在自己的事业上也会像在 1901 年或是 1876 年那么成功。1876 年，他第一次从加利福尼亚来到纽约，两年之内挣了 900 万美元。就是有那样一些人，他们的步伐就是比普通民众快得多。他们注定成为领导者——不管普通民众发生了什么改变。

　　事实上，变化绝不像我们想象的那么彻底。回报确实不像以前那么丰厚，这已经不再是一种开创性的工作，因此也就不可能获得开创阶段的高回报。在某些方面市场操作其实比以前更容易了；但在另外一些方面则比吉恩那个时代困难多了。

毫无疑问，广告推销是一门艺术，而炒作则是以盘势为媒介的广告推销艺术。盘势应该讲述炒作者希望看盘者看到的故事。故事看起来越真实，必定就越有说服力；而故事越有说服力，广告推销效果就越好。举例来说，如今的炒作者不仅必须使某只股票看起来很坚挺，而且必须使它变得确实很坚挺。因此炒作必须建立在完善的交易原则之上。正是凭着这一点，吉恩才成为了一名出色得不可思议的操纵者；在这之前他首先是一名完美的交易者。

"炒作"这个字眼已经带有丑恶的名声了，需要一个化名。我认为如果炒作只是为了大批量卖出某只股票的话，那么炒作过程本身并没有什么神秘的或是不正当的地方。当然，前提是这样的操作不伴有误导。毫无疑问，炒作者必定要从投机者当中寻找买入者。他将目标指向那些寻求高资金回报率，并因此愿意承担比常规商业更高风险的投机者。如果某人明明知道高回报高风险，却在自己没能轻松赚到钱时归咎于他人，那么我对这样的人不会有太多的同情心。他赢利时就觉得自己异常聪明；赔钱时其他人就是骗子，是炒作者。在这种时候，从这种人嘴里说出来的"炒作"这个字眼的言外之意就是有人使用了卑劣手段，但事实并非如此。

通常情况下，炒作的目的都是发展出市场性——即市场在任何时间都能让炒作者处理掉相当大规模的证券的能力。当然，在总体市场形势发生逆转的情况下某个内线集团可能会发现，它自身没有能力卖出变现，除非它做出大到令人不那么愉快的牺牲。这时他们可能会决定雇用一名专业人士，相信他的技巧与经验能够帮助他们进行有序地撤退，使他们不至于遭受可怕的溃败。

你会注意到，我没有谈到目的在于以尽可能低廉的价格大规模收集股票筹码的炒作。例如通过大量买入取得控制权，因为这样的炒作如今已经不常发生了。

当杰·古尔德打算牢牢掌握西联电报公司的控制权，决定大量买入该股时，多年未在股票交易大厅露过面的华盛顿·E·康纳（Washington E. Connor），突然亲自出现在西联电报公司的交易席位上，开始叫买西联电报。所有交易者都大笑——嘲笑他竟然愚蠢到把他们想得那么简单——然后高高兴兴地把他想买进的股票都卖给他。他们认为康纳的把戏实在是太拙劣了，他竟然以为自己表现得像是古尔德先生打算买进西联电报的样子就可以将股价抬高。康纳的做法算是炒作吗？我想我只能回答："不是，但又是！"

大多数情况下，炒作的目的正如我所说的是尽可能以最高的价格将股票卖给大众。这里不仅是卖出的问题，还有买盘分布情况的问题。不管从哪方面来看，一只股票由 1000 个人持有明显比由 1 个人持有好多了——由 1000 个人持有对该股的市场更有利。因此，炒作者必须考虑的不仅是以高价卖出，还有买盘的分布情况。

如果你不能在将某只股票的价格炒到非常高的水平后诱导大众从你手中接过股票，那么炒高股价也就没有什么意义了。每当缺乏经验的炒作者试图在顶部倒货而遭遇失败时，老前辈们都会显出一副非常精明的样子对你说——你可以把马牵到水边，但你无法强迫它饮水。多么独到的见解！实际上，最好记住一条炒作规则，一条吉恩和他之前那些精明的前辈们都十分清楚的规则。这条规则就是：尽可能将股价炒到最高点，然后一路向下卖给大众。

让我从头说起吧。假设有人——某个承销财团、内线集团或是某个单独的个人——手中持有大量的股票，希望以尽可能高的价格卖出。这是一只在纽约股票交易所正式挂牌交易的股票。卖出该股最好的地方应该是公开市场，最好的买入者应该是一般大众。与卖出该股有关的谈判由一个人负责。他本人——或是某位公司现在或以前的合伙人——曾经试图在股票交易所卖出该股，但最终没有成功。他原来就十分熟悉——或是很快就会熟悉股市操作，因此他会意识到，这个工作所需要的经验和才能超出了他自己的水平。他本人认识或是听说过几个曾成功处理过类似交易案例的人，于是他决定借助他们的专业技能。他向这些人中的一位寻求帮助，就像他生病了寻求医生帮助，需要工程方面的技术时找工程师帮助一样。

假设他听说我这个人对这个游戏很了解。那么我估计他会先尽其所能地找出所有和我有关的资料。然后他会安排一次面谈，在约定的时间到我的办公室来见我。

当然，很可能我了解这只股票，知道与该股有关的背景。干我这一行就应该知道这些，这是我谋生的方式。来拜访我的人会先告诉我他们的意图，并邀请我负责这笔交易。

接下来轮到我说话了。我会要求他提供所有我认为有必要的信息，以帮助我清晰理解对方邀请我负责的这项工作。我会判定该股的价值，评估该股的市场潜力。这些情况加上我对当前总体形势的判读，都有助于我评估提议中的操作成功的可能性有多大。

如果我获得的信息使我倾向于得出有利的结论，那么我会接受这次提议，并当场告诉他我提供服务的条件是什么。如果他接受我开出的条件——即酬金和操作条款——我会立即开始工作。

我通常会要求并且一般都会得到一大笔股票认购权。我坚持认购权的执行价格逐步上移，因为这对有关各方都是最公平的。认购权的执行价从略低于当前市场价格的位置开始，逐步上升。举例说明，假设我总共取得了 10 万股的认购权，该股当前报价 40。那么，我从 35 开始取得几千股的认购权，接下来一笔是 37，再接下来一笔是 40，然后 45，然后 50，依此类推，直至升到 75 或 80。

如果由于我的专业操作——我的炒作——使得股票价格上升，同时在最高价位该股需求旺盛，我能卖出相当大规模的股票，那么我自然会以约定的价格认购该股。我能获利，同时我的委托人也能获利。事情本来就该如此。如果他们付钱购买我的操作技巧，他们就应该获得价值回报。当然，内线集团也有以亏损告终的时候，但这很少见。因为除非我清晰地看出自己有利可图，否则不会承担这份工作。当年，我在一两次这样的交易上不是太幸运，没有获得利润。这其中有一些原因，不过这又是另一则故事了，以后或许可以讲一讲。

要推动某只股票的上涨运动，第一步就是要进行广告宣传，让大家都认为该股即将有一轮上涨行情。听起来很可笑，不是吗？再想一想，其实没有听起来那么可笑，对吗？实际上，为你这个体面的意图做宣传最有效的方法就是使这只股票变得活跃且坚挺。说了这么多，在整个世界上最了不起的公关代理人就是自动报价机，到目前为止最有效的广告媒介就是报价纸带。我不需要为我的委托人发布任何宣传资料，不必通知各家日报该股价值是多少，也不用给金融评论家们做工作，让他们对该公司的前景发表评论，也用不着有一批追随者。我只需要使该股活跃起来就相当于完成了上述所有正合我意的宣传手段。股票变得活跃的同时就会有人要求解释个中缘由。这当然就意味着市场将自动发布必要的理由，根本无须我提供一丁点儿的帮助。

场内交易者的唯一要求就是交易活跃。任何一只股票只要市场流动性足够好，他们就能够以任何价位买入或卖出。无论什么时候，他们只要看到交易活跃，就会成千上万股地交易，他们的交易能力汇集在一起是相当庞大的。他们就构成了炒作者的第一批买入者。他们会在上涨的过程中一路跟随炒作者买入，因此他们在操作过程的所有阶段都会起到极大的帮助作用。据我所知，詹姆斯·R·吉恩习惯于利用场内那些最活跃的交易者，并以此掩盖炒作的真正来源。同时因为他也知道，他们是到目前为止最好的业务推广者和内幕消息传播者。他经常口头承诺给他们认购权，但执行价格高于市场价格，这样他们就可能会在卖出变现之前做一些对他的炒作有帮助的事情。他促使他们为自己的利润付出努力。为了使专业交易者跟风买进，我自己除了促使某只股票活跃起来之外，从来不必再做任何别的事。交易者除了"活跃"不要求别的。当然，我们最好记住，那些交易大厅的专业交易者买入股票的目的是为了卖出获利。他们倒不一定会坚持要获得一大笔利润，但必须快速获得利润。

我让某只股票活跃起来是为了把投机者的注意力吸引到这只股票上来，个中缘由我已经说过。我买入卖出，交易者就会跟着买入卖出。如果某人像我一直坚持做的那样，运用认购权将大量的投机性持股控制住，那么他在炒作时所面临的卖压就不会太大。这样一来，买盘力量便超过了卖盘力量，而大众主要不是跟随炒作者进行操作，而是跟随场内交易者。大众会以买方的身份进场。此时我当然会满足他们这种正合我意的需求——也就是说，我大致上会卖出。如果需求如我所料，大众吸进的股票数量将比我在炒作前期被迫买入的股票数量还大。若是果真如此，从技术上来说我会卖空该股。换句话说，我卖出的股票将比我实际持有的更多。对我来说，这样做是绝对安全的，因为我实际上是凭着我的认购权在卖出。当大众对股票的需求放缓之后，该股会停止上涨。此时我便开始等待。

接下来，假设这只股票已经停止上涨。某一天，该股变得十分疲软。这或许是因为整个市场正在酝酿一场反转趋势，也或许是因为某个眼光敏锐的交易者察觉到，我所炒作的这只股票根本谈不上有什么真正的买入指令，于是他开始卖出，他的伙伴们也跟着卖出。不管是什么原因，总之我的这只股票开始下跌。此时，我会开始买进。我给予该股应有的支撑，如果某只股票仍受到控股方的欢迎，就应该受到这样的支撑。更何况我有能力在不增加仓位的情况下进行支撑——也就是说，我不用增加手中的持股，否则我后来还得卖出。请注意，我这样做并不会减少我的财务资源。因为我所做的其实就是回补我之前在更高价位放空的头寸，当时放空是为了满足公众、交易者，或是双方共同的需求。向交易者——同时也向公众——表明，该股在下跌过程中仍有买入需求，总是比较好的。这既能防止专业交易者鲁莽地卖空，也能防止股票持有者受到惊吓而卖出变现。当某只股票变得越来越疲软时，如果该股没有获得支撑的话，你通常都会看到这两种卖出行为，而这反过来又会使这只股票变得更加疲软。我这些为了回补而进行的购买，构成了我所称为的稳定程序。

随着市场的扩大，我会在上涨的过程中卖出股票，但卖出从来不会多到阻止股票的涨势。这是完全符合我的稳定计划的。很明显，我在合理而有序的涨势中卖出的股票越多，越能鼓励那些保守的投机者进行交易，他们的数量远远超过那些鲁莽的场内交易者。此外，我卖出的股票越多，也就越有能力在那些无可避免的疲软的交易日里对该股进行支撑。通过始终持有空头头寸，我便始终可以在不威胁到自身利益的情况下支撑该股。通常情况下，我都会在让我有利可图的价位开始卖出。然而，我也会时常在无利可图的情况下卖出，目的只是要创造或是增加我所称的零风险买进能力。我的工作不只是要拉高股价或是替我的委托人卖出一大批股票，还有为我自己获利。这就是我不要求任何一个委托人为我的操作支付酬金的原因。我的操作酬金依我的成功情况而定。

当然，我所描述的并不是我一成不变的做法。我既没有也不会坚持使用固定的操作体系。我会根据市场情况的不同随时更改自己的操作条款和条件。

想要把某只股票分销出去，首先应该把该股炒到尽可能高的点，然后再卖出。我重复这一点，首先因为这是基本原则，其次是因为公众显然相信，炒作集团肯定只会在市场顶部出货。有时候某只股票就像浸水了一样，这样的情形自然无法上涨，这就到了该卖出的时候。在你的卖压下股价自然会下跌，并且下跌的幅度会比你所希望的还要大。不过，你通常都能慢慢将它调理回来。只要我炒作的某只股票在我买进时能上涨，我便知道一切顺利。此时如果有必要的话，我会毫不担心地用我自己的资金满怀信心地买进——在任何其他出现同样表现的股票上，我都一定会这么做。这就是根据最小阻力线操作。你还记得我关于最小阻力线的交易理论，对吧？当价格的最小阻力线确立之后，我会跟随阻力线进行操作，这不是因为我恰好在这个特定的时点炒作这只特定的股票，而是因为我一直都是一名股票大作手。

如果我的买入没有推动该股上涨，我会停止买入并转向卖出，将价格压低。如果这只股票有这样的表现，即使我并没有炒作这只股票，我也一定会这么做。你知道的，股票主要的出货都是在下跌过程中完成的。在下跌过程中能脱手的股票多到令人相当惊讶的程度。

我要重申的是，即使在炒作过程中，我也绝不会忘记自己是一名股票交易者。毕竟，不管是作为一名炒作者还是股票大作手，我所遇到的问题都是一样的。当炒作者无法促使一只股票按照他的意愿表现时，所有的炒作行为都应该立即结束。如果你正在炒作的股票没有照它应有的方式表现，那就放弃。不要与盘势争论。不要设法把利润引诱回来。放手是最好的选择，同时成本也低。

第二十一章　炒作的两个案例

普兰提斯和千千万万的外行人一样有种错觉，认为股票炒作者什么都能做到。

我非常清楚，我所说的这些一般性原则听起来都很平常。一般性的原则很少能让人印象深刻。如果我举出一个具体的例子，或许会起到更好的效果。让我来告诉你，我是如何将一只股票的价格拉高30个点，并创造出一个几乎有能力吸纳任何数量股票的市场，而在这过程中仅仅被迫积累了7000股。

我所指的是帝国钢铁（Imperial Steel）。该股由一些声誉良好的人推出，而且市场推广做得相当好，被认定为很有价值的投资产品。总股本中大概有30%通过华尔街上的各个经纪行向一般大众发行。该股上市之后，却一直没有什么值得注意的表现。时不时会有人打听该股的情况，此时这位或那位内部人士——最初的承销财团的成员——便出面表示，该公司的盈利状况比预期的还好，市场前景很振奋人心。他们说的确实是真的，发挥的效果也还不错，但就是无法使市场变得兴奋。该股对投机者没有吸引力；而在投资者看来，该股价格的稳定性以及持续分红的能力也还有待证实。该股的表现从未引起过轰动。它太绅士了，每次内线人士发表非常真实的公司报告之后，都没有出现呼应性的上涨。另一方面，股票价格当然也没有下跌。

帝国钢铁就这样保持在不受重视、无人问津、无人传播内幕消息的状态，心甘情愿地变成了这样一种股票——这种股票不会下跌，因为无人卖出；之所以无人卖出，是因为没人愿意放空一只股权不是很分散的股票；

在这种情况下卖空，空方将任凭重仓持股的内部集团摆布。同样地，市场上也没有什么因素可以诱使交易者买入这样的股票。因此，对于投资者来说，帝国钢铁始终是一只投机股。而对于投机者来说，它又是一只半死不活的股票——买入做多这种股票，它很容易在你买入之后立即陷入昏睡状态，这将迫使你违背自己的意愿从而变成一名投资者。一个人被迫拿着一只半死不活的股票一两年，遭受的损失将比买进这只股票的总成本还要高。更糟糕的是他一定会发现，当一些真正好的机会出现时，他却被这只半死不活的股票套住无法脱身。

一天，帝国钢铁承销财团一位最重要的成员代表他自己和他的同伴们来见我。他们希望我帮他们为该股创造出市场性以便处理掉手中的持股，他们当时还有该股没有分销出去的那 70％ 的股票。他们也希望价格要高于他们认为如果他们自己设法在公开市场上卖出所能获得的价格。他们想了解我愿意负责这项工作的条件是什么。

我告诉他，我会在几天之内给他答复。于是，我开始研究该公司的资产。我请专家仔细调查了该公司的各个部门——生产部、业务部和财务部。他们向我提交了公正性的报告。我并不是试图找出该公司的优点或是缺点，而是希望掌握事实，是什么样就是什么样。

各种报告显示，这家公司非常有价值。如果投资者愿意再等待一小段时间，公司前景会证明以当前市场价格买入该股是合理的。在这种情况下，该股价格上涨实际上应该是所有市场趋势中再平常不过、再合理不过的——也就是说，这不过是将未来价值贴现的过程。因此我看不出有什么理由不凭着良心、信心十足地负责帝国钢铁的多头炒作。

我向我的委托人通报了我的决定，他来到我的办公室，详谈细节问题。我告诉他我的条件是什么。我的服务不要求对方支付现金，而是要求 10 万股帝国钢铁股票的认购权。认购权的执行价格从 70 一直上升到 100。在某些人眼中，以这样的价格认购看起来似乎是很大的一笔酬金。但是，这些人应该考虑到，内线人士可以肯定，即使价格在 70，他们自己也卖不出 10 万股，甚至是 5 万股，因为该股根本就没有市场。所有关于高水平盈利和极佳的前景展望的言论都没有吸引到买入者，至少没有吸引到很多的买入者。此外，我只能首先让我的委托人挣到几百万美元，才可能将自己的酬金兑现。我坚持要挣的并不是一笔过高的卖出佣金，而是一笔公平的成功酬金①。

由于了解到了该股的实际价值，同时也清楚市场总体形势看好，有利于所有优质股票的上涨行情，我认为自己应该可以表现得相当好。我的委托人受到了我所陈述的观点的鼓舞，立即接受了我的条件，这笔交易一开始就充满了愉悦的氛围。

我立即着手尽量彻底地保护自己。承销财团拥有或控制70％流通在外的股本。我让他们将他们手中那70％的股份存在一份信托协议的名下。我可不打算被当成这些大股东的垃圾场。就这样，我将大部分的股票都安全地锁定起来。不过，我仍然还有30％分散在外的股票需要考虑，但这是我必须承担的风险。经验丰富的投机者从来不会期望从事完全无风险的行动。事实上，所有未被托管的股票一起被抛到市场上的可能性，不会比人寿保险公司所有的投保人都在同一天的同一个小时死亡的可能性大。股票市场有一份不成文的风险精算表，就像保险公司的人类死亡率精算表一样。

现在已经保护好自己不受这类股市交易中某些可避免的风险的侵害，我已经准备好开始这场战役。这场战役的目标是使我的认购权产生价值。为了达到这一目标，我必须抬高股价，开发市场，使市场能够让我卖出10万股我持有期权的标的股票。

我所做的第一件事就是查明在该股上涨的情况下，可能会有多少股票涌入市场。这件事通过我的经纪商很容易就做到了，他们轻易就能确定有多少股票打算按市价或比市价略微高一点儿的价位卖出。我不清楚是否包括交易经纪人自己记录在交易指令册上的数据，这些指令客户已经告诉他们了②。此时该股的名义市场价为70，但在这个价位上，我连1000股都卖不出去。没有迹象表明，在这个价位甚至是再低几个点的价位上存在哪怕是中等规模的买入需求。我必须根据我的经纪商查明的情况进行判断。不过这已经足以向我表明正在求售的股票数量有多大，而潜在的买盘需求却是多么的小。

---

① 译注：成功酬金，也称或有费，本指胜诉后付给律师的酬金。这里指只能在项目成功后才能获得的酬金。

② 译注：这里是指一些相对远离该股当前价位区域的交易指令，也就是说利文斯通并不是完全掌握股价拉高后的可能卖盘情况。

获悉这几点情况后，我便立即悄悄吃进所有在 70 以及高于 70 的价位求售的股票。当我说"我"的时候，你要理解，我指的是我的经纪商们。这些卖单都来自一些较小持股者的账户上，因为我的那些委托人已经锁仓了。

我不必买入太多股票。我知道，得当的股价上涨方式能带来更多的买入指令——当然，同时也会带来卖出指令。

我没有向任何人提供和帝国钢铁有关的利好消息。我根本不必这么做。我需要做的就是设法以尽可能最好的宣传方式直接影响市场人气。我并不是说任何时候都不需要宣传利好信息。的确有必要对一只新股的价值进行合理的广告宣传，就像对新款毛织品、鞋子或汽车的价值进行广告宣传一样。准确而可靠的信息应该以大众的方式发布出来。我的意思是盘势会做好达到我的目的所需要的一切事情。正如我以前所说，一些声誉较好的报纸总会设法为市场运动找出理由。这是新闻。它们的读者不仅要求知道股市上发生了什么，还要求知道为什么会发生。因此根本不用炒作者自己动手，财经撰稿人就会刊登出所有能弄到手的信息和小道消息，并且会同时对公司的盈利报告、商业形势和企业前景进行分析。简言之，无论是什么，只要能解释上涨行情就行。无论什么时候，当某个新闻记者或是熟人询问我关于某只股票的观点时，只要我确实持有某种观点，我都会毫不犹豫地说出来。我不会主动提供建议，也从不提供内幕消息，但保密不会对我自己的操作有什么好处。同时我很清楚，盘势就是最好的内幕消息提供者，最有说服力的推销员。

我吸进所有在 70 以及略高于 70 价位求售的股票之后，解除了市场上的卖压，同时就交易的目的而言，这自然就清晰地指明了帝国钢铁最小阻力线的方向——方向明显朝上。那些善于观察的场内交易者一察觉到这一事实，便立即合理假设该股即将上涨。他们可能不知道上涨的幅度会有多大，但他们所知道的已经足以使他们开始买进。他们对帝国钢铁的需求完全由该股明显的上涨态势所创造——这是盘势发出的绝对可靠的内幕消息！我立即满足他们的需求。我把开始的时候从那些筋疲力尽的持有者手中买到的股票卖给场内交易者。当然，这种卖出行为进行得很谨慎，而且我也仅限于满足他们的需求。我没有在市场上强力推销我的股票，我也不想上涨速度太快。在整个行动的这个阶段就卖出我手中 10 万股中的一半可不是什么好事。我要做的是，开发出一个能卖出我手中所有头寸的市场。

然而，即使我卖出的股票仅限于场内交易员急切想买进的那些，市场还是暂时被剥夺了我所拥有的买盘力量，这些买盘是我到目前为止不断努力的结果。没过多久，交易者便停止了购买，股价也跟着停止了上涨。股价一停止上涨，那些受挫的多头，或是那些认为只要上涨态势一停止买入的理由就消失了的场内交易员，便立即开始卖出。当然，我已经为这种卖出做好了准备，在股价下跌的过程中，我把我之前以高出几个点的价位卖给场内交易员的股票买回来。我知道先前场内交易员或是其他人买进的这些股票一定会被卖出，此时我反过来买回这些股票会阻止下跌进程。当股价停止下跌时，卖出指令也停止涌入市场。

于是，我重新开始新一轮的操作。我一路向上吃进所有求售的股票——数量不是很大——因此股价再一次开始上涨，起涨点比70更高一些。不要忘记，在股价下跌的过程中，总是会有大量的持有者都极其希望自己已经卖出了手中的持股，但却总是在顶部以下3～4个点的位置都不愿意卖出。这样的投机者总是发誓，一定要在市场反弹时卖出。他们在股价上涨的过程中发出卖出指令，然后随着股价趋势的改变，他们的心意也跟着改变。当然，总会有一些操作比较谨慎的、喜欢快进快出的交易者会平仓获利，对这样的交易者来说，不管利润大小，先拿到手再说。

这之后，我所需要做的一切就是，重复以上操作过程，交替买入和卖出，不过总是设法让股价再创新高。

有时，在你收进所有求售的股票之后，市场给你的回报是股票价格急剧上涨，促使你正在炒作的股票形成一小段或许可以称之为疾风暴雨式的多头行情。这可是绝佳的广告宣传，因为这会引起人们的议论，同时还会吸引专业投机者与喜欢市场活跃的那部分投机大众。我认为这样的人占很大的比例，我在帝国钢铁上就是这样做的。这种喷射式的上涨创造出的需求，我全部满足。我的卖出始终将上涨趋势的幅度和速度都维持在一定范围之内。在一路向下买入和一路向上卖出的过程中，我所做的不仅仅是抬高股票的价格，还有发展出帝国钢铁的市场性。

自从我操作该股之后就再也没有出现过某个交易者不能自由买卖该股的时候。我说的自由买卖指的是买卖适当规模的股票都不会引起股价过于激烈的波动。交易者买入之后陷入窘境，或是卖出之后被轧空者轧得死去活来的恐惧消失了。这种对市场持久性的信心逐渐在专业投机者和一般大众当中扩散，这与当前行情所产生的信心有很大的关系。当然，该股的活跃表现也同时扫除了许多其他的障碍。结果在买卖几千上万股之后，我终于成功地使该股以面值进行交易——100美元一股——每个人都想买入帝国钢铁。为什么不买呢？现在，每个人都知道该股是一只优质股，它过去价格低廉，现在仍然价格低廉，股价上涨便是证据。一只股票既然能在70的价位上上涨30点，那也能在面值的基础上再上涨30点。很多人都是按照这样的方式思考的。

在将股价抬高30点的过程中，我只积累了7000股。这笔头寸的平均买入成本几乎刚好是85。这意味着我每股获利15个点。虽然利润还在账面上，但我的利润总额比这大多了。这笔利润足够安全，因为我拥有的市场已经可以让我卖出任何数量的股票。若是进行审慎的炒作，该股还将继续走高，而我已经将那10万股的认购权分成了几个等级，执行价从70开始，最高价为100。

后来，形势的发展让我没能实施自己的某些计划，这些计划本是用来将账面利润转化为真金白银的。不是我自夸，这是一次很完美的炒作案例，不仅完全合法，而且成功理所当然。该公司的资产很有价值，股价再高一些也不算昂贵。原承销财团的一名成员逐渐产生了确保对该公司的控制权的愿望。这是一家财力雄厚的著名银行。控制像帝国钢铁公司这样一家生意兴隆、日益壮大的企业，对银行来说可能比对个人投资者更有价值。不管怎么说，这家银行向我出价要求购买我手中所有的认购权。由于他们出的价意味着我可以获得一笔庞大的利润，因此我立即接受。如果能一次性全部卖出并获得一笔可观的利润，我总是很乐意卖出的。我对自己在这只股票上的获利相当满意。

在我卖出手中那10万股认购权之前，我就得知，该银行的银行家们雇用了更多专家对该公司进行了更加彻底的审查。他们的报告足以使这家银行向我提出那样的出价。我还保留了几千股作为投资。我对这只股票有信心。

在我炒作帝国钢铁的过程中，没有出现任何不正常或是不明智的因素。只要价格在我买入时上涨，我就知道一切顺利。一般的股票有时都会像浸水了一样无法上涨，但这只股票从来没有出现这样的状况。如果你发现某只股票没有充分响应你的买入，那么你根本不需要任何更进一步的内幕消息就应该卖出。你知道的，如果某只股票确实有价值，并且市场总体形势也对路，那么你总是能在股价下跌之后将它调理回来，即使是跌幅达到了 20 点也不要紧。在帝国钢铁上我从来不必这样做。

在炒作股票的过程中，我从来不会忽视基本的交易原则。或许你会觉得奇怪，为什么我一再重复这一点，或者总是强调我从不与盘势争论，从不因市场的表现而对市场发脾气。你可能会认为，那些精明人不但在自己的事业中挣了好几百万美元，而且还时不时在华尔街有过成功的操作，他们应当了解在这个行业中进行操作时保持冷静才是明智之举。难道你不这么认为吗？要是你知道，在我们最成功的股票推销者中间，有一些人经常因为市场没有按照他所预期的方式运转便表现得像个脾气暴躁的女人一样，你一定会大吃一惊。他们似乎把这样的情况当成对他们个人的侮辱，于是首先失去对情绪的控制，进而失去钱财。

外面有很多流言蜚语，传说我和约翰·普兰提斯（John Prentiss）意见不合。人们曾因此被误导认为发生了一件戏剧性的事，说是由于某次股市交易出错，或是中途出现了背叛，导致我——或是他——付出了几百万美元的代价，诸如此类。哈，事实并非如此。

普兰提斯和我是多年的好友了。他曾多次给我提供可利用的信息；我也给了他一些建议，他可能听从了，也可能没有听从。如果他听从了，应该已经省下一些钱。

他是组织石油产品公司（Petroleum Products Company）上市以及市场推介的主要负责人。该股在市场上的首次亮相基本上算是成功的，不过后来基本情势变坏，这只新股的进展没有普兰提斯和他的同伴们希望的那么好。等到基本情势好转时，普兰提斯组织了一个内线集团，开始在石油产品公司上进行操作。

我无法告诉你关于他的操作技巧的任何内容。他没有告诉我他是如何运作的，我也没有问过他。不过很明显，尽管他在华尔街经验丰富。而且无疑聪明过人，但结果证明，他所做的一切都没有什么价值。不久之后，该内线集团便发现，他们无法出脱太多的股票。他一定已经试过他所知道的所有方法，因为一个内线集团负责人不会主动要求让外人来替代他，除非他觉得自己无法胜任这项任务，而这又是一般人都最不愿意承认的事情。总之，他找到我，友好地寒暄一阵之后便说，他想让我接管石油产品公司的市场推销工作，处理掉内线集团手中的股票，一共是 10 万股多一点儿。该股当时的市价为 102～103。

我对这件事情没什么把握，因此婉言谢绝了他的提议。但他坚持要我接受。他以他个人的名义提出这件事，因此最后我答应了。我天生就不喜欢让自己参与到我没有信心会成功的艰难计划当中。不过，我同时也认为一个人有必要为自己的朋友和相识的人做一些事情。我对他说我会尽力而为，但我告诉他，我对此事并不是很有把握，并且列举了我必须克服的种种不利因素。然而，普兰提斯听完后只说了一句，他并没有要求我保证为内线集团挣得几百万美元的利润。他确信如果我接手这件事，一定能很好地应对，最终结果一定会让任何一个通情达理的人都满意。

就这样，我开始从事一些违背自身判断的事情。我发现，正如我所担心的一样，事态发展已经相当棘手，这很大程度上归咎于普兰提斯自己在为内线集团进行炒作时所犯下的一些错误。最主要的不利因素还是时间。我确信我们正迅速接近多头行情的尾声。虽然市场状况的好转曾让普兰提斯大受鼓舞，但最终将证明这不过是短暂的反弹。我担心，我还没来得及销售石油产品公司大量的股票，市场就会明确地转变为空头市场。不过，既然我已经做出了承诺，我决定全力以赴地进行运作。

我开始拉抬股价，取得了不大不小的成功。我想我当时将价格拉高到了 107 左右，这已经相当不错了，此时我甚至总体上卖出了一点儿股票。虽然卖出得不多，不过我很高兴没有增加内线集团的持股。有很多不属于该集团的人都在等着小幅上涨好倒出自己的股票。对他们来说，我简直是上帝的恩赐。如果基本情势好一点儿的话，我会表现得更好一些。他没有早一点儿请我操作真是太可惜了。我认为，现在我能做的只能是以尽可能少的损失为内线集团出脱手中的股票。

我派人去把普兰提斯找来，把我的看法告诉了他。但他开始反对。于是，我向他解释我采取这种立场的原因。我对他说："普兰提斯，我能非常清晰地感受到市场的脉搏。你这只股票根本就没有人跟进。要看出公众对我的炒作有什么反应根本不需要什么技巧。如果你已经全力以赴地使石油产品公司对交易者产生吸引力，并且始终给予该股所需的一切支持。但是，尽管你什么都做了，结果却发现公众仍然对这只股票不理不睬，那么此时你就可以确定一定是有什么地方不对，不是这只股票有问题而是市场出了问题。在这种情况下，试图蛮干绝对毫无用处。如果非得这么做，最终一定会赔钱。当内线集团负责人买进时若有人跟随，他应该会很乐意买进他自己的股票。但是，当他是市场上唯一的买入者时，他要是还买入那就是笨蛋了。我每买入 5000 股，公众就应该或是能够再买入 5000 股。我肯定不会让自己变成唯一的买入者。如果这么做，我将成功做到的事情只有一件，那就是被一大堆自己不想要的多头筹码淹死。现在只有一件事可做，那就是卖出。而卖出的唯一方法就是不顾一切地卖出。"

"你的意思是，不限价卖出？"普兰提斯问道。

"对!"我看得出来他正准备反对，"如果我要把内线集团手中的股票全部卖出，你必须做好心理准备，股价将会跌破面值，而且——"

"噢，不! 绝不!"他大叫起来。你要是听见，一定会以为我在邀请他加入一家自杀俱乐部。

"普兰提斯，"我对他说，"拉抬股价以便卖出是股票炒作的一条基本原则。但是，你不会在上涨的过程中大批卖出，因为你不能这么做。大批量的卖出都是从顶部一路向下的过程中完成的。我没法将你的股票推升到 125 或是 130。我很想这么做，但我做不到。所以，你不得不在这样的价位开始卖出。依我看，所有的股票都将下跌，而石油产品公司不会成为唯一的例外。内线集团现在卖出导致股价下跌，总比下个月由于其他人卖出导致股价崩跌要好。无论如何，股价终究免不了下跌。"

我看不出我说的话有什么令人痛苦的地方，但你即使远在中国都能听到他的哀嚎。这样的话他简直听都不想听。这样绝对不行。这会完全搞乱该股的市场记录，更别说这只股票此时被用做贷款抵押，这么做将可能造成银行方面的种种不便，等等。

我再次告诉他，根据我的判断，这个世界上没有什么事情能阻止石油产品公司价格下跌 15～20 个点，因为整个市场都在走向跌势，而且我再次强调，指望他的股票成为耀眼的例外简直太荒谬了。但是，我的话再一次没有起到任何作用，他坚持让我支撑这只股票。

这就是一名精明的生意人，当时最成功的股票推销者之一，他曾在华尔街的交易中挣得了几百万美元，对投机游戏的了解远超过一般人，而现在竟然坚持在空头市场初期支撑某只股票。没错，这是他的股票。即便如此，这依然是一桩亏本生意。事情发展到这样的地步已经违背了我的原则，因此我又开始和他争论。然而徒劳无功。他仍然坚持下单支撑股价。

等到总体市场变得很疲软，下跌真正开始的时候，石油产品公司自然和其他股票一起下跌。而我竟然非但没有替内线集团卖出股票，反而在买进——都是普兰提斯自己发出的指令。

唯一的解释只能是，普兰提斯不相信空头市场已经近在咫尺。而我自己坚信多头市场已经结束。我第一次产生这样的猜测时，就已经通过测试证实了这一点，测试不仅包括石油产品公司，还包括其他股票。我没有等到空头市场宣布它安全抵达才开始卖出。当然，我并没有卖出任何一股石油产品公司，尽管我正在放空其他股票。

正如我预期的那样，石油产品公司的内线集团不仅死抱着他们最初持有的所有股票，而且手中还增加了后来在徒劳地维持股价的过程中不得不吸入的所有股票。最后，他们还是平仓变现了，成交价远低于如果当初普兰提斯按照我的想法出时他们所能得到的价格，不可能出现别的结果。然而，普兰提斯现在仍然认为他当时是正确的——至少他嘴上是这么说的。他说我当时给他提出那样的建议是因为我当时正在放空其他股票，而总体市场仍在上涨，我知道他的话是什么意思。毫无疑问，他是在暗指，不限价格卖出内线集团手中的股票将导致石油产品公司股价下跌，而这将有助于我在其他股票上的空头头寸。

这简直是在胡说八道。我看空并不是因为自己放空了股票，而是因为看空是我评估市场形势时得出的唯一结论，而我只会在转向看空之后才会放空。站在错误的一方做事绝不可能挣到多少钱，在股票市场上这绝不可能。我放空该内线集团的股票的计划建立在以下基础上：20年的交易经验告诉我，放空该股是唯一可行的做法，因而也是明智的做法。普兰提斯应该是一名足以把这件事看得和我一样明白的交易者。除了立即卖出之外，当时采取其他任何措施都太迟了。

我猜想，普兰提斯和千千万万的外行人一样有种错觉，认为股票炒作者什么都能做到。实际上炒作者不可能有这种本事。吉恩最大的成就就是1901年春在美国钢铁普通股和优先股上的炒作。他之所以能成功既不是因为他聪明过人而且还拥有丰富的资源，也不是因为他获得了本国最富有人士组成的财团的支持。他的成功肯定有这些方面的原因，但最主要还是因为当时的盘势和公众的心理状态都很对路。

　　一个人在采取行动时违背经验的教训、违背常识，并不是什么好事。华尔街那些容易上当受骗的人却不全是外行人。普兰提斯对我不满是因为以上所叙述的那件事。他之所以遭遇失败是因为我没能按照我的方式，而是按照他要求的方式来炒作。

　　如果炒作的目的仅仅是为了大批量卖出股票，操作过程并不伴有刻意的歪曲事实，那么其中根本就没有什么神秘、不可告人之处，或是不正当之处。有效的炒作必须建立在健全的交易原则之上。现在的人们特别夸大旧式操作手法的效果，比如虚假销售。然而，我可以向你保证，纯属欺骗的手法根本没有什么价值。股市炒作和场外股票、债券的卖出区别不在于两者的吸引力有什么不同，而在于客户性质的不同。J・P・摩根公司将债券发行给公众——这部分人为投资者。某个炒作者也将大量的股票卖给公众——这部分人则是投机者。投资者寻求的是安全可靠与本金能带来长期的利息收益；而投机者寻求的是快速获利。

　　炒作者必须在投机者当中寻找主要的潜在市场——只要有合理的机会为自己投入的资金带来更高的回报率，这些人就很乐意承担比正常商业更高的风险。我自己从不相信盲目赌博。我或许会豪赌，也或许只买入100股。但不管是哪种情况，我都必须为自己的行为找到理由。

　　我还清晰记得自己是如何介入炒作游戏的——也就是说，如何开始替别人销售股票的。回忆起刚开始介入的情形让我感觉很愉快，因为这完美地展示了华尔街对股市操作的专业态度。事情发生在我东山再起之后——1915年我在伯利恒钢铁上的交易让我开始恢复财力之后。

　　当时我的交易相当稳定，运气也非常好。我从未主动寻求在报纸上曝光，但也没有刻意回避。与此同时，你知道的，无论是哪位大作手碰巧交易活跃，华尔街的专家们都喜欢对他们的成功以及失败夸大其词。这样一来，各种报纸当然也会听到风声，于是传闻被刊载出来。根据小道消息的说法，我已经破产过很多次，或是根据同一批权威机构的说法，我也曾挣过成百万上千万美元，因此我对这些传闻的唯一反应就是，很想知道这些传闻都是从哪儿产生、怎么产生的，它们在传播的过程中又是怎么被添油加醋的！曾经接二连三地有经纪人朋友来告诉我同一则故事，每次故事的内容都有些微的不同，故事不断地完善，细节也变得越来越丰富。

前面讲了这么多是为了好告诉你，我是如何开始负责为别人进行股票炒作的。报纸上所刊载的关于我是如何全额偿还欠下那几百万美元债务的报道对此起到了一定的作用。各种报纸对我的豪赌和赢利如此夸大其词，以至于华尔街对我议论纷纷。一名大作手动用 20 万股的股票头寸就能支配市场的日子已经过去了。但是，你知道公众总想为旧日的市场领袖找到继承者。正是因为吉恩先生作为一名技术高超的股票大作手、一名靠自己的双手获利数百万美元的胜利者的声誉，一些股票推销者及银行才上门请求他帮忙批量卖出证券。简言之，他的炒作服务之所以有需求是因为华尔街听说了他之前的成功案例。

然而，吉恩已经不在了——去了天堂。他曾说除非发现赛森比[①]在天堂等他，否则他绝不在那里待一分钟。在他之后曾有两三个其他的人续写了几个月的股市历史，但随后都因长期的无所作为而淡出了人们的视野。我在这里要特别指出的是某些 1901 年来到华尔街的西方人，他们因为持有美国钢铁挣了好几百万美元而留在了华尔街。他们实际上属于超级推销者，而不是像吉恩一样的股票大作手。当然，他们在操作他们自己和他们的朋友控制的公司的证券上，极其能干，极其富有，极其成功。但他们并不是像吉恩或是博劳尔州长一样的大炒作者。尽管如此，华尔街还是有大量关于他们的小道传闻，因此他们在专业交易者和一些更激进的佣金经纪行中间也有自己的追随者。他们停止活跃交易之后，华尔街发现自己找不到炒作者了，至少在报纸上读不到关于炒作者的报道了。

你应该还记得，1915 年股票交易所重新开始营业之后，开始了一轮巨大的多头市场。随着市场的拓宽，以及协约国在本国购买的物资增加到了几十亿，我们迎来了一场大繁荣。就炒作而言，任何炒作者都可以不费吹灰之力就能为"战争新娘"创造一个无限大的市场。只要拿到贸易合同，甚至只是贸易合同的承诺，很多人就能挣上好几百万美元。通过好心的银行家的帮助，或是把自己的公司在场外市场推入市场，这些人就变成了成功的股票推销者。当时只要吹捧工作做得充分，公众愿意买入任何东西。

等到这段繁荣的高峰期过去，一些推销者发现自己在推销股票时需要寻求专家的帮助。当公众被各种各样的证券套牢时——其中一些证券是在

---

① 译注：一匹赛马的名字。

更高价位买入的，要卖出未经市场检验的新股不是一件简单的任务。繁荣过后，公众确信没有任何东西还将上涨。这不是因为买入者变得更加具有识别能力，而是因为盲目买入的日子已经结束。公众的心理状态已经发生改变。价格甚至根本不必下跌就会促使人们变得悲观，只要市场变得很沉闷，或是在一段时间内保持沉闷的状态就足够了。

在每一段繁荣时期总会有新公司成立，即便其目的不完全是，也主要是为了利用公众在这种时期对各种各样的股票的好胃口。不过也总是有一些公司的股票发行来迟一步。发行人之所以犯这样的错误是因为他们也是人，不愿意看到繁荣走到尽头。此外，当潜在利润足够大时，冒险也不是什么坏事。一旦被希望损害了视力就永远看不到顶部了。一般人若是看到某只在 12 或 14 美元的价位上没人要的股票突然涨到了 30 美元，便会认为股价已经涨到头了。然而，该股又涨到了 50 美元。这绝对是涨势的尾声了。结果，该股又涨到 60 美元，70 美元，75 美元。这下子确定无疑，不可能再上涨了，这只股票几个星期前价格还不到 15 美元呢。但是，它却再涨到 80 美元，然后是 85 美元。一般人从不考虑股票价值，只考虑股票价格，并且其行动不受市场而是受恐惧情绪支配。因此，股价涨到现在他们便采取最轻松可行的方式，不再认为涨势一定会有一个限度。那些聪明的外行人虽然从不在顶部买进，却也不把利润落袋，最终导致两相抵消，原因就在这里。在繁荣时期总是公众先赚到大钱——账面上的利润，并且始终只是账面上的利润。

第二十二章　狗咬狗

在华尔街，狗绝对不会愚蠢到反对狗咬狗。

　　一天，吉姆·巴尔内斯（Jim Barnes）来拜访我。他不仅是我最主要的经纪商之一，也是一位至交。他说想让我帮他一个大忙。他以前从未说过这样的话，因此我问他需要我帮什么忙，心里希望是自己能做到的事情，因为我确实想帮助他。他告诉我，他的公司和某只股票有利益关系。实际上，他们一直是这家公司的主要承销商，已经吃进了很大比例的股份。由于市场环境变化，他们迫切需要卖出相当大一批股票。吉姆要求我负责替他为该股炒作。这只股票就是联合炉具公司（Consolidated Stove）。

　　由于各种原因，我并不想跟这只股票扯上任何关系。但是对于巴尔内斯，我有义务要帮他，而且他坚持站在个人的立场要我帮忙，单单这一点就让我无法反对了。他人很好，也是我的朋友，而且我猜想他的公司已经深陷于这只股票，因此我最后答应尽力而为。

　　我总是认为，战时繁荣跟其他时期的繁荣最明显的区别就是：一类全新的人物——年轻的银行家——在股票市场事务中所扮演的角色不同。

　　这次的繁荣相当惊人，并且每个人都十分清楚其起源和原因。不过，与此同时，本国最大的各家银行和信托公司必定竭尽所能，帮助各式各样的发行人和军火制造商一夜之间成为了百万富翁。情形已经夸张到了这样的地步，某人只需说他有一个朋友是某一个协约国采购委员会的某位成员的朋友，即使他根本还没有拿到合同，就能获得执行合同所需要的所有资金。我常常听到一些令人难以置信的故事，说的是公司职员一夜之间变成了公司总裁，依靠从信托公司借来的资金做着几百万美元的生意；采购合同不断地从上家转到下家，在转手的过程中人人都能获得一份利润。大量的黄金正从欧洲洪水般地涌入本国，银行不得不想办法把这些黄金留下来。

这种做生意的方式或许会让那些思想传统的人担忧。不过此时这样的人似乎并不是太多。在股市平静的年代，流行头发花白的银行总裁确实很合适；但是在这种激烈的时代，年轻人才是最好的资本。毫无疑问，银行确实都在赚取巨额利润。

吉姆·巴尔内斯以及他的合伙人们与马歇尔国民银行（Marshall National Bank）年轻的总裁交好，并且对该总裁很有信心，决定将三家著名的炉具公司合并为一家公司，然后把新公司的股票卖给公众。几个月以来，公众一直在买入任何已经上市的股票，只要是以雕版印刷的股票证书的形式出现就行。

其中一个问题是，此时的炉具行业生意十分兴旺，这三家公司实际上都是有史以来首次为普通股股东实现了红利。三家公司的大股东都不愿意放弃控股权。他们的股票在场外市场上销路很好，而且他们愿意卖出的股票都已经全部卖出，他们对现状很满意。三家公司的市值都太小了，无法引起巨大的市场波动，这就是吉姆·巴尔内斯的公司介入的原因。该公司指出，合并后的公司规模一定会大到足以在股票交易所正式上市，这样一来，新股便可以被打造得比旧有的三只股票更有价值。这是华尔街上的一种老把戏了——为了使股票变得更有价值，改变一下股票的颜色。假设某只股票在面值不再容易卖出，那么，有时通过把这只股票1股拆成4股，你或许可以使新股的卖出价达到30～35美元，这相当于拆分前的股票（老股票）每股120～140美元——这个价格是拆分前的股票不可能达到的。

看起来，巴尔内斯以及他的合伙人成功说服了他们的一些朋友，这些朋友出于投机的目的持有大量格瑞炉具公司（Gray Stove Company）的股票，同意在以1股格瑞炉具换4股联合炉具的基础上进行合并。格瑞炉具公司是一家大企业，之后中部炉具公司（Midland）和西部炉具公司（Western）便跟随它们的行业老大，以1股换1股的条件加入新公司。这两家公司的股票场外市场报价大概为25～30，而格瑞炉具相对来说更加有名，同时也能分红，因此价格在125左右。

他们需要筹集资金从那些坚持卖出变现的持有者手中买断股票，同时也必须为后来的重组改造提供运作资金，并且为新股推广提供费用，因此必须筹集几百万美元。于是，巴尔内斯去拜访了马歇尔国民银行总裁，总裁爽快地贷给他的辛迪加财团 350 万美元。抵押品为新组建公司的 10 万股股票。有人告诉我，该财团向总裁保证新股价格不会低于 50。他们认为这会是一笔利润非常丰厚的交易，因为这样做会创造巨大的价值。

这伙股票推销者犯的第一个错误就是没有选准时机。市场接纳新股发行的能力已经饱和，而他们本该看出这一点。即便如此，如果他们没有试图像在股市繁荣最高峰的其他推销者那样去赚高得离谱的利润，他们或许还有机会挣到一笔相当可观的利润。

听到这里，你可千万不要以为吉姆·巴尔内斯和他的合伙人们只是一群傻瓜或是缺乏经验的毛头小子。事实上，他们都是些很精明的角色。他们全都熟悉华尔街上的各种手段，其中有一些还是异常成功的股票交易者。然而，他们却不仅仅是高估了公众的购买力而已。毕竟，公众的购买潜力只有靠实际的测试才能确定。他们还犯了另一个代价更加高昂的错误，即期望多头市场持续的时间比它实际持续的时间更加长久。我猜想这是因为他们曾经如此成功——尤其还是相当快速地获得成功——以至于他们确信自己将在多头市场逆转之前完成这笔交易。他们全是有名的人物，在专业交易者中间和经纪行里有一大批的追随者。

这笔交易的广告推销做得非常好。报纸的确慷慨地对此进行了大篇幅的报道。原来的三家公司被等同为美国的炉具行业，其产品世界闻名。这次合并被宣传为一种爱国行为，各类日报上有一大堆文章都是关于这三家公司如何征服世界市场的，其中包括它们在亚洲市场、非洲市场和南美市场已经稳如泰山。

新公司的董事们全都是财经版的读者们耳熟能详的人物。由于宣传工作做得相当好，而且关于股价将如何表现，那些不具名的内线人士做出了非常明确且有说服力的承诺，这些都为新股创造了极大的需求。结果，当新股募集期结束之后，他们发现这只以每股 50 美元向公众发行的股票超额认购 25％。

想想看！这些推销者预计的最好结果也不过就是：经过几个星期的努力工作，最终将新股的价格抬高到 75 美元或是更高，使得新股的平均股价变为 50 美元，之后才能成功地以发行价卖出新股。这个价位意味着参与重组的三家公司的股价与原来相比上涨了大概 100%。这就是危机所在，他们并没有完成既定的拉抬目标，而这个目标应该被完成。这一点表明，每一种生意都自己的独特的需要，单纯的聪明比不上专业的悟性有价值。那些推销者被意想不到的超额认购冲昏了头，断定公众已经做好准备，愿意以任何价格购买任何数量的股票。不仅如此，他们愚蠢地没有向申购者全额配售股票。在那些推销者下定决心贪婪一回之后，他们至少应该设法贪婪得更加明智一些吧。

毫无疑问，他们应该做的是全额配售股票。这样一来，除了向公众发行的股票之外，他们相当于还做空了总股数的 25%，这自然使得他们有能力在必要时买入对股价进行支撑，同时不用付出任何代价。对他们这一方而言，将轻而易举地处于优势战略地位。我自己在炒作某只股票时，总是设法使自己处于这样的优势地位。他们本来可以阻止股价下跌，从而鼓舞公众对新股的价格稳定性的信心，以及对承销财团的支撑力量的信心。他们本该记住，面对公众的股票发行工作完成之后，他们的工作还没有结束。这些不过是他们要做的一部分工作而已。

他们认为自己已经非常成功。然而没过多久，他们所犯下的两大致命错误的后果便开始显现。由于市场演变为回调趋势，公众不再买入任何一只新股。内线人士也临阵退缩，没有对联合炉具进行支撑。如果回调时内线人士都不买入自己的股票，谁还应该买入呢？缺乏内线人士的支撑通常都被视为相当可靠的利空消息。

这里没有必要举出具体的数据。联合炉具的股价随着市场其他股票的价格一起波动，但是，从来没有超过 50 美元多一点儿的上市价。后来，巴尔内斯和他的朋友们不得不进场买入才把股价维持在 40 美元以上。没有在该股刚上市时就对它进行支撑真是太可惜了；而没有全额配售公众认购的股票则更糟糕。

不管怎么说，该股按期在纽约股票交易所上市了，股价也理所当然地不断下滑，直到最终名义上维持在 37 美元为止。该股维持在这个价位是因为当初银行以 10 万股作为抵押品，每股贷给他们 35 美元。吉姆·巴尔内斯以及他的合伙人们必须将该股维持在这个价位。如果银行试图将这笔贷款变现，股价还不知道会下跌到什么程度呢。公众曾在 50 美元的价位上急切地买入，现在价格跌到了 37 美元，他们却不想要了，并且很可能在 27

美元也不会想要。

随着时间的推移，各个银行的过度放贷行为引起了人们的思考。青年银行家的时代已经结束。银行业务似乎随时都可能突然重新变得保守起来。无论如何，就算是银行家的至交们现在也被要求还贷，好像他们从来没有和银行的总裁一起打过高尔夫球一样。

贷方没有必要进行威胁，借方也没有必要请求放宽期限。此时的情形已经令双方都感到极不自在。例如，和我朋友吉姆·巴尔内斯做生意的那家银行虽然表面上仍然表现得很和善，但心里其实在想："看在上帝的份上，赶紧把那笔贷款还清吧，否则我们全都会死得很难看！"

此时的困境，再加上存在失控的可能性，已经足以使吉姆·巴尔内斯来找我，要求我帮忙卖出那 10 万股，以便有足够的资金可以还清那 350 万美元的贷款。吉姆现在已经不期望还能在这只股票上获利了。只要承销财团在这只股票上的损失能少一点儿，他们就感激不尽了。

这看起来好像是一项根本无法完成的任务。大盘既不活跃也不坚挺，尽管偶尔出现反弹为之一振，使每个人都相信多头行情即将重新开始。

我给巴尔内斯的回答是：我要先研究一下这件事，要是我打算承担这项工作的话，我会通知他。我的确对此事进行了研究。我没有分析该公司上一年的年度报告。我的研究仅限于股市层面的问题。我并不打算利用该公司的盈利和前景来拉抬股价，进而帮助自己兜售股票，而是准备在公开市场上将这一大批股票卖出。我需要考虑的一切就是，在这项任务当中，应该、可以或可能协助或是阻碍我的因素有哪些。

我首先发现，有太多股票被太少的人持有——也就是说，他们持有的股票太多了，令我感觉不安全，难以安心操作。克里夫顿·P·凯恩公司（Clifton P. Kane & Co.），持有 7 万股。该公司既从事银行业务，也从事经纪业务，同时还是纽约股票交易所的会员。该公司的成员都是巴尔内斯的至交，曾在实施合并的过程中发挥了影响力，因为他们已经专门从事炉具公司的股票交易很多年。他们的客户也被引导到了这桩交易当中。前参议员萨缪尔·戈登（Samuel Gordon），是他侄子的戈登兄弟公司（Gordon Bros.）的特别合伙人，也是又一位 7 万股的持有者。同时，著名的约书亚·伍尔夫（Joshua Wolff）手上有 6 万股。这少见几个华尔街上少数的老练专业人士持有的联合炉具公司股票一共就达到了 20 万股。他们根本就不需要任何好心人士告诉他们什么时候应该卖出手中的股票。如果我打算吸引大众买入，在用来炒作的头寸上有任何动作——如果我促使这只股票变得强劲且活跃——我会立即看到凯恩、戈登和伍尔夫借机倒货，而且还不只是顺势小笔卖出而已。想象一下他们那 20 万股像尼亚加拉大瀑布一样倾泻到市场上来，绝对让人高兴不起来。别忘了，这轮多头市场的最高峰已经过去，不管我的操作手法实施得多有技巧，都无法制造出压倒一切的需求。吉姆·巴尔内斯对此适当回避并交给我来做的这项工作，其实没有抱有什么幻想。他给我的是一只浸了水的股票，要我在即将垂死挣扎的多头市场上卖出。当然，报纸上还没有出现关于多头市场即将走到尽头的言论，但是我很清楚这一点，吉姆·巴尔内斯也很清楚这一点，银行肯定也很清楚这一点。

尽管如此，但我已经答应了吉姆，因此我派人去请凯恩、戈登和伍尔夫过来。他们手中的 20 万股对我来说简直是如剑悬顶。我想最好还是把系剑的那根头发替换成一条铁链。依我看，最简单的方法就是达成某种互惠协议。如果他们愿意被动地帮我一把，在我卖出那 10 万股时稳一稳，先不要卖出，那么我会主动帮他们一把，设法炒作出一个可以让我们所有人都能倒货的市场。就目前的情况来看，他们不可能在不导致联合炉具公司的股价大跌的情况下，卖出手中哪怕是 1/10 的股票，他们自己也相当清楚这一点，因此做梦也从未想过要试一试。我不过是要求他们判断卖出的时机，为了避免不明智的自私而选择明智的不自私。无论是在华尔街还是其他任何地方，占着茅坑不拉屎从来都没什么好处。我希望可以说服他们，抢先倒货或是欠考虑的倒货最终只会导致谁都卖不完。时间紧迫！

我希望我的提议可以对他们产生吸引力，因为他们都是经验丰富的华尔街人士，不会对联合炉具的实际需求抱有任何幻想。克里夫顿·P·凯恩是一家佣金经纪行的头儿，该经纪行生意兴隆，在 11 个城市设有分公司，客户成百上千。他的公司过去曾不止一次担任过内线炒作集团的负责人。

另外持有 7 万股的戈登议员极其富有。大都市媒体的读者们对他的名字再熟悉不过了，因为他曾被一个 16 岁的美甲师控告毁约。该美甲师拥有一件价值 5000 美元的貂皮大衣和来自被告人的 132 封信件。他曾帮助他的侄子创立经纪人生意，并在该公司担任特别合伙人。他曾参与过数十个内线集团的炒作。他继承了中部炉具公司的一大笔股权，因此得到了 10 万股联合炉具公司的股票。他的持股已经多到足以使他无视吉姆·巴尔内斯疯狂散播的利好信息，因此他在能让他卖出的市场逐渐消失之前，已经将其中 3 万股卖出变现。后来他对一个朋友说，他本来会卖出更多，但是考虑到其他的大股东都是他多年的至交，而且他们请求他不要继续卖出，所以才考虑到他们的处境而停止卖出的。除此之外，正如我所说，也没有市场可供他倒货了。

第三位是约书亚·伍尔夫。在所有交易者当中，他很可能是最出名的。20 年以来，每个人都知道他是交易大厅里的一名豪赌客。在拉抬股价或是打压股价方面，他几乎没有对手，对他来说，一两万股跟两三百股根本没什么区别。在来到纽约之前，我就已经听说过他豪赌客的名声了。他当时跟随一个内部小集团进行操作，该集团嗜赌成性且不限定赌资，不管是在赛马场上还是在股票市场上均是如此。

人们经常指责他不过是一名赌徒而已，但他实际上很有能耐，并且在投机游戏上很有天赋。同时，他还是出了名的不屑于卖弄知识的人，这使得他成了无数奇闻轶事的主人公。这些轶事当中流传最广的就是，有一次约书亚出席一个晚宴——他称之为社会名流的晚宴——由于女主人一时疏忽，还没来得及岔开话题，几位其他的客人便开始谈论起文学。一个女孩坐在约书亚旁边，除了听他嚼东西之外还没听他说过话，因此转向他，脸上挂着急切的表情，渴望听听这位伟大的金融家的高谈阔论，问道："噢，伍尔夫先生，您对巴尔扎克有什么看法？"

约书亚礼貌地停止咀嚼，咽下嘴里的食物，回答道："我从来不交易还没上市的股票！"

以上介绍的便是联合炉具的三大个人股东。他们赶来见我时，我告诉他们，如果他们组成一个辛迪加财团，筹集一些现金交给我，并以略高于市价的价格授予我一份他们的股票的认购权，我愿意竭尽全力地炒作市场。他们立即问我需要筹集多少钱。

我回答说："你们已经持有这只股票很长时间了，但却拿它一点儿办法也没有。你们三位总共持有 20 万股，你们心里很清楚，根本没有任何机会可以出脱这只股票，除非你们为它炒作出市场；而且市场必须很庞大才能吸纳你们需要卖出的股票。只有拥有足够的现金，在炒作之初必须买入时能够买入任何数量的股票，这将是明智之举。若是因为资金不足，不得不半途而废，那将没有任何意义。我建议你们组成一个辛迪加，筹集 600 万美元的现金。之后，授予辛迪加一份认购权，让他们以 40 美元的执行价买入你们手上的 20 万股，同时把你们的股票暂交第三方保管。如果一切顺利，你们大伙儿都将出脱手中这只过时的宠物，而辛迪加也能挣到一些钱。"

正如我以前所说，市场上曾流传过关于我在股市赢利的各种传闻。我估计这起到了一定的作用，因为没有什么比成功本身更有说服力。不管怎么说，我不必给这几个家伙解释太多。他们心里十分清楚，如果他们自己试图各顾各地单干能走多远。他们认为我的计划很好。他们离开时表示，他们会立即组建一个辛迪加。

他们没费什么劲就劝服了许多朋友加入他们。我猜想，对于辛迪加即将获得的利润，他们比我说得更加肯定。从我所听到的一切来看，他们三位自己是真的相信，因此他们所说的也不算是昧着良心散布的内幕消息。不管怎么说，辛迪加几天之内便组成了。凯恩、戈登和伍尔夫授予辛迪加在 40 美元买入 20 万股的认购权，而我自己则确保这批股票交由第三方保管，以便我在拉抬股价时，其中没有任何股票流入市场。我必须保护我自己。曾有不止一笔交易，本来前途一片光明，结果却由于内线炒作集团或是公司内部小集团的人没有遵守对另一方的承诺，最终没有达到预期的结果。在华尔街，狗绝对不会愚蠢到反对狗咬狗。当年，美国第二钢铁与线材公司（the second American Steel and Wire Company）被推出市场的时候，其内线人士相互指责对方不守信用，试图违约倒货。约翰·W·盖茨和他的伙伴一方，与塞里格曼家族（the Seligmans）和他们的银行同伴们一方，曾订下了君子协定。然而，我却曾在一家经纪公司听到某人吟诵以下这首四行诗，据说是由约翰·W·盖茨亲自创作的：

> 塔兰图拉毒蛛跳上蜈蚣背，
>   如食尸鬼般，得意地哈哈大笑，
> "我要毒死这个凶残的混蛋，
>   我不毒死它，它就毒死我！"

请注意，我绝不是在暗示我在华尔街上的任何一位朋友做梦也想在股票交易上背叛我。不过按照一般的行为准则来看，最好还是做足准备，以防有什么意外事件。这是一个显而易见的常识。

在伍尔夫、凯恩和戈登告诉我他们已经组建好辛迪加，准备筹集600万美元现金之后，我除了等着这笔资金到账，就没什么别的事情可做了。我已经向他们强调过，抓紧时间至关重要。然而这笔钱还是一点一点地进账。我想应该是分四五批进来的。我不知道这是什么原因，不过我记得自己后来不得不向他们三人发出紧急求救信号。

那天下午，我拿到了一些大额支票，大约有400万美元汇入到了我的名下，而且他们承诺剩下的资金将在一两天之内到位。事情终于有点儿眉目，看起来辛迪加或许能在多头市场结束之前有所作为。不过按照最好的情况打算，此事也不是100％会成功，而我则是越早开始运作越好。一只不活跃的股票，即使有什么全新的市场运动，公众也不会对此有什么特别强烈的反应。然而，一个人若是持有400万美元的现金，他便可以做很多事来促使公众对任何股票产生兴趣。400万美元已经足够用来吸纳所有可能卖出的股票了。如果确实如我所说，时间紧迫，那就没有什么道理再等另外的200万美元了。股票越快上升到50美元，对辛迪加越有利。这一点非常明显。

第二天早上开盘时，我惊奇地发现，联合炉具公司的股票出现了不寻常的巨大的交易量。正如我之前所说，这只股票几个月以来一直像水浸了一样。股价已经被钉在了37美元的位置上，因为考虑到那笔庞大的银行贷款以35美元作为抵押，吉姆·巴尔内斯好不容易才让它不再进一步下跌。至于上涨，要想在盘势上看到联合炉具出现一丁点儿的爬升，那简直就像是在指望看到直布罗陀岩山突然摆动，游过直布罗陀海峡。

噢，老天，这天早上该股需求相当大，价格上升到了39美元。在最初一个小时的交易时间内，成交量就比之前半年的总成交量还大。该股成了当天最轰动的股票，并使整个市场都受到了多头影响。后来我听说，这只股票当天在佣金经纪行的客户大厅内成了唯一的谈论对象。

我不知道这意味着什么，但看到联合炉具振作上扬，我丝毫不会感觉难受。通常情况下，我都不必到处打听任何股票出现的任何不寻常的价格运动，因为我在交易大厅内的朋友们——为我做交易的经纪商们，以及场内交易员当中的一些私交，会随时向我通报。他们认为我会想知道这些东西，会打电话告诉我他们所听到的一切新闻和传言。这一天，我听到的全部消息就是，联合炉具出现了确确实实的内线人士买进，其中不存在任何的虚假交易，全都是真实的交易。买方在37～39的价位上吃进了所有卖出的股票，而且当有人胡搅蛮缠询问原因或是乞求他们提供内幕消息时，他们一概断然拒绝。这样一来，那些老谋深算、善于观察的交易者便推断一定有什么事正在发生，而且此事非同小可。当某只股票在内线人士的买进之下上涨，同时内线人士还不鼓励圈外大众跟风买进，那些像猎犬一样从自动报价机上探寻信息的交易者们便会开始说出心中的疑惑，嚷嚷什么时候才会发出正式的通知。

我自己没有采取任何行动。我静观其变，心中充满好奇，并不断跟踪交易状况的演变。但是到了第二天，不仅买方的交易量变大，而且其买进方式也变得更加激进。那些已经登记在交易经纪人的交易指令册上好几个月，打算以高于钉住价格37美元卖出的交易指令现在都毫不费力地被吸纳，甚至新涌进市场的卖出指令都不足以阻止价格的涨势。自然，股价进一步上涨。它向上突破40美元，不久便触及到42美元。

股价触及到42美元的那一刻，我便认为自己已经有理由开始卖出银行以抵押品形式持有的那批股票了。当然，我知道随着我的卖出，价格可能会下跌，但我整个头寸的平均成交价只要在37美元，他们就对我的运作无可挑剔。我很清楚该股的价值，并且根据该股几个月以来不活跃的情况，我已经对该股的可销售性有一定的了解。噢，老天，我小心翼翼地把股票卖给他们，最终出脱了3万股。然而，涨势竟然没有因此停下来。

当天下午，有人便告诉我这场适时且神秘的上涨究竟是什么原因。情况好像是这样的，前一天晚上收盘之后和第二天早上开盘之前，都有人向场内交易员透露消息，说我强烈看涨联合炉具，并且打算按照我的惯常做法，使该股价格在不发生回调的情况下一气向上冲个15～20点——这就是大众口中所说的我的"惯常做法"，而他们实际上从来没有研究过我的交易记录。主要的内幕消息提供者显然就是约书亚·伍尔夫自己。前一天发动该股上涨行情的就是他自己的内部买进。他在场内交易员当中的至交们简直太乐意根据他提供的内幕消息进行操作了，因为他知道的内情太多了，不太可能会为自己的伙伴们提供错误的情报。

事实上，市场上并没有出现我当初所担心的那么大的股票卖出压力。若是考虑到光是我锁起来的股票就有 30 万股，你便会意识到我之前的担心是有理由的。现在的情况证明，要拉抬股价我需要做的工作比我预计的少一些。不管怎么说，博劳尔州长说得对。无论什么时候，当有人指责他炒作他的公司专做的那几只股票时，如芝加哥煤气公司（Chicago Gas）、联邦钢铁（Federal Steel）或是 B·R·T 时，他通常都会说："我所知道的促使一只股票上涨的唯一方式就是买进。"这同时也是场内交易员促使股价上涨的唯一方式，而价格则会反映是否有人在买进。

接下来的一天早餐前，我在各大早报上看到一则报道，该报道已经被成千上万的人看到，而且毫无疑问已经被经纪商们通过电报发送到了数百家分公司和外地的经纪公司。这则报道就是，拉里·利文斯通即将开始在联合炉具上大力做多。各家报纸的具体细节各不相同。有一个版本的说法是，我已经组成了一个内部炒作集团，打算惩罚那些过度放空的空头。另一个版本则暗示该公司近期便会宣布派发红利。还有一个版本则是提醒世人说，当我看好某只股票时，通常会在这只股票上采取的行动值得大众注意。还有一个版本则指责该公司为了方便内线人士收集筹码，隐匿资产。不过，所有的版本都一致认为涨势不过才刚刚开始。

等我到达办公室，在开市之前阅读我的邮件时我才意识到，建议立即买进联合炉具的滚烫的内幕消息已经在华尔街泛滥成灾。我的电话不断地响起，而负责接电话的职员听到的都是同一个问题，这个问题那天早上以这样那样的形式被打听了上百次：联合炉具真的即将上涨吗？我不得不说，约书亚·伍尔夫、凯恩和戈登——或许还有吉姆·巴尔内斯——将这小小的内幕消息传播工作干得实在是太漂亮了。

我不知道自己竟然有这么多追随者。哇哦，那天早上买入指令从全国各地蜂拥而至，这些指令都是要求买入几千股这只三天前在任何价格都没人要的股票。而且别忘了，事实上，公众的判断依据仅仅是各类报纸宣扬的我的"成功豪赌客"的名声。能有这样的名声，我还得感谢一两个有想象力的记者。

噢，老天，借助于这种情况，在上涨行情的第三天，我继续卖出联合炉具，第四天、第五天接着卖出。之后我首先意识到的便是——我已经替吉姆·巴尔内斯卖光了那 10 万股。这些股票都是马歇尔国民银行持有，用来作为必须还清的那 350 万美元贷款的抵押品的。如果最成功的炒作指的是炒作者尽可能花最低的成本达到想要的结果，那么这次的联合炉具交易无论如何都是我华尔街生涯中最成功的一次操作。噢，我自始至终都不必被迫买入任何股票。我不必为了之后更容易卖出而在操作之初买入。我没有先将价格尽可能拉抬到最高点，然后再开始真正的卖出。我甚至没有一路向下而是一路向上挂出主要的卖单。这简直就像天堂般的美梦，甚至用不着你自己花费任何力气，便发现市场已经替你创造了足够强大的买进力量，尤其还是在这种时间紧迫的情况下。我曾听傅劳尔州长的一个朋友说过，有一次，这位了不起的多头领袖在为 B·R·T·的一个内线集团操作时，最终替该集团卖出了 5 万股，并且总体上是获利的，但傅劳尔公司却赚到了超过 25 万股的交易佣金。W·P·汉密尔顿（W. P. Hamilton）曾说过，为了派发 22 万股混合铜业的股票，詹姆斯·R·吉恩不得不在必要的炒作过程中交易了至少 70 万股这只股票，这更是一大笔佣金！想想这些，再想想我支付的佣金只是我实际替吉姆·巴尔内斯卖出的那 10 万股必须支付的佣金。我敢说，我省下了不小的一笔钱财。

既然已经卖出我保证替我朋友吉姆卖出的股票，而且辛迪加同意筹集的资金还未完全到账，同时我也丝毫不想买回任何一股我卖出的股票，反而认为自己应该走得远远的，到某个地方去享受一个短暂的假期。具体情况我记不太清了。不过，我确实清清楚楚记得的是，我让这只股票自生自灭，结果不久之后其价格便开始下滑。一天，整个市场都很疲软，某个失望的多头想要赶快出脱手中的联合炉具，他的卖单导致这只股票跌破了认购权的执行价——40 美元。看起来市场上没人想要这只股票。正如我之前所说，我并不看好整体形势，这使我比以往任何时候都更加感激奇迹的发生，这次的奇迹让我能够卖出那 10 万股，同时还不必像那些好心的内幕消息提供者所预告的那样，在一个星期之内将股价拉抬 20～30 个点。

由于无人支撑，该股价格形成了定期下跌的习惯，直到有一天，它急剧下跌，一直跌到了 32 美元。这是这只股票有史以来的最低价。你应该还记得，吉姆·巴尔内斯以及该股最初的辛迪加承销财团为了防止银行将他们用来充当抵押品的 10 万股倒入市场，将价格钉在了 37 美元。

那天正当我在办公室安静地研究盘势时，有人通报约书亚·伍尔夫求见。我说让他进来。他急匆匆闯进来。他本身并不高大，但看起来的确是全身都膨胀了——怒气冲冲的，我立即就看出来了。

他跑到我站在自动报价机旁边的位置，对我喊道："喂！他妈的究竟怎么回事？"

"请坐，伍尔夫先生。"我礼貌地说道，同时我自己也坐下来，好让他平心静气地说话。

"我不想坐！我想知道你这是什么意思！"他声嘶力竭地喊道。

"什么什么意思？"

"你究竟在对它做什么？"

"我对什么做什么？"

"那只股票！那只股票！"

"哪只股票？"我问他。

但我这么一问反而让他火冒三丈，他吼道："联合炉具！你在对它做什么？"

"什么也没做啊！绝对什么也没做！怎么了？"我回答说。

他盯着我足足有 5 秒钟，然后爆发了："看看股价！你看看！"

他简直怒不可遏。于是我站起身，看看报价纸带。

我说："它现在的价格是 $31\frac{1}{4}$ 美元啊。"

"可不是！三十一块两毛五，我手里有一大堆。"

"我知道啊，你手里有 6 万股。你已经持有很长一段时间了，因为当你最初买入格瑞炉具时——"

但是他打断了我，说道："但是我又买进了一些。其中有一些的成本还高达 40 美元！而且我现在还留着呢！"

他瞪着我，眼里充满了敌意。我对他说："我没让你买进啊。"

"你没干啥？"

"我没让你大笔买进。"

"我没说是你让我买进的。但你不是打算拉抬股价吗——"

"我为什么要？"我打断他。他看着我，气得连话都说不出来。他好不容易才回过神来，说道："你之前打算拉抬股价。你有钱买入。"

"对。但我一股也没买。"我告诉他。

这话像是一根导火线。

"你一股也没买？你手上有超过 400 万美元的现金可以用来买入，你竟然一股也没买?"

"一股也没买!"我重复道。

他现在已经语无伦次了。最后,他终于说出了一句:"你这是玩的什么把戏?"

他在心里一定正在用各种不可言喻的罪名在控诉我。我一眼就能看出他眼中加在我身上的一长串罪名。因此我对他说:"伍尔夫,你其实是想问我,为什么没有以 50 美元以上的价格,从你手中买入你以低于 40 美元的价格买入的股票,对吗?"

"不,不是的。只是你拥有执行价为 40 美元的认购权,同时你还有 400 万美元的现金可以用来拉抬股价。"

"是的,但我没动这笔钱,而且辛迪加也没有因为我的操作损失一分钱。"

"你听我说,利文斯通——"他开口说话。

但我没让他继续说下去。

"你听我说,伍尔夫。你明知道你、戈登和凯恩总共持有的 20 万股已经被锁起来了,因此如果我拉抬股价,将不会有多得惊人的流通股票涌入市场,而我又因为两方面的原因不得不拉抬股价:一是为了替这只股票炒作市场,二是为我执行价为 40 美元的认购权创造利润。然而你却不满足已经拖了好几个月的那 6 万股只卖到 40 美元,也不满足于你将从辛迪加获得的利润份额,如果有利润的话。于是,你决定在 40 美元以下吸进大量股票,好在我利用辛迪加的资金拉抬股价时倒货给我。因为你确定我会这么做。你准备在我买入之前买入,在我倒货之前倒货;而我十有八九会成为你出货的唯一对象。我猜想你一定认为我不得不将价格推升到 60。可以肯定的是,你很可能买入了 1 万股,目的完全是为了倒货给我;同时,为了确保在我不愿意接货的情况下还有人做替死鬼,你向美国、加拿大,以及墨西哥的所有人都透露了消息,完全没有考虑到这会增加我的困难。你所有的朋友都知道按照约定我应该做什么。到时他们也买入,我也买入,而你则将吃利润吃到饱。噢,你那些'亲密的朋友们'获得你提供的内幕消息之后便买入,买入之后又将消息传给他们的朋友,这些第三层获得内幕消息的人又把消息传给第四层,之后是第五层,或许还有第六层容易上当受骗的傻瓜们。这样一来,等我最终开始卖出时,我会发现好几千名聪明的投机者已经先我一步卖出。你打的这通算盘还真是对我有情有义，伍尔夫。你没法想象我有多惊讶，我甚至还没来得及考虑要买入任何一股，联合炉具便开始上涨；你也没法想象我有多感激，我竟然替承销辛迪加在 40 美元左右将那 10 万股卖给了那些打算以 50 或 60 美元的价格把同一批股票卖给我的人。我竟然没有利用那 400 万来替辛迪加挣钱，我还真是个白痴，是吧？那笔现金的确是让我用来买入股票的，但只有我认为有必要买入时我才会买入。可惜，我认为没有必要。"

约书亚在华尔街摸爬滚打的时间已经够长了，不会让怒气妨碍了正事。他听着我的一番话，慢慢地平静下来，等我说完时，他用一种友好的腔调对我说："你看看，拉里，老兄，现在我们该怎么办？"

"你爱怎么办就怎么办。"

"噢，够朋友一点儿嘛。如果你是我们，你会怎么做？"

"如果我是你们，"我严肃地说，"你知道我会怎么做吗？"

"怎么做？"

"我会全部卖出！"我对他说。

他盯着我看了一阵子，什么也没说，转身走出了我的办公室。从此以后，他再也没来过。

在这不久之后，戈登议员也来访了。他也是怒气冲天，把他们的困境归咎到我身上。之后凯恩也加入了这个铁砧合唱团，不断地折磨我。他们忘了，在组成辛迪加之前，他们手中的股票一直无法大批卖出。他们只记得，我手中持有辛迪加的几百万，这只股票在 44 美元的价位上很活跃时，我却没有替他们卖出他们手中的股票。现在价格跌到了 30 美元，并且行情像洗碗水一样枯燥无味。照他们的想法，我本该已经替他们卖光，并且获得了巨额利润。

当然，过了一段时间，他们也冷静下来。辛迪加没有损失一分钱，主要的问题仍然没变，即卖出他们手中的股票。一两天之后，他们回来找我，请我帮他们摆脱困境。戈登尤其坚持。最后，我让他们以 25½ 美元的价格将他们的股票集中锁起来。我提供服务的酬金将是我在这个价位以上卖出所获得的利润的一半。该股的最新报价在 30 美元左右。

就这样，我又要帮他们出清股票。考虑到当前市场的基本形势，特别是联合炉具的市场表现，要出清这只股票只有一种途径，那当然就是一路向下卖出，而不是试图首先拉抬股价。要是想一路向上卖出，我肯定得吃进大量股票。但是，如果一路向下卖出，我便可以找到那些打算抄底的买主。他们总是认为，一只股票当前的成交价与本轮趋势的最高点相比，若是低了 15～20 点，那就算是很便宜了，尤其这个最高点还出现在不久之前。在他们看来，反弹的时候到了。他们曾看到过联合炉具的成交价高达 44 美元左右，如果股价现在低于 30 美元，那看起来肯定是个好东西。

我的操作一如既往地有效。那些四处寻找便宜货的投机者大量买入，使我能够出清该集团的持股。然而，你以为戈登、伍尔夫和凯恩会心存任何感激吗？丝毫没有。他们仍然对我很不满，至少他们的朋友是这么跟我说的。他们经常告诉人们我是怎么对付他们的。他们没法原谅我，因为我没有照他们期望的那样去拉抬股价。

事实上，如果伍尔夫和其他人没有到处散播那些滚烫的利好消息，我绝对没有能力卖出银行持有那 10 万股。如果我当时按照自己一贯的手法来运作——以一种比较合理、自然的方式来运作——那么无论市场后来形成什么样的价格，我都只能被迫接受。我告诉过你，我们当时已经进入空头市场。在这样的市场中，唯一的卖出方式倒不一定是不顾一切地卖出，但确确实实是不计价格卖出。除此之外没有其他可行的方式，不过我估计他们不相信这一点。他们仍然很生气，但我不生气。生气没什么好处。不止一次经历让我清醒地意识到，投机者一旦情绪失控便无药可救。这次事件倒没给那些心怀不满的人留下什么后遗症。但是，让我来告诉你一件离奇的事。一天，利文斯通太太去拜访一个别人一直向她盛情推荐的女裁缝。那位女士手艺不错，很随和，性格很讨人喜欢。当利文斯通太太第三次还是第四次去的时候，那位裁缝感觉利文斯通太太不再那么陌生了，于是便对她说："我希望利文斯通先生很快就会拉抬联合炉具。我们手里持有一些，我们当初买入是因为别人告诉我们他即将拉抬这只股票，而且我们总是听说他所有的交易都非常成功。"

我告诉你，想到那些无辜的人可能因为跟随那样的内幕消息操作而损失钱财，让人很不是滋味。或许你现在能够理解为什么我从不主动提供任何内幕消息了。那位裁缝让我感觉，要说不满，应该是我对伍尔夫不满才对。

第二十三章　缄默的"内线人士"

亏损还有一个原因，那就是刻意发布的虚假信息。

　　股票投机永远不会消失，大家也不希望它消失。对投机风险的警告不可能阻止股票投机。你无法杜绝人们猜错的情况，不管他们有多精明或是经验有多丰富。即便是精心安排的计划也可能因为意料之外、甚至是根本无法预料的事件而流产。失败可能来自自然灾害或是天气变化，你自己的贪婪或是他人的自负，内心的恐惧或是无法抑制的希望。然而，除了这些你可能称之为"天然敌人"的东西之外，股票投机者还必须与某些不管是在道德上还是在商业上都站不住脚的行为和骗术作斗争。

　　回首往事，细想25年前我刚来华尔街时市场上的一些习惯做法，我不得不承认，现在的很多事情都已经好转。虽然一些冒牌经纪行仍然生意兴隆，那些坚持要玩快速致富游戏的男男女女都沦为了牺牲品，但老式的桶店已经消失。股票交易所的工作表现相当出色，不仅严查那些不折不扣的骗子，还坚持严格要求其会员遵守交易规则。很多健全的规章制度和限制条款都已经得到了严格的实施，尽管仍然有提升的空间。某些骗术仍然存在，不过这得归咎于华尔街上根深蒂固的保守主义，而非道德上的麻木不仁。

　　一直以来，要在股票投机交易上获利都很困难，而现在甚至变得一天比一天更困难。不久之前，一名真正的交易者实际上还能对交易所挂牌交易的每只股票都有比较可靠的操作知识。1901年，J·P·摩根将美国钢铁公司推出市场，该公司不过是几个较小的合并公司合组在一起的合并公司，并且当时那些较小的合并公司当中，大部分的经营年份都不超过两年。当时在股票交易所里挂牌交易的股票一共才 275 只，而未正式挂牌的大约 100 只，而且其中还有很多股票是你根本不必去了解任何相关信息的，因为它们都是些小型企业的股票，要么是不太活跃，要么属于少数流通股，要么属于保息股票，因此缺乏投机吸引力。事实上这些股票绝大多数在几年之内都没有一次成交。现在，正常挂牌交易的股票大概有 900 只，而在最近一些活跃的市场当中，大概有 600 只不同的股票在交易。此外，以前的股票板块或者说股票类别更容易跟踪。它们不仅数量更少，而且总市值也更小，交易者必须留意的市场信息覆盖的领域也没有现在这么广泛。但在今天，交易者在交易任何东西，世界上几乎每个行业都有其挂牌上市的股票作为代表。要时刻了解市场的最新动向需要花费更多的时间，做更多的工作。就这点而言，对那些希望进行明智操作的交易者来说，股票投机已经变得困难得多。

为了投机而买卖股票的人成千上万，但真正投机获利的却只有很小一部分。从某种程度上来讲，公众始终停留在市场中，因此公众始终是有人亏损的。投机者致命的敌人包括：无知、贪婪、恐惧和希望。世界上一切成文的法令法规与所有交易所的交易规则都不能将以上劣根性从人类这种动物身上根除。同时，意外事件可以将精心策划的计划击成碎片。它们超出了冷血的经济学家和热心肠的博爱家们制定出的各种规章制度的控制范围。此外，亏损还有一个原因，那就是刻意发布的虚假信息，它们和直截了当的内幕消息有很大的区别。由于这样的信息都是以各种各样伪装和掩饰好的形式出现而令交易者防不胜防，因此更为隐蔽、更加危险。

一般的外行人当然会根据各种内幕消息和传闻进行交易，这些消息或传闻要么是口头传授的，要么是用文字刊载出来的；要么是直接的，要么是隐讳的。对于一般的内幕消息你根本无法防御。例如，一位终生好友真诚地希望可以帮你发财，告诉你他自己做了什么，也就是告诉你他买入或卖出了哪只股票。他的出发点是好的。但是如果这则消息出了差错你能怎么办？而且在遇到职业的或心术不正的内幕消息提供者时，公众所受到的保护程度与他们在遇到销售假金砖和假酒的骗子时所受到的保护程度差不多。更何况，投机大众在受到典型的华尔街传闻的侵害时根本得不到任何保护，也得不到任何赔偿。证券方面的大额交易者、市场炒作者、内线集团以及单独的个人，都会借助于各种各样的手段来帮助自己尽可能以最高的价格卖出手中多余的股票。而报纸和新闻收录机传播的利好消息则是所有消息当中最致命的。

翻开任何一天的财经新闻报刊，你都会惊讶的发现，上面刊载了如此多的暗示是半官方性的股市评论。其中谈到的权威人士都是"某个主要的内线人士"、"一位著名董事"、"一名高级官员"或"某个权威人士"，总之一定是某位想必知道自己言之何物的人。这就是现在的报刊。我随意挑出一则报道，你听听："一名地位显赫的银行家称，现在预期市场下滑为时过早。"

真的有地位显赫的银行家这么说过吗？如果他真的说了，他为什么要这么说？他为什么不让自己的名字被刊登出来？难道他担心自己的名字被刊登出来之后人们会相信他的话吗？

这里还有一则关于一家公司的报道，该公司的股票这个星期以来一直很活跃。这次发表评论的是一位"著名董事"。既然如此，那么如果真有一位董事这么说过的话，这个公司一共有十几位董事，这话究竟是哪位董事说的？很明显，通过不具名的方式发表言论，即使是该言论造成了什么损害，你也无法怪罪于谁。

股票交易者除了需要对任何地方的投机行为进行精明的研究之外，还必须着重考虑华尔街上与这个游戏有关的各种因素。交易者除了要设法确定如何获利之外，还必须设法避免亏损。知道不应该做什么与知道应该做什么几乎同样重要。因此最好记住：某种形式的炒作实际上存在于个股的所有涨势当中，这样的涨势本身就是由内线人士主导的，目的只有一个，那就是尽可能在获利最多的情况下卖出。然而，经纪行里的一般客户却总是认为，若是对某只股票的上涨原因打破沙锅问到底，那他就是一位精明的生意人。炒作者自然会为这只股票的涨势做出解释，而这种解释都是事先计划好的，用以帮助他派发股票。我坚持认为，如果不允许刊登任何不具名的利好性质的言论，公众的损失将会大大减少。我指的是那些目的在于煽动公众买入或继续持有股票的言论。

那些利用某位不具名的董事或内线人士的权威名义刊登出来的利好报道，绝大多数都向公众传递着不可靠的、误导性的信息。公众认为这些言论都是半官方性质的，因而值得信赖，结果每年由此遭受的损失多达数百万美元。

举例来说，假设一家公司在某项业务上经历了一段时期的不景气。该公司的股票现在不活跃，其报价代表着市场对它的真正价值普遍性的判断，并且这样的判断还可能是非常正确的。如果该股的这个价位过于低廉，就会有人知道并买入，这样股价便会上涨；如果过于高昂，也会有人知道详细情况并卖出，这样股价便会下跌。如果这两种情况都没有发生，就没有人会谈论这只股票，或是在这只股票上做任何动作。

如果这家公司从事的这项业务出现转机，谁会最先知道？内线人士还是公众？肯定不会是公众。那么接下来会发生什么？如果情况继续好转公司盈利便会增加，该公司将有能力重新派发红利；或者如果该公司之前没有中断红利的派发，现在便会支付更高的红利率。也就是说，该股的价值会增加。

假设情况继续好转。公司管理层会让公众知道这个令人高兴的事实吗？公司总裁会把这种情况告诉股东吗？会有一位好心的董事站出来以自己的名义发表言论，好让这种好转惠及阅读报纸财经版和报社报刊的那部分公众吗？某位平日习惯于采取匿名方式的谦虚的内线人士，此时会站出来发表不具名的言论，大致说明该公司前途一片光明吗？这次不会了。任何人都不会透露半个字，报纸上与新闻收录机上都不会出现任何利好言论。

现在，当那些保持缄默的"知名内线人士"入市买入所有他们够得着的廉价股票时，这则可以创造价值的信息被小心翼翼地保护着，不让公众知道。随着他们自己知根知底但毫不声张的买入行动的持续，股价开始上涨。财经记者们知道内线人士应该清楚上涨原因，于是跑去打听。那些一致不肯具名的内线人士都不约而同地宣称，他们没有什么消息可发布。他们不知道这次上涨有什么正当理由。有时他们甚至声明，他们不是特别关心股市的反复无常或是股票投机者变幻莫测的行为。

上涨继续，令人开心的一天终于到了，知情者已经买入所有想买入或是能买入的股票。于是，华尔街立刻开始听到各种各样的利好传言。自动报价机以"权威人士的姿态"告诉交易者，该公司已经明显地转危为安。那位不愿意透露姓名的谦虚的董事，之前宣称自己不知道上涨有什么正当理由，现在报社引述他的原话却是：股东们现在有充分的理由对本公司的前景感到深受鼓舞——当然这次还是不具名。

在像洪水一样泛滥的利好新闻报道的怂恿下，公众开始买入这只股票。这些买单促使股价涨得更高。到了适当的时候，那些一直不具名的董事们的预言成为现实，该公司重新开始支付红利，或是提高红利率，这得依情况而定。这样一来，利好报道更加泛滥。它们不仅在数量上比以往更多，而且也更加狂热。有人直截了当地要求一位"主要的董事"说明情况时，这位董事向全世界宣告，公司状况不仅仅是保持原来的势头而已，情况将一天比一天好。某位"首要的内线人士"在一家新闻社的软磨硬泡之后终于被说服，承认公司盈利可以说是达到了非常了不起的水平。一位和这家公司有业务往来的"知名银行家"在别人的不断央求下透露，该公司销售量的扩张速度在这个行业简直是前所未有。从现在开始，即使没有其他的订单进来，该公司也得夜以继日地赶工，天知道还得赶多少个月。一名"财务委员会的委员"在一份经过报纸特别处理，行距放宽两倍的声明中表示，公众竟然对该股的上涨感到很吃惊，他对公众的吃惊感到非常震惊。唯一令人吃惊的应该是该股在爬升的过程中竟然表现得如此温和。只要分析一下即将出炉的年报，任何人都会轻易看出，这只股票的账面价值已经远远超过它现在的市价。然而，在上述畅所欲言的博爱家之中，没有一位透露了自己的尊姓大名。

只要公司盈利继续保持良好状况，内线人士也没有察觉出任何显示该公司的繁荣景象即将减弱的信号，他们就会继续持有当初低价买入的股票。既然没有什么因素会导致股价下跌，那他们为什么要卖出呢？但是一旦该公司的业务状况变坏，那么将立即发生什么？他们会站出来说明情况、发出警告或是做出一丁点儿的暗示吗？恐怕不会。现在趋势已经转而向下了。当初公司业务状况好转时，他们在丝毫没有大肆宣扬的情况下买入；同样的，他们现在也会悄无声息地卖出。在内线人士的卖压下，股票自然会下跌。之后公众便会开始得到熟悉的"解释"。一位"主要的内线人士"出面保证，一切正常，下跌只是那些试图影响整体市场的空头们卖出的结果。在该股已经持续下跌了一段时间之后，如果哪一天股价突然出现了剧烈的崩跌，公众要求了解其中"原因"或"解释"的声音便会高涨。除非有人出面说点儿什么，否则公众将会担心出现最坏的情况。于是新闻机构便会印出以下内容："当我们要求该公司一位著名董事对该股在市场上的疲弱表现做出解释时，他回答道，他可以得出的唯一结论就是，今日的下跌是空头打压的结果。市场基本情势没有发生改变。该公司的业务状况也从来没有像现在这么好过。因此，除非在此期间发生什么完全未曾预料到的事件，否则该公司将可能在下次的分红决策会议上决定提高红利率。市场的空方已经变得很激进，本公司股票此时的疲软显然是空方打压所致，目的是将意志不坚定的持股人逐出市场。"新闻机构希望进行充分的报道，说不定还会添油加醋，报道说他们得到"可靠消息"，当天下跌过程中绝大多数的买盘都来自于内部利益集团，空头们将发现他们把自己卖进了一个圈套。迟早会有清算的一天。

公众除了因为相信多头言论并买入股票蒙受损失之外，还因为受到劝阻没有全部卖出而蒙受损失。当某位"著名内线人士"不想支撑股价或是收集筹码时，最优的选择就是促使人们买入这只股票，次优的选择就是阻止人们卖出他打算卖出的同一只股票。看到这位"著名董事"的这番话之后，公众会相信什么？一般的圈外人会怎么想？毫无疑问，他们一定会认为该股本来绝不会下跌，是空方卖盘迫使它下跌的，只要空方一停止卖出，内线人士立即就会策划一场惩罚性的上涨，到时空头们将被迫高位回补。公众完全相信这一点是因为如果下跌的确是空头打压所致，事态确实会这样演变。

尽管有这么多的威胁或承诺，说要对过度放空的空方实施可怕的轧空行动，上述所说的股票还是没有出现反弹。它持续下跌，根本收不住。内线人士喂给市场的股票实在太多了，市场根本无法消化。

这只已经被那些"著名董事"以及"主要的内线人士"卖出的内部人士股票此时像足球一样，被专业交易者们踢来踢去。它不断下跌，似乎见不到底。内线人士知道行业形势将对该公司的未来盈利产生不利影响，不敢出手支撑股价，一直要到该公司的业务下一次好转。届时，内线人士又会买进，而且仍然是悄无声息地买进。

多年以来，我在交易方面做足了功课，并且我始终时刻掌握股市的最新动向，我敢说，在我的记忆当中，没有哪次股票的大幅下跌是由空头打压引起的。所谓的空头打压不过是建立在准确掌握真实形势基础之上的卖出。不过，也不能说股价下跌是由内线人士的卖出或不愿意买入引起的。每个人都会急着卖出，而当每个人都在卖出，却无人买入时，情况自然就会很糟糕。

公众应该牢牢掌握这一点：某只股票长时间下跌的原因绝不是空头打压。若是某只股票持续下跌，你可以肯定的是该股一定有什么地方出了问题，要么是它的市场，要么是它的公司。如果其下跌是不合理的，该股的成交价很快就会低于其实际价值，这将带来买盘，跌势将停止。事实上，空头只有在某只股票价格过高时才能靠卖出该股获得巨额利润。而你可以压上你的最后一分钱，赌那些内线人士一定不会将股价过高的事实向全世界宣布。

毫无疑问，最经典的案例当属纽黑文铁路公司（New Haven，纽约-纽黑文-哈特福特铁路公司的简称）。现在每个人都知道是怎么回事，但当时却只有少数几个人知情。1902 年，这只股票卖到了 255 美元，是新英格兰地区位列第一的铁路投资股。当时本地区的人们以自己是否拥有这只股票来衡量自己在这个社区应受尊敬的程度和社会地位。如果有人说该公司正走向破产，他不会因为说这样的话被送进监狱，但人们会把他送进精神病院和其他的疯子关在一起。然而，当摩根先生委任一位激进的新总裁掌管该公司时，灾难开始了。刚开始时，人们并不清楚该公司的新政策会把公司引入不归路。随着这家联合铁路公司不断地以膨胀的价格置办资产，少数几个眼光敏锐的观察者开始怀疑梅兰（Mellen）的政策是不明智的。光是一个无轨电车系统，其他人的买入价为 200 万美元，却以 1000 万美元的价格转手卖给纽黑文铁路公司。于是一两个不顾后果的人甘冒大不敬之罪，指责管理层行事太过鲁莽。他们暗示说，即使是纽黑文这样的公司也经不起这样的铺张浪费，这简直就像是在怀疑直布罗陀岩山的稳固性一样。

此时最先看出暗潮涌动的当然是内线人士。他们开始意识到公司面临的真正状况，于是减持手中的股票。由于他们的卖出，同时也由于他们不支撑股价，这只新英格兰地区的金边铁路股的价格开始屈服。正如往常一样，有人开始提出疑问，要求有人做出解释；于是，像往常一样的解释立即出现。那些"著名内线人士"宣称，据他们所知，没有什么地方不对劲，下跌是鲁莽的空头卖出所致。因此，新英格兰地区的"投资者"继续持有手中的纽约-纽黑文-哈特福特铁路公司股票。他们为什么不继续持有呢？内线人士不是说没有什么地方不对劲，并且已经公开宣布是空头在卖出吗？公司不是继续宣布发放红利并确实如期发放了吗？

在此期间，当初承诺的轧空行动并没有出现，反而是股价创下了新低。内线人士的卖出变得更加的急迫，更加的不加掩饰。股价惨跌，这对新英格兰地区每一个原本只是想追求安全投资和稳定分红的人都意味着可怕的损失，因此波士顿一些有公益精神的人要求有人如实解释该股的惨跌，结果反而被指责为股票批发商或是蛊惑人心者。

该股这场历史性的大崩跌从每股 255 美元一直跌到了每股 12 美元，这绝不是空头打压的结果，空头也不可能有这种本事。使这场崩跌开始并持续下去的都不是空头的操作。内线人士不停地卖出，并且始终在较高的价位卖出。要是他们自己将真相告诉大众，或是允许别人将真相透露给大众，他们不可能卖到这么高的价位。不管股价是 250、200、150、100、50 还是 25，对这只股票来说都太高了，内线人士知道这一点，但公众不知道。若是公众在试图通过买卖某个公司的股票来获利时，能提前考虑一下自己所处的不利地位，或许会有好处，毕竟只有少数几个人才清楚和这个公司有关的事务的全部真相。

这只股票上演了一场过去 20 年以来最惨烈的大崩跌，这次崩跌绝不是空头打压所致。但是人们却很容易接受这样的解释，这也是公众总共损失了数千万美元的原因。这样的解释阻止了人们卖出。人们不喜欢自己手中的股票有这样的表现，如果他们没有期望在空头停止打压之后，股价会重新回到正轨，他们可能已经卖出变现了。我过去经常听到人们指责吉恩打压股价。在他之前，人们经常指责查理·沃瑞肖弗（Charley Woerishoffer）或是艾迪生·柯马克。在他之后，人们又把股价的崩跌归咎于我。

我还记得英特威尔石油公司（Intervale Oil）的例子。该股背后有一个内线集团在拉抬股价，并在股价上涨的过程中找到了一些买主。炒作者将股价炒高到了 50 美元。该集团在这个价位开始卖出，股价迅速下跌。紧接着人们像平常一样要求解释。英特威尔为什么如此疲软？这样问的人实在是太多了，以至于该问题的答案变成了一条重大新闻。一家财经新闻机构打电话采访了一些经纪商，他们最了解英特威尔石油公司上涨的内情，那么他们同样也应该十分清楚该股下跌的原因。当该新闻机构询问下跌原因时——该原因将被刊载出来，并向全国广播——那些经纪商们和内部多头炒作集团的成员们说了什么？哇哦，他们竟然说拉里·利文斯通正在打压市场！而且这还不够，他们还加上一句他们打算修理我。英特威尔的内线集团继续卖出。之后该股仅站稳在每股12美元左右，而且即使他们继续将股价卖到10美元甚至更低的价格，他们的平均成交价仍然还高于成本价。

对于内线人士来说，在下跌过程中卖出是明智的，也是无可厚非的。但对于那些付出35美元或40美元的代价买入股票的圈外人士来说就完全是另一码事了。阅读了新闻机构刊登出来的新闻之后，那些圈外人士便持股不放，等着拉里·利文斯通落入义愤填膺的内线集团之手被狠狠地修理一通。

在一轮多头市场中，尤其是在股市繁荣时期，公众总是会先获利，之后却亏损，而原因仅仅是因为他们在多头市场中停留太久。这种"空头打压"的说法诱使他们停留太久。公众应该提防那种仅仅是不具名的内线人士提供的希望公众相信的解释。

第二十四章　投机的真相

作为一名股票大作手，多年来的经验使我相信，没有人能始终如一、连续不断地战胜股票市场。

大众总是希望有人告诉自己点儿什么。正是这一点儿导致提供和接收内幕消息变成了一种普遍性的行为。经纪商应该为他们的客户提供交易建议，既可以是行情通报的形式，也可以是口头的形式，这一点无可厚非。但是，经纪商不应该过分拘泥于当前的形势，因为市场进程总是领先于当前形势6～9个月。现在的公司盈利不能成为经纪商建议他们的客户买入股票的充分理由，除非他们有一定的把握确定距离现在6～9个月的商业前景能够继续确保现有的盈利水平。如果你能看到那么远，便能相当清楚地看出形势的演变将改变当前市场力量的对比，今日认为股价应该很便宜的那些论据即将消失。交易者必须看得很远，但经纪商只关心获取现在的佣金。因此一般的行情通报都不可避免地带有一定的缺陷。经纪商们以赚取大众的佣金为生，因此他们在收到来自内线人士或是市场炒作者卖出某只股票的指令时便会通过行情通报的形式或是口授的形式诱导大众买入同一只股票。

经常有这样的事情发生，一位内线人士去找到某家经纪公司的头儿，说道："我希望你可以帮我的股票开发出一片市场，让我可以卖出5万股。"

经纪商要求进一步提供相关细节。我们假设该股此时的市场报价为50美元。这位内线人士告诉他："我会给你5000股的认购权，执行价为45，价格每上涨一个点再给你5000股，总共给你5万股的认购权。同时，我再给你5万股的认沽权，执行价按市价来定。"

　　既然如此，那么对于这位经纪商来说，如果他拥有大量的追随者——当然，内线人士寻找的恰恰就是这样的经纪商——这笔钱就相当容易赚。一家经纪行若是有线路直通全国各地的各个分公司通常都能够在这类交易当中找到一大批跟风的人。请记住，该经纪商拥有认沽权，因此无论如何他的操作都是安全的。如果能使追随他的公众跟风操作，他便能卖出手中全部的头寸获得巨额利润，同时还会获得常规的佣金。

　　此时我想到了一位内线人士的"丰功伟绩"，他在华尔街知名度很高。

　　他会去拜访一家大型经纪公司最大的客户经理。有时他甚至会屈尊去拜访这家经纪公司一位最低级别的合伙人。他常常会说以下这番话：

　　"嗨，老兄，过去多亏你多次帮忙，现在我想表示一下我的谢意。我打算给你提供一个真正可以赚点儿大钱的机会。我们正在组建一家新公司，打算把我们原来一家公司的资产注入进去，而且我们会把这只股票炒高到远远高于它现在的市场报价。我准备按65美元的价格让给你500股班塔姆商场（Bantam Shops）的股票。该股现在报价72美元。"

　　这位心怀感激的内线人士把这件事情分别告诉了各大型经纪公司的十几位客户经理头头儿。现在，由于这些受到这位内线人士恩惠的都是华尔街人士，当他们得到这只相当于已经形成利润的股票时他们会做什么？当然是建议他能接触到的每一位男士和女士买入这只股票。那位好心的赠予者知道这一点。他们会帮忙创造出一片市场，让这位好心的内线人士将他手上的好东西高价卖给可怜的大众。

　　还有一些推销者用来出脱股票的手法应该禁止。交易所应该禁止公开上市的股票在场外以支付部分本金的形式向公众发售。正式挂牌报价对任何一只股票来说都应该具有某种约束力，因为一只股票具有进入自由市场的官方证明，加上时不时的价格变动，就已经足以对公众构成诱惑了。

　　另外还有一种常见的卖出手法，即纯粹为了满足市场的迫切需求，以定向增发的形式来增加股本。这让不动脑筋的大众付出了成百万上千万美元的代价，但却没有人因此入狱，因为这种手法是完全合法的。这种手法并不完全是改变了一下股票证书的颜色而已。

　　无论1股老股票是换2股、4股，甚至是10股新股票，这种伎俩通常都只是用来使原有的商品更容易销售。原来每包装一磅，卖1美元一包，很难卖出。现在换成盒装的，每盒1/4磅，卖25美分一盒，或许会好卖一点儿，或许每盒能卖到 27 或是 30 美分。

公众怎么就不问问这只股票为什么需要被改造得更容易卖出呢？这不过又是华尔街的"慈善家们"的一种操作手段而已。明智的交易者会提防这种来意不善的礼物。这类行为已经是交易者需要的全部的警告信号了。然而，大众却因为忽视这种信号而每年都会损失成百万上千万美元。

无论是谁，只要编造或散播谣言，意图对个人或企业的信誉以及交易造成不利影响，也就是说可以诱使公众卖出或压低证券价值的行为都将受到法律的惩罚。制定该法律的主要意图最初可能是惩罚那些在经纪困难时期大声质疑银行清偿能力的人，以此降低发生恐慌的危险，它同时也用来保护公众，使公众避免在低于股票实际价值的价位卖出。换句话说，本国法律惩处散播这一类利空题材的人。

那么，为了让公众避免在高于股票实际价值的价位买入股票，公众是如何被保护的呢？谁来惩处那些散播不正当的利多新闻题材的人呢？没有人。但是，公众因为在股价过高时听信了不具名的内线人士提供的建议而买入股票所损失的钱财，超过了他们在所谓的"空头打压"期间听信了空头建议而在低于股票实际价值的价位全部卖出所损失的钱财。

如果通过一项法律，用以惩处那些四处散播虚假利多题材的说谎者，正如现存的法律惩处那些四处散播虚假利空题材的说谎者一样，那么我相信公众将会省下成百万上千万的损失。

自然了，股票推销者、市场炒作者和其他一些从匿名的乐观主义中获利的人会对你说，无论是谁，他若是因为听信了谣言和不具名的声明在交易中遭受了损失只能怪他自己。那么，你不妨可以这样反驳他，照这样看来，任何一个蠢到吸毒成瘾的人都没有资格受到法律的保护。

股票交易所应该提供帮助，保护大众不受不正当行为的侵害，这对交易所有着生死攸关的利害关系。如果某人了解内情，希望促使大众接受他发表的事实声明或者甚至是他个人的观点，那么请他署上自己的大名。署名虽然未必能保证利多题材是真实的，但至少会让那些"内线人士"和"董事"更加谨慎。

大众应该始终记住股票交易的各种要素。当一只股票上涨时，没有必要去详细解释它为什么上涨。一只股票要持续上涨，需要有持续不断的买盘。只要它确实在上涨，而且上涨过程中仅仅时不时出现小幅的自然回调，那么跟随它的涨势操作就是一件相当安全的事情。然而，若是在一段长时间的稳定上涨之后，股票转向并逐渐开始下跌，而且下跌过程中只是偶尔出现小幅反弹，那么很明显，最小阻力线已经从上升转为下降。既然如此，你为什么还需要解释呢？该股下跌很可能有非常充分的理由，但这些理由只有少数人知道，而且他们要么把这些理由藏在心里，要么反而告诉大众该股现在算是很便宜。这个游戏本质上就是这种玩法。公众应该意识到，少数知情者不可能把真相说出来。

许多所谓的声明都被认为是内线人士或政府官员发表的，但这些声明其实根本没有事实依据。有时甚至根本就没人要求那些内线人士发表声明，不管是不具名的还是具名的。这些故事都是那些在市场上有重大利益关系的这位或那位人士捏造出来的。不过，在某只股票价格上涨的某个阶段，那些大量持股的内线人士为了在这只股票上容易交易，并不反对专业人士帮他一把。尽管内线人士可能会告诉那些豪赌客们正确的买入时机，但你可以打赌，他绝不会告诉他们什么时候应该卖出。这将那些大量持股的专业交易者置于和一般大众同样的境地。唯一的不同是，他必须拥有一个足够大的市场，让他可以安全离场。这种时候通常都是你得到最有误导性的"信息"的时候。当然，也有某些内线人士是你在这个游戏的任何阶段都不能信任的。通常情况下，大企业的头儿或许会根据自己掌握的内情在市场上采取行动，但他们实际上不会对外说谎。他们只是什么都不说。因为他们已经发现有时候沉默的确是金。

我已经说过很多次了，不过重复多少次也不为过。作为一名股票大作手，多年以来的经验使我相信，没有人能始终如一、连续不断地战胜股票市场，尽管他在某些情况下或许能在某些股票上获取利润。不管一名交易者的经验有多丰富，他操作失败的可能性总是存在的，因为投机不可能百分百安全。华尔街上的专业人士都很清楚，根据内线人士提供的内幕消息采取行动，将比饥荒、瘟疫、谷物欠收、政治动荡，或是其他任何所谓的正常意外事故，都更迅速地让人破产。无论是华尔街还是其他任何地方，都没有通向成功的柏油大道。既然如此，为什么还要给自己设置额外的障碍呢？